REVISÃO JUDICIAL DAS DECISÕES DO CONSELHO ADMINISTRATIVO DE DEFESA ECONÔMICA (CADE)

Pesquisa empírica e aplicada sobre os casos julgados pelos Tribunais Regionais Federais (TRFs), Superior Tribunal de Justiça (STJ) e Supremo Tribunal Federal (STF)

Instituição Responsável
Sociedade Brasileira de Direito Público (SBDP)

Coordenador
Fabricio Antonio Cardim de Almeida

Pesquisadores
Fernanda Elias Zaccarelli Salgueiro
Flávio Beicker Barbosa de Oliveira
Ligia Lamana Batochio
Mariana Ferreira Cardoso da Silva

REVISÃO JUDICIAL DAS DECISÕES DO CONSELHO ADMINISTRATIVO DE DEFESA ECONÔMICA (CADE)

PESQUISA EMPÍRICA E APLICADA SOBRE OS CASOS JULGADOS PELOS TRIBUNAIS REGIONAIS FEDERAIS (TRFs), SUPERIOR TRIBUNAL DE JUSTIÇA (STJ) E SUPREMO TRIBUNAL FEDERAL (STF)

Belo Horizonte

 **Editora Fórum**

2011

Conselho Editorial

Adilson Abreu Dallari	Floriano de Azevedo Marques Neto
André Ramos Tavares	Gustavo Justino de Oliveira
Carlos Ayres Britto	Inês Virgínia Prado Soares
Carlos Mário da Silva Velloso	Jorge Ulisses Jacoby Fernandes
Carlos Pinto Coelho Motta	José Nilo de Castro
Cármen Lúcia Antunes Rocha	Juarez Freitas
Cesar Augusto Guimarães Pereira	Lúcia Valle Figueiredo (*in memoriam*)
Clovis Beznos	Luciano Ferraz
Cristiana Fortini	Lúcio Delfino
Dinorá Adelaide Musetti Grotti	Márcio Cammarosano
Diogo de Figueiredo Moreira Neto	Maria Sylvia Zanella Di Pietro
Egon Bockmann Moreira	Ney José de Freitas
Emerson Gabardo	Oswaldo Othon de Pontes Saraiva Filho
Fabrício Motta	Paulo Modesto
Fernando Rossi	Romeu Felipe Bacellar Filho
Flávio Henrique Unes Pereira	Sérgio Guerra

Editora Fórum

Luís Cláudio Rodrigues Ferreira
Presidente e Editor

Coordenação editorial: Olga M. A. Sousa
Revisão: Cida Ribeiro
Bibliotecário: Ricardo Neto – CRB 2752 – 6ª Região
Projeto gráfico: Walter Santos
Capa e diagramação: Derval Braga

Av. Afonso Pena, 2770 – 15º/16º andares – Funcionários – CEP 30130-007
Belo Horizonte – Minas Gerais – Tel.: (31) 2121.4900 / 2121.4949
www.editoraforum.com.br – editoraforum@editoraforum.com.br

R454   Revisão judicial das decisões do Conselho Administrativo de Defesa Econômica (CADE): pesquisa empírica e aplicada sobre os casos julgados pelos Tribunais Regionais Federais (TRFs), Superior Tribunal de Justiça (STJ) e Supremo Tribunal Federal (STF) / Sociedade Brasileira de Direito Público (SBDP); Coordenador Fabricio Antonio Cardim de Almeida; Pesquisadores Fernanda Elias Zaccarelli Salgueiro, Flávio Beicker Barbosa de Oliveira, Ligia Lamana Batochio, Mariana Ferreira Cardoso da Silva. Belo Horizonte: Fórum, 2011.

263 p.
ISBN 978-85-7700-435-5

1. Direito constitucional. 2. Direito econômico. 3. Direito administrativo. I. Sociedade Brasileira de Direito Público (SBDP). II. Almeida, Fabricio Antonio Cardim de. III. Salgueiro, Fernanda Elias Zaccarelli. IV. Oliveira, Flávio Beicker Barbosa de. V. Batochio, Ligia Lamana. VI. Silva, Mariana Ferreira Cardoso da.

CDD: 341.2
CDU: 342

Informação bibliográfica deste livro, conforme a NBR 6023:2002 da Associação Brasileira de Normas Técnicas (ABNT):

SOCIEDADE BRASILEIRA DE DIREITO PÚBLICO (SBDP). *Revisão judicial das decisões do Conselho Administrativo de Defesa Econômica (CADE)*: pesquisa empírica e aplicada sobre os casos julgados pelos Tribunais Regionais Federais (TRFs), Superior Tribunal de Justiça (STJ) e Supremo Tribunal Federal (STF). Belo Horizonte: Fórum, 2011. 263 p. ISBN 978-85-7700-435-5.

Sumário

PARTE IV

FECHAMENTO

O DIREITO DA CONCORRÊNCIA NOS TRIBUNAIS – UMA PRIMEIRA ANÁLISE DA JURISPRUDÊNCIA ANTITRUSTE NO JUDICIÁRIO BRASILEIRO

SUMÁRIO EXECUTIVO

Coordenador da pesquisa
Fabricio Antonio Cardim de Almeida
Pesquisadores-autores
**Fernanda Elias Zaccarelli Salgueiro, Flávio Beicker Barbosa de Oliveira,
Ligia Lamana Batochio e Mariana Ferreira Cardoso da Silva.**

1 O presente trabalho é fruto de uma parceria inédita entre *governo, indústria* e *academia*.

2 Em 30 de outubro de 2009, o Conselho Administrativo de Defesa Econômica (CADE), a Federação das Indústrias do Estado de São Paulo (FIESP) e a Sociedade Brasileira de Direito Público (SBDP) celebraram o Convênio de Cooperação Científica nº 2 (Convênio), para o desenvolvimento de pesquisa científica sobre o tema *Revisão judicial das decisões do CADE.*

3 Desde a idealização da parceria até a presente divulgação dos resultados da pesquisa, passaram-se cerca de um ano e meio. O período de duração e execução da pesquisa previsto no Convênio era de seis meses.

4 O CADE forneceu o *apoio técnico-operacional*, a FIESP *financiou e proveu* os *demais recursos materiais necessários* e a SBDP *executou o presente trabalho* por meio da sua equipe de pesquisa.

5 Trata-se de pesquisa empírica e aplicada, voltada à análise de acórdãos proferidos pelos Tribunais Regionais Federais (TRFs), Superior Tribunal de Justiça (STJ) e Supremo Tribunal Federal (STF), tendo por objeto decisões administrativas tomadas pelo CADE desde o advento da Lei nº 8.884, de 11 de junho de 1994 (Lei nº 8.884/94) até abril de 2010.

6 O recorte adotado na pesquisa incluiu (i) as decisões transitadas em julgado nos tribunais indicados (*i.e.*, aquelas cuja resposta oferecida pelo Poder Judiciário poderia ser chamada de definitiva); e (ii) as decisões já proferidas pelos referidos tribunais, porém, ainda pendentes de recurso em instâncias superiores.

7 Com esse recorte, no total, foram analisados 52 recursos, correspondentes a 43 processos judiciais distribuídos entre TRFs, STJ e STF, e referentes a 39 casos administrativos distintos (decisões do CADE).

8 Após a seleção e tratamento dos casos, optou-se por submeter o material a um exame dissociado: (i) uma primeira análise de cunho quantitativo; e (ii) uma segunda de natureza qualitativa.

9 A análise quantitativa destinou-se a extrair dados relativos ao que se chamou de (i) "fatores de entrada" (dados produzidos a título exemplificativo), bem como informações agrupadas no que se chamou de (ii) "fatores de saída" (dados esses com caráter exaustivo).

10 Na categoria "fatores de entrada", verificou-se não haver uma grande diferença numérica entre a judicialização de questões discutidas no âmbito de processos administrativos (PAs) — (21/39)[1] — e aquelas decididas em atos de concentração (ACs) — (18/39).

11 O maior número de PAs cujas decisões foram objeto de processos judiciais diz respeito a condenações por prática de unimilitância, identificada pelo CADE como uma forma específica da prática de cartel — (10/19) —, bem como condenações por tabelamento de honorários (5/19). Verificou-se ainda que as decisões administrativas em PAs que mais deram origem a processos judiciais foram proferidas no âmbito de serviços gerais médicos (15/21).

12 Relativamente aos processos judiciais envolvendo ACs, com exceção de quatro casos, a ampla maioria das decisões em ACs levadas ao Judiciário (13/17) não diz respeito propriamente ao mérito da operação submetida ao CADE (aprovada ou rejeitada pela autarquia), mas, sim, a questões secundárias, tais como a aplicação de multa por intempestividade (9/17) e a obrigatoriedade do recolhimento da taxa processual de notificação ao CADE (4/17). Nesses casos, notou-se ainda que os agentes que buscaram o Judiciário para reverter a decisão administrativa pertenciam a setores econômicos dos mais diversos, tais como: construção civil, extração mineral, produtos fumígenos, mercado atacadista de combustíveis e, principalmente, indústria mecânica de elevadores (6/18).

13 Quanto aos fatores saída, foram consideradas duas variáveis: (i) o tempo médio de tramitação dos processos findos; e (ii) o resultado final das medidas judiciais obtidas.

14 Relativamente à primeira variável, verificou-se um tempo médio de tramitação total no Judiciário de 5 anos e 3 meses, com acentuadas diferenças entre os tempos de tramitação na primeira instância (2 anos e 2 meses) e nas recursais (por volta de 3 anos nos TRFs e 1 ano no STJ).

15 No que tange ao resultado final dos processos judiciais transitados em julgado, percebeu-se a existência de índices de manutenção e revisão das decisões administrativas praticamente iguais (revisão da decisão em 10 casos, e manutenção em 11), com uma taxa relativamente reduzida de reversão das decisões judiciais entre as diferentes instâncias (manutenção da decisão da instância inferior em 17, dentre 20 recursos examinados).

16 Isso revela a atual inexistência, no Brasil, de uma tendência geral de sucesso ou fracasso no desfecho das demandas levadas pelos agentes econômicos ao Judiciário referentes às decisões do CADE. Isso significa ainda, ao menos sob uma perspectiva quantitativa, que o Judiciário brasileiro não se tem revelado, necessariamente, mais ou menos interventivo.

17 Notou-se ainda, dentre os casos ainda não transitados em julgado, um relativo aumento na revisão das decisões do CADE — (12/17) —, o que, não obstante, não oferece um parâmetro seguro para interpretações, tendo em vista que, nesses casos, a decisão ainda pode ser revertida em recurso pendente de julgamento.

---

[1] O modelo quantitativo (x/y) passa a ser utilizado neste texto, sendo x o número de casos a que cada afirmação se refere e y o universo total de casos a que se compara.

18 A análise qualitativa do material foi realizada com base no mapeamento da forma de construção dos argumentos, eventuais diálogos com outros precedentes judiciais, e na identificação do processo de formação de certas linhas jurisprudenciais. Além disso, também se buscou verificar se e em que medida os tribunais fazem uso de recursos argumentativos, tais como textos doutrinários ou a citação de precedentes judiciais, bem como se nos acórdãos havia remição a trechos específicos das decisões do CADE, como forma de tentar estabelecer um diálogo explícito com os fundamentos e as razões de decidir da autarquia.

19 Dentre as decisões administrativas revistas pelo Poder Judiciário, apenas em uma pequena parcela dos casos — (2/10) — essa revisão se deu em razão de vícios de forma, isto é, de aspectos relativos ao procedimento desenvolvido pelo CADE ou à observância das garantias processuais da ampla defesa e do contraditório. Notou-se que o fundamento da reforma pelos tribunais, na ampla maioria dos casos analisados, teve por base questões relativas exclusivamente ao mérito das decisões administrativas do CADE (8/10). A discussão, nesses casos, concentrou-se sobre aquilo que os tribunais consideram como a correta aplicação da legislação antitruste.

20 Na análise das decisões proferidas pelo TRF da 1ª Região, emergiram interessantes questões institucionais, que de alguma forma podem impactar no tempo de tramitação ou mesmo no resultado final do processo judicial. A primeira delas dizia respeito a problemas decorrentes da indefinição da competência interna entre 3ª e 4ª Seções para processar e julgar ações ou recursos relativos a atos administrativos em geral ou à imposição de multa.

21 Outra variável institucional digna de nota é a grande incidência de juízes convocados para comporem as turmas julgadoras do TRF da 1ª Região. Tais juízes participaram do julgamento da maioria dos casos analisados (20/35), tendo sido relatores em quase todos eles (18/20).

22 A última parte do trabalho foi dedicada à análise temática dos casos, tendo se verificado algumas tendências jurisprudenciais, dentre as quais se destacam as seguintes.

23 Quanto à taxa processual de notificação de operação ao CADE, o TRF da 1ª Região tem reiteradamente decidido pela legalidade de sua cobrança. Por outro lado, em relação à caracterização de cartel na utilização da tabela de honorários médicos, constatou-se na jurisprudência do mesmo tribunal a consolidação de entendimento no sentido de que não configura, por si só, prática anticoncorrencial, devendo ser comprovada *in concreto* pelo CADE.

24 Com relação à exigência de unimilitância por cooperativas de serviços médicos, a despeito da divergência verificada entre o TRF da 1ª Região e o TRF da 4ª Região, o STJ tem sinalizado entendimento no sentido de reconhecer a ilegalidade das referidas cláusulas, afastando o argumento de que a cláusula de exclusividade encontraria lastro na ideia de livre adesão dos cooperados e do cooperativismo previsto na Lei nº 5.764/71.

25 A respeito das multas por intempestividade, foram identificados precedentes favoráveis e contrários à legalidade e constitucionalidade da Resolução CADE nº 15/1998. Nesse tema, três questões centrais são abordadas e discutidas nos acórdãos analisados: (i) os limites do poder do CADE de regulamentar o art. 54, §3º, da Lei nº 8.884/94; (ii) os critérios para identificar o primeiro ato vinculativo de uma operação ou a data de sua operação; e (iii) os possíveis limites no valor da multa aplicada pelo CADE. Decisão recente do STJ tem dado respaldo ao entendimento do CADE.

26 Os acórdãos que tratavam da celebração de termo de cessação de conduta (TCC) acabaram concluindo pela existência de direito subjetivo da parte para sua celebração no curso do processo administrativo. Todavia, é preciso ressaltar que esses casos foram julgados com base na antiga redação do art. 53 da Lei nº 8.884/94, não tendo contemplado, portanto, a alteração promovida no ano de 2007, que passou a prever expressamente que a celebração do TCC se sujeita a juízo de "conveniência e oportunidade" da autarquia.

27 Relativamente à discussão da competência do CADE para apreciar operações envolvendo instituições financeiras, que já seriam submetidas à avaliação do Banco Central, o Judiciário procurou responder à alegação da inaplicabilidade da Lei nº 8.884/94 ao Sistema Financeiro Nacional (SFN). Além disso, buscou-se tratar a questão em termos do que se chamou de finalidade institucional e desempenho técnico das instituições.

28 De um modo geral, cumpre ainda destacar que a tecnicidade das decisões do CADE não constituiu um argumento considerado, de plano, pelo Poder Judiciário como suficiente por si só para afastar a análise do mérito da decisão administrativa. Apenas em um número bastante reduzido de casos, argumentou-se no sentido de ser a decisão administrativa estritamente discricionária, não sendo possível a sua modificação judicial. Entretanto, na ampla maioria dos casos, os tribunais não adotaram esse tipo de postura, tendo havido revisão judicial justamente das mesmas questões discutidas nos casos anteriores em que esse argumento havia prevalecido.

29 Mesmo nos casos em que se manteve a decisão do CADE em sua integralidade, foi possível identificar uma forte tendência à análise da motivação externada no processo de tomada da decisão por meio dos votos dos conselheiros do CADE, sendo possível notar, inclusive, o reexame judicial de questões que poderiam ser consideradas estritamente econômicas, com base nos estudos realizados pelos órgãos do Sistema Brasileiro de Defesa da Concorrência e mesmo na aplicabilidade em abstrato das normas antitruste.

30 Em suma, é possível afirmar, com base nos casos concretos analisados, que os tribunais não têm procurado impor quaisquer limites ou restrições ao exercício do controle judicial sobre as decisões do CADE, rejeitando a ideia de que o mérito dessas decisões não estaria sujeito à revisão por parte do Poder Judiciário. Nesse sentido, os tribunais, direta ou indiretamente, acabam por afastar o argumento de que a atuação do CADE se daria em bases discricionárias e revestidas de tecnicidade, o que mitigaria as possibilidades do controle judicial que se pretenda exercer sobre suas decisões.

PARTE I

APRESENTAÇÕES

Sociedade Brasileira de Direito Público (SBDP)

Por que pesquisar sobre o controle judicial do CADE?

O Conselho Administrativo de Defesa Econômica (CADE) é uma entidade fundamental para a manutenção do equilíbrio da economia brasileira por meio da defesa da concorrência. Ao exercer sua competência de zelar por um ambiente econômico saudável e aberto à competição, o conselho lida, para além das questões jurídicas, com informações de outras ordens, relativas aos múltiplos aspectos das operações que chegam até ele. Seu processo de tomada de decisão é, portanto, bastante complexo, ultrapassando a dicotomia legal e ilegal com que tradicionalmente trabalha o Poder Judiciário. Daí um primeiro conjunto de dúvidas sobre o controle judicial das decisões do CADE. Devem existir limites à apreciação judicial? Na prática, o Judiciário é muito ou pouco interventivo?

As decisões do CADE precisam ser implementadas com celeridade, tendo em vista a dinâmica do mundo dos negócios e os impactos que as operações nele realizadas podem trazer para a sociedade. Ocorre que tem sido cada vez mais comum que as partes envolvidas questionem suas decisões junto ao Poder Judiciário, o que tem gerado uma potencial dificuldade para a disciplina dos mercados feita pelo CADE. Por isso, é preciso conhecer em detalhes como tem funcionado concretamente a atuação judicial. Quais são os tempos envolvidos? Liminares costumam ser confirmadas na sentença? Há uniformidade entre as várias instâncias?

Com o apoio do próprio CADE e da FIESP, o Núcleo de Pesquisas da Sociedade Brasileira de Direito Público (SBDP) realizou a presente investigação com a finalidade de oferecer subsídios para entender melhor esse fenômeno de judicialização das decisões da autoridade da concorrência. Para tanto, identificou os atores que procuram o Judiciário, mapeando os argumentos apresentados por eles para justificar a atuação jurisdicional. Além disso, verificou qual o grau de intervenção do Poder Judiciário ao revisar decisões previamente tomadas pelo Conselho. Por fim, identificou e analisou as várias etapas dos processos.

A presente publicação contém o resultado desta pesquisa, que oferece parâmetros seguros, em que os interessados podem basear seus estudos e suas ações. Além disso, os resultados obtidos permitem novas reflexões, que podem contribuir para o aperfeiçoamento do CADE e do próprio sistema de revisão judicial de suas decisões.

Todo o esforço que deu origem a esta pesquisa teve início em 1993, quando surgiu a Sociedade Brasileira de Direito Público (SBDP), com o objetivo de incentivar novas abordagens no ensino jurídico e na compreensão do Direito. Isso envolve a realização de pesquisas empíricas de jurisprudência sobre temas relevantes para o desenvolvimento do país. Uma das iniciativas mais importantes nesse sentido é a Escola de Formação da SBDP, um programa iniciado em 1998, voltado a alunos de graduação em direito, para formar pesquisadores e futuras lideranças intelectuais. Durante um ano muito intenso, os alunos desfrutam de um ambiente democrático de debate, que conta com a participação de docentes e pesquisadores de diversas instituições, para estimular a reflexão e o senso crítico.

Inúmeros jovens pesquisadores passaram pela Escola de Formação da SBDP desde o início de suas atividades. A maior parte deles deu continuidade a seus estudos, inclusive em cursos de pós-graduação no Brasil e no exterior, e vem construindo suas carreiras profissionais, no setor privado, no serviço público e na docência. Vários desses talentos integram o Núcleo de Pesquisas da SBDP. É o caso da equipe que elaborou e desenvolveu a presente pesquisa. Ela é toda formada por ex-alunos da Escola de Formação da SBDP e incluiu Fabricio Antonio Cardim de Almeida (coordenador), Fernanda Elias Zaccarelli Salgueiro, Flávio Beicker Barbosa de Oliveira, Ligia Lamana Batochio e Mariana Ferreira Cardoso da Silva. A característica comum que os uniu nessa empreitada, também um traço marcante da SBDP, é a vontade de produzir trabalhos científicos de qualidade, capazes de contribuir para o desenvolvimento do país.

Ao trazer a público os resultados desse trabalho, a Sociedade Brasileira de Direito Público (SBDP) cumpre sua missão institucional. A parceria com o próprio CADE, que colaborou intensamente em todas as fases, e com a FIESP, que deu suporte material, é a prova do quanto amadurecemos no Brasil na valorização do Direito. É também um bom caminho para o futuro. Esperamos que isso seja apenas o início de uma parceria fecunda da academia com as entidades empresariais, que assumem assim mais um relevante papel na sociedade.

Carlos Ari Sundfeld
Presidente da Sociedade Brasileira de Direito Público (SBDP).

Conselho Administrativo de Defesa Econômica (CADE)

Prezado leitor,[2]

É com muita satisfação que o Conselho Administrativo de Defesa Econômica (CADE), em conjunto com a Sociedade Brasileira de Direito Público (SBDP) e a Federação das Indústrias do Estado de São Paulo (FIESP), apresenta o trabalho *Revisão Judicial das Decisões do Conselho Administrativo de Defesa Econômica (CADE)*, resultado da celebração de um convênio envolvendo as três entidades.

O trabalho representa mais do que o sério e comprometido resultado de uma iniciativa acadêmico-científica coordenada: da parte do CADE, é claramente o resultado de uma mudança de pensamento e de perspectivas do direito concorrencial no cenário jurídico-econômico brasileiro.

Foi longo caminho traçado para a consolidação institucional de um órgão de proteção da concorrência, que remonta à edição do Decreto-Lei nº 7.666/45 — a "lei Malaia" —, e passa ainda pela criação do CADE em 1962 como Comissão de atividade incipiente por quase três décadas, pela promulgação da Constituição Federal de 1988, com a inserção de princípios nos artigos 170 e ss., bem como pela implementação de uma economia de mercado, chegando finalmente à Lei nº 8.884/94 e aos últimos 16 anos de consolidação de atividades de controle de condutas anticompetitivas e estruturas por meio de uma autarquia independente.

Nesses últimos anos, o CADE passou a investir também em um terceiro escopo — o educativo — destinado ao fortalecimento da cultura de concorrência em nosso país por meio de instrumentos que desbordassem o efeito pedagógico das penas e das restrições.

A autarquia passou a reconhecer que os mais de cem anos de estudos do direito antitruste, para serem absorvidos por um Brasil ainda *púbere* na matéria, deveriam ser colocados ao alcance dos administrados por outros meios, valendo-se não só de instrumentos *informativos*, como também daqueles destinados à *formação*, acadêmica e consciente, de pessoas capazes não só de pensar o direito da concorrência, como também de aplicá-lo com excelência.

Não por outro motivo que dentre os cinco macro-objetivos previstos no Planejamento Estratégico da Presidência do CADE para o biênio 2009/2010, estipulou-se: "em dois anos o CADE: (...) terá promovido o fortalecimento da cultura da concorrência (*advocacy*), mediante: (i) difusão de informações que conscientizem a população em geral da importância da proteção da concorrência no seu quotidiano; (ii) priorização de ações que visem à formação e capacitação de operadores do direito,

---

[2] Esta obra surgiu a partir de projeto de disseminação da cultura da concorrência perante a academia e a sociedade civil, previsto em Planejamento Estratégico da Presidência do CADE para o Biênio 2009-2010. Não reflete necessariamente a orientação ou entendimento institucional de qualquer membro do Conselho Administrativo de Defesa Econômica.

como juízes, promotores, delegados, PROCONs e sociedade civil organizada, cujas competências legais ou atividades institucionais tenham o condão de contribuir para o aumento do *enforcement* da política antitruste, em parceria com a Secretaria de Direito Econômico (SDE); (iii) maior pró-atividade junto às agências reguladoras, mediante ações concertadas com a Secretaria de Acompanhamento Econômico (SEAE) que visem a incluir a concorrência como vetor intrínseco a toda regulação de infraestrutura, sobretudo em casos julgados ou a serem julgados pelo CADE; (iv) indução da pesquisa acadêmica para temas de interesse da política de defesa da concorrência". A concretização desse macro-objetivo se deu por meio da realização de ações concretas de incentivo à pesquisa acadêmica em seminários, cursos e convênios.

Daí a satisfação inicial do CADE na celebração do Convênio de Cooperação Técnico-Científica nº 02/2009, porque condizente com o escopo das políticas antitruste e com as metas estabelecidas para esta gestão. Ver o trabalho, agora concluído, traz o sentimento de um dever cumprido e a gratificante sensação de objetivo alcançado.

No contexto do fenômeno da progressiva judicialização das decisões do CADE, ao tomar posse como Procurador-Geral do CADE em 2005, disse em meu discurso que o CADE era um "leão sem dentes", pois suas decisões não eram cumpridas tampouco cobradas. O dado mais ilustrativo disso era o fato de que menos de 4% das multas aplicadas pelo CADE até então haviam sido pagas, segundo relatório de auditoria feita em 2005 pelo Comitê de Concorrência da OCDE (disponível em http://www.oecd. org/dataoecd/41/28/38835344.pdf). As correlações entre a atividade do CADE e do Poder Judiciário foram erigidas a tópico prioritário, contribuindo sobremaneira para a nova e positiva avaliação da OCDE em 2010: "CADE's attorneys are respected, both by the courts and by the private bar. They are considered to be professional and hard working […]. CADE has enjoyed a good rate of success in court, since 84% of CADE's decisions were not overruled by the Judicial Branch. […] CADE has achieved notable success in the past few years in one aspect of its activity in court — the collection of fines. […] The effort produced immediate results".

Nesse panorama, a pesquisa apresenta uma inestimável contribuição para o tema da efetividade das decisões do CADE. Os pesquisadores da SBDP examinaram com profundidade as decisões já julgadas e transitadas em julgado referentes a processos judiciais originados de comandos do CADE; esmiuçaram o embrião dessa intensa relação entre o CADE e o Poder Judiciário, oferecendo aos leitores a exata medida da perspectiva institucional das decisões da autarquia; por outro lado, a autarquia sente-se também beneficiada por ter à disposição levantamento que poderá demonstrar eventuais equívocos materiais ou procedimentais passíveis de solução conceitual ou legislativa, a partir da perspectiva histórica de exercícios hermenêuticos. É sempre cônscia e sólida a aprendizagem que respeita os acertos e os erros do passado.

Registro que a realização dessa pesquisa é atribuída ao coordenador Fabricio Antonio Cardim de Almeida e aos pesquisadores Fernanda Elias Zaccarelli Salgueiro, Flávio Beicker Barbosa de Oliveira, Ligia Lamana Batochio, Mariana Ferreira Cardoso da Silva, todos da SBDP, a quem agradeço nominalmente. Registro aqui também meus profundos agradecimentos a José Antonio Batista de Moura Ziebarth, idealizador e organizador desse projeto, e que, em conjunto com Bruno Corrêa Burini, auxiliaram, em parceria com a SBDP e FIESP, na organização e acompanhamento das diversas atividades decorrentes do convênio ao longo de mais de um ano e meio. Ressalto também o valioso auxílio do Procurador-Geral do CADE, Dr. Gilvandro Vasconcellos Coelho de Araújo, que disponibilizou dados do trabalho da Procuradoria do CADE.

Agradeço ainda à SBDP, na pessoa de seu Presidente Carlos Ari Sundfeld, e à FIESP, na pessoa de seu Presidente Paulo Skaf, que, imbuídos no espírito de cooperação acadêmica, pró-atividade e dedicação ao desenvolvimento científico e de uma cultura de direito antitruste brasileira, abraçaram a ideia e se mantiveram sempre dispostos a dialogar e contribuir para a consecução dos trabalhos.

Espero agora que as conclusões alcançadas sirvam como estímulo necessário para outras pesquisas, que aprofundem as questões suscitadas no presente livro, estimulando novos pesquisadores, instigando desafios práticos e acadêmicos, provocando novas indagações a justificar novas pesquisas, gerando, assim, um círculo virtuoso científico, do qual administrados, operadores ou não do direito antitruste, certamente se beneficiarão.

Arthur Sanchez Badin
Presidente do CADE (2009/2010).

Federação das Indústrias do Estado de São Paulo (FIESP)

A Fiesp e a cultura da concorrência

Uma economia moderna, dinâmica e inovadora não pode prescindir de instituições de defesa da concorrência eficazes e bem aparelhadas. Além disso, sabe-se que marcos regulatórios claros, estáveis e previsíveis atraem investimentos e expandem a confiança dos empresários. Por fim, a ordem jurídica do capitalismo exige Judiciário capaz de garantir expectativas de cumprimento dos contratos e respeito ao direito de propriedade. A reunião desses elementos deixa nítido que o Direito pode oferecer contribuição valiosa ao desenvolvimento. Contudo, também pode, no âmbito dos negócios, se aplicado de maneira paternalista, dissociada da racionalidade econômica e preconceituosa em relação à iniciativa privada, travar o crescimento e criar obstáculos à produção e distribuição de riquezas.

Atenta à importância do bom funcionamento da ordem jurídica para a vitalidade da atividade econômica, a Fiesp criou o Grupo de Estudos de Direito Concorrencial. O ativo colegiado, em conjunto com o departamento jurídico, tem realizado imenso esforço para reunir e ouvir autoridades, acadêmicos e profissionais dispostos a divulgar e debater a cultura da concorrência. Desse modo, a entidade estuda, acompanha e contribui para o aprimoramento das condições de competitividade da indústria brasileira. Busca, também, orientar o empresariado sobre a observância de legislação concorrencial.

Dentre outras atividades, o Grupo de Estudos de Direito Concorrencial elaborou cartilha de boas práticas nesse tema, publicada pela Fiesp. Agora, encontra-se em fase final de elaboração documento análogo, dirigido às associações empresariais. Acompanhamos e oferecemos sugestões ao projeto de lei, em tramitação no Congresso Nacional, de aperfeiçoamento da legislação concorrencial. Nessa direção, também contribuiremos para realizar, pela primeira vez na América Latina, a mais importante reunião mundial de autoridades em defesa da concorrência: o encontro da *International Competition Network-ICN*, em 2012, que ocorrerá no Brasil, com nosso apoio.

No contexto desse substantivo conjunto de atividades, a Fiesp firmou convênio de cooperação científica com o Conselho Administrativo de Defesa Econômica (CADE) e a Sociedade Brasileira de Direito Público (SBDP), para a realização da pesquisa apresentada neste livro. O objetivo do trabalho foi investigar os diversos aspectos de revisão judicial das decisões daquele organismo e em que situações elas ocorrem e assuntos que tratam. O conteúdo também busca esclarecer se o Judiciário confirma ou reforma as decisões do CADE e quanto tempo dura um processo.

O estudo é minucioso e precursor. Trata-se do primeiro trabalho detalhado a respeito do assunto. Por enquanto, o universo pesquisado é relativamente pequeno. Ainda não são numerosas as decisões dos tribunais superiores sobre questões apreciadas pelo CADE. No entanto, são muitas as vantagens desse pioneiro relatório. Independentemente de suas virtudes metodológicas e cuidadosas análises, a pesquisa revela tendências e mostra que o Judiciário está atento para confirmar as decisões do órgão, quando pautadas pela legalidade, mas também não hesitará em revê-las, se adotadas sem motivação, de maneira arbitrária, com desrespeito ao devido processo legal ou em desvio de finalidade.

A pesquisa sugere reflexão a respeito da eficiência desse sistema de controle judicial das decisões do CADE. Sem o seu aparato técnico e expertise — que têm conquistado o aplauso e o reconhecimento da sociedade —, o Judiciário estará preparado para rever as decisões administrativas? Caso faltem imparcialidade, respeito aos direitos da defesa e equilíbrio na imposição das penas, estará aquele órgão à altura do desafio de ver suas decisões reexaminadas pela Justiça?

Organismos jurisdicionais não se afirmam pela intransigência irrefletida na aplicação da lei. Racionalidade, razoabilidade, ponderação e justiça — mais do que multas ou penas elevadas — pavimentam o caminho de aprimoramento e legitimidade das instituições. A Fiesp confia em que pesquisas como esta poderão contribuir para a maturidade cada vez maior do CADE e do Judiciário, na nobre tarefa de ministrar equidade para os mercados. Espera, também, que os próprios empresários possam compreender, valorizar e observar, conscientemente, uma ordem concorrencial sem abusos praticados pelo poder econômico ou pelas autoridades.

Paulo Skaf
Presidente da Federação e do Centro das Indústrias
do Estado de São Paulo (FIESP/CIESP).

Parte II

Introdução

Introdução

O presente trabalho é fruto de uma parceria inédita entre *governo, indústria* e *academia*. Congregaram-se, em um mesmo projeto, setores *público, privado* e *terceiro setor* em prol do desenvolvimento de trabalho de interesse geral a toda sociedade.

Esse modelo de parceria, que é bastante comum nos EUA e em países da União Europeia, carece de oportunidades em países em desenvolvimento como o Brasil. Além de procurar suprir essa lacuna, o resultado bem-sucedido dessa parceria ora apresentado talvez sirva de incentivo para novas oportunidades de trabalhos semelhantes no Brasil.

Diante desse contexto, e conscientes da importância desse modelo de parceria, CADE, FIESP e SBDP celebraram, em 30 de outubro de 2009, o Convênio de Cooperação Científica nº 2 (Convênio) para o desenvolvimento de pesquisa científica sobre o tema *Revisão judicial das decisões do CADE*.

Desde a idealização da parceria até a divulgação e presente publicação da pesquisa, passaram-se cerca de dois anos.

Envolveram-se na parceria três entidades importantes hoje no Brasil, cada qual com missão institucional própria e representando uma pluralidade de interesses que, não obstante, mostraram-se bastante convergentes neste caso.

O CADE, uma autarquia federal vinculada ao Ministério da Justiça, com sua atribuição prevista em lei de difusão da cultura da concorrência (art. 7º, XVIII, da Lei nº 8.884/94), forneceu o *apoio técnico-operacional* indispensável para o desenvolvimento deste trabalho. Sem a idealização e organização desta parceria, disponibilização de suas decisões, que serviram de material para a pesquisa, e diálogo sempre aberto, esse trabalho jamais teria se tornado possível.

A FIESP, por sua vez, entidade representativa das indústrias do Estado de São Paulo, contribuiu de forma decisiva para a realização do presente trabalho ao decidir *financiá-lo e prover os demais recursos materiais necessários*.

Já a SBDP, por fim, uma entidade sem fins lucrativos, voltada à pesquisa e ao estudo multidisciplinar do direito público, *executou o presente trabalho* por meio da sua equipe de pesquisa.

Faz-se necessário atentar aqui para o fato de que esse modelo de parceria também foi bem-sucedido por ter garantido duas premissas básicas (nem sempre atendidas) e de extrema importância em pesquisas acadêmicas: a independência da equipe de pesquisa (autores) e a imparcialidade científica do trabalho.

Na divisão de tarefas desempenhadas por cada uma das entidades parceiras, ficou estabelecido, desde o início, que a execução da pesquisa ficaria sob encargo exclusivo da SBDP. O acompanhamento dos trabalhos por representantes do CADE e da FIESP, portanto, teve o caráter apenas de fiscalização administrativa do cumprimento do convênio e, em nenhum momento, procurou influenciar o mérito e os resultados alcançados pela pesquisa.

Pelo contrário, a aproximação das três entidades potencializou o que de melhor cada instituição envolvida na parceria tinha para contribuir.

Ainda nesse contexto, houve diversas reuniões e debates públicos que, além de representantes do CADE e da FIESP, contaram com a participação da sociedade civil, advogados, economistas e especialistas na área do direito da concorrência, e que, por meio de debates abertos, livres e democráticos, certamente contribuíram para o desenvolvimento da presente pesquisa. Todas as críticas, sugestões e elogios ao trabalho foram atentamente recebidos, porém, selecionados de maneira livre e independente pela equipe de pesquisa para integrarem ou não o mérito do trabalho.

Ficam constatadas, portanto, desde já a confiabilidade dos dados e a fidedignidade dos resultados alcançados e ora apresentados na presente pesquisa, o que só foi possível de se atingir graças a um modelo de parceria que respeitou a independência, imparcialidade e o comprometimento do trabalho desempenhado por cada instituição.

A escolha do tema *Revisão judicial das decisões do CADE* para a pesquisa também não poderia ter sido mais conveniente e oportuna.

Com o amadurecimento institucional do CADE, e o consequente aumento de decisões intervencionistas na economia e incremento técnico no nível de sofisticação de suas decisões, é de se esperar que, cada vez com maior frequência, as decisões do CADE na esfera administrativa sejam questionadas perante o Poder Judiciário. Este, por sua vez, tem sido receptivo à análise desse tipo de conflito, contribuindo para a consolidação de um fenômeno amplo — identificado em bases gerais pela literatura especializada como um fenômeno de *judicialização da política*[3] — e que já se faz presente também na área do direito da concorrência.

Atenta a esse fenômeno, a SBDP tem procurado desenvolver métodos científicos e *know-how* de análise empírica de decisões judiciais.

Dados estatísticos confiáveis e análise qualitativa dos argumentos de uma decisão judicial são fundamentais para decisões estratégicas a serem tomadas. Sem eles, corre-se o risco de se tomar decisões equivocadas, sem lastro na realidade. A opção, assim, por pesquisas jurídicas de base empírica é fundamental.

O tema da presente pesquisa jamais havia sido submetido a esse tipo de análise científico-empírica. Se, por um lado, esse ineditismo agrega valor à pesquisa, por outro, trouxe diversas dificuldades durante a sua execução.

---

[3] O termo *judicialização da política* é contemporaneamente utilizado pela doutrina para se referir a diversas situações que revelam, em bases gerais, a intensificação do exercício de funções não típicas pelos Poderes Executivo e Legislativo, de um lado, e pelo Poder Judiciário, de outro. Apesar de essas situações não serem necessariamente contemporâneas, consta que o termo *judicialização da política* foi criado e originalmente utilizado em um seminário realizado em junho de 1992, em Forlí, na Itália, pelo *Centro Studi e Ricerche sull'Ordinamento Giudiziario dell'Università degli Studi di Bologna* (cf. <http://www.dosp.unibo.it/index.php?l1=aree_centri_ricerca&l2=cesrog>). Sobre o assunto, cf. VERÍSSIMO, Marcos Paulo. *A judicialização dos conflitos de justiça distributiva no Brasil*: o processo judicial no pós-1988. Tese (Doutorado) – Universidade de São Paulo, São Paulo, 2006. f. 22-31; e VALLINDER, Torbjörn. When the Courts Go Marching In. *In*: TATE, C. Neal; VALLINDER, Torbjörn. *The global expansion of Judicial Power*. New York: New York University Press, 1995. p. 13-26. Neste texto introdutório, a despeito das diversas situações que o uso da expressão *judicialização da política* pode ensejar, pretende-se tão somente afirmar que a relação institucional entre CADE e Poder Judiciário — tema aqui analisado — certamente insere-se no contexto do fenômeno amplo apontado. De um lado, o CADE, ao exercer sua função judicante prevista na Lei nº 8.884/94, utiliza-se de diversos mecanismos de decisão típicos do Poder Judiciário. Por outro lado, o Poder Judiciário, ao revisar decisões administrativas tomadas pelo CADE, também se utiliza de mecanismos de decisão típicos do Poder Executivo, por vezes, adentrando em juízos baseados em critérios de conveniência e oportunidade que têm o condão de impactar o formato da política pública desenhada para o setor. Sem adentrar na discussão sobre se isso é correto ou não, o fato é que o fenômeno da *judicialização da política* é realidade também na área do direito da concorrência.

Inicialmente, percebeu-se que o tema era demasiadamente amplo, necessitando de alguns recortes para se adequarem à finalidade e limitações da pesquisa. No entanto, logo surgiu a dúvida: qual recorte seria aplicado? Por que razão?

Em verdade, o tema comporta diversos recortes possíveis, justificáveis e igualmente relevantes. Por exemplo, uma pesquisa voltada ao estudo das liminares concedidas pelo Poder Judiciário que têm o condão de suspender os efeitos da decisão do CADE certamente tem grande relevância. Afinal, essa primeira decisão do Poder Judiciário já provoca efeitos imediatos na economia.

Outro exemplo: uma pesquisa sobre as decisões de 1ª instância no Poder Judiciário seria de grande interesse, na medida em que analisaria casos recém-egressos do CADE com temas e discussões mais atualizados e na ordem do dia.

Não obstante esses possíveis recortes, entendeu-se que a relevância da presente pesquisa estaria na definitividade de suas conclusões. Isto é, por se tratar de uma primeira pesquisa sobre o tema, o ideal seria começar a investigação sobre aqueles casos que já se encerraram e que traríam, portanto, uma resposta final e definitiva por parte do Poder Judiciário. Sendo assim, concluiu-se que, para esse assunto, a "entrada", definitivamente, é pela "porta de saída".

Uma vez decidido e justificado o recorte, deparou-se com uma segunda dificuldade: o pequeno número de casos com decisões definitivas do Poder Judiciário e de processos judiciais que tiveram seu trâmite finalizado.

De fato, embora crescente a tendência de judicialização das decisões do CADE, identificou-se ao longo da pesquisa que poucas ações que questionavam as decisões do CADE haviam chegado ao fim de sua tramitação no Poder Judiciário. Considerando que a lei que criou o "novo CADE" é de 1994, e a morosidade do Poder Judiciário hoje no Brasil, há facilmente que se compreender a razão pela qual há um pequeno número de processos que já transitaram em julgado no Poder Judiciário.

Não obstante essas dificuldades encontradas, manteve-se a opção pelo recorte original, acrescentando-se apenas as decisões que, embora já julgadas, não transitaram em julgado. Afinal, entre um universo amplo e incerto e outro reduzido e confiável, optou-se assim por esse último.

Este foi, portanto, o recorte definitivo adotado pela pesquisa: casos com decisões julgadas e processos transitados em julgado perante os Tribunais Regionais Federais (TRFs), Superior Tribunal de Justiça (STJ) e Supremo Tribunal Federal (STF).

Embora o número total de casos analisados possa aparentar ser pequeno — *i.e.*, 52 recursos, correspondentes a 41 processos judiciais distribuídos entre TRFs, STJ e STF, e referentes a 39 casos administrativos distintos (decisões do CADE) —, este é o retrato exato e atual do recorte no Poder Judiciário.

A fim de se procurar ser coerente com o recorte escolhido, os critérios de análise adotados na pesquisa também foram limitados: os resultados referentes aos *fatores de entrada* identificados (tipo do ato administrativo e setores econômicos envolvidos) são *exemplificativos*. Já os resultados referentes aos *fatores de saída* (tempo de duração dos processos e resultado das medidas judiciais) são *exaustivos*.

Além dessa análise de ordem *quantitativa*, a pesquisa também possui grande mérito ao se propor a fazer uma análise *qualitativa* minuciosa das decisões: (i) qual é o índice de revisão das decisões do CADE perante o Poder Judiciário?; (ii) a revisão judicial recai sobre a forma e/ou o mérito do ato administrativo?; (iii) em qual proporção isso ocorre?; (iv) quais são os principais temas que estão sendo levados e analisados pelo Poder Judiciário em relação às decisões tomadas pelo CADE?; e (v) é possível extrair-se algum entendimento jurisprudencial consolidado a respeito desses temas?

Essas, entre diversas outras perguntas, procuraram ser respondidas ao longo do presente trabalho. Faz-se necessário apontar que, a despeito de eventuais críticas referentes ao recorte adotado pela pesquisa e ao suposto número reduzido de decisões analisadas, essas conclusões propostas só foram possíveis de serem alcançadas com propriedade e de maneira definitiva, justamente, em função do recorte adotado.

Como se pode ver, este é um tema em constante evolução. Sendo assim, não há a pretensão de este trabalho esgotar o assunto. Pelo contrário, procurou-se tão somente lançar uma base através de um olhar empírico sobre o tema. Diversas outras pesquisas certamente poderão complementá-lo daqui em diante. O próprio trabalho poderá ser constantemente atualizado, o que não retira, de forma alguma, o seu valor. Sua maior contribuição já está lançada: a construção de um aparato metodológico consistente que permitirá futuras atualizações.

Como legado, os resultados alcançados pela pesquisa também trouxeram contribuições importantes para cada uma das entidades envolvidas e para a sociedade em geral.

Para o CADE, a presente pesquisa permitirá uma reflexão crítica de como as suas decisões têm sido proferidas e questionadas no Poder Judiciário, o que certamente contribuirá para a *definição de políticas públicas* e *ações estratégicas* no setor bem como para o *aperfeiçoamento de suas próprias decisões*.

Por sua vez, para a FIESP, os resultados alcançados pela pesquisa servirão para orientar o empresário brasileiro sobre como alocar de maneira mais eficiente seus recursos e investimentos privados na economia e avaliar — em conjunto com os advogados que o assessoram — se o ingresso no Poder Judiciário para rever as decisões do CADE é uma estratégia que vale a pena e em quais situações.

Já para a SBDP, além de servir para a aplicação, teste e aperfeiçoamento de seus métodos de trabalho, a presente pesquisa contribuirá para a divulgação de seus trabalhos e abrirá novas oportunidades de pesquisa a partir dos resultados alcançados.

Além das entidades diretamente envolvidas nesta parceria, também se beneficiam com os resultados alcançados pela presente pesquisa o Poder Judiciário e, em última análise, a sociedade em geral. Conhecer a fundo a sua jurisprudência e o impacto das decisões do Poder Judiciário na articulação institucional com outros órgãos (no caso, o CADE) é importante para a previsibilidade das expectativas, valor caro a uma sociedade democrática.

Se for possível identificar o público-alvo deste trabalho, acredita-se que ele estaria direcionado a advogados e economistas, servidores e gestores públicos, políticos, empresários, pesquisadores e acadêmicos que despertam algum interesse pela área do direito da concorrência ou, em bases mais gerais, pelo tema da articulação institucional entre Poder Executivo e Poder Judiciário.

Por fim, faz-se necessário dizer algumas palavras a respeito da equipe de pesquisa da SBDP selecionada para elaborar o presente trabalho.

Tratando-se de obra coletiva, é justo que seja apresentado o papel desempenhado por cada uma das pessoas envolvidas. Os autores deste trabalho são Fernanda Elias

Zaccarelli Salgueiro, Flávio Beicker Barbosa de Oliveira, Ligia Lamana Batochio e Mariana Ferreira Cardoso da Silva, todos egressos da Escola de Formação da SBDP. Apesar da pouca experiência inicial com o tema (direito da concorrência), os autores conseguiram compensar de forma muito bem-sucedida essa possível "deficiência" com muito empenho, dedicação e conhecimento técnico-científico sobre pesquisas empíricas de jurisprudência.

Ficam aqui registrados meus sinceros agradecimentos aos autores desta pesquisa e o meu orgulho de ter tido a oportunidade de orientá-los e conduzi-los nas difíceis escolhas feitas ao longo de toda a pesquisa.

Isso também serve para atentar o leitor deste trabalho que eventuais falhas estruturais de escolhas e opções metodológicas desta pesquisa são de inteira responsabilidade deste coordenador. Em contrapartida, os méritos dos resultados alcançados e do texto desenvolvido como relatório final de atividades devem ser inteiramente dirigidos aos autores.

Fabricio Antonio Cardim de Almeida
Coordenador da pesquisa.

PARTE III

RELATÓRIO FINAL DE ATIVIDADES

AGRADECIMENTOS

Muitos foram os responsáveis pelo produto final deste trabalho.

A começar pela SBDP, agradecemos ao Presidente da entidade, o Professor Carlos Ari Sundfeld, que reuniu todos os esforços para a celebração do Convênio de Cooperação Científica SBDP/CADE/FIESP, apostou no trabalho da equipe de pesquisa, auxiliando na ampliação dos nossos horizontes e na construção do diálogo com profissionais da área que puderam, sem dúvida, colaborar no desenvolvimento da pesquisa. À Roberta Sundfeld, Diretora Administrativa da entidade, que foi a verdadeira responsável pela concretização do projeto nos bastidores, fazendo a ponte de contato necessária com os colaboradores e sempre incentivando a equipe.

Ao CADE, prestamos nossos agradecimentos ao seu Presidente, Sr. Arthur Sanchez Badin, bem como a José Antônio Batista de Moura Ziebarth, Coordenador-Geral do CADE, que, desde o início, acompanhou de perto o desenvolvimento do trabalho, participou mensalmente das reuniões, sempre disposto a colaborar, mostrando-nos a importância do tema e, principalmente, da difusão da cultura do Direito da Concorrência no Brasil. Agradecemos, também, pelo convite à equipe para participar do Programa de Intercâmbio do CADE –XXX Edição, no Curso Aplicado de Defesa da Concorrência. Ao Bruno Corrêa Burini, Coordenador Processual do CADE, que nos auxiliou na abordagem do tema, incentivando a equipe no aprimoramento do trabalho. Ao Gilvandro V. Coelho de Araújo, Procurador-Geral do CADE, nossos agradecimentos pelo interesse demonstrado e pela troca de ideias, essencial para os resultados alcançados.

À FIESP, agradecemos ao Presidente da entidade, Sr. Paulo Skaf, pela sua consciência quanto à importância do tema e da pesquisa, bem como por ter ofertado todas as condições materiais para sua realização. Agradecemos ainda à Sra. Silvia Rodrigues P. Pachikoski (Diretora do Departamento Jurídico da FIESP), ao Professor Celso Campilongo (Coordenador do Grupo de Estudos de Direito Concorrencial da FIESP/CIESP) e às Sras. Adriana Roder e Cristiane Aparecida M. Barbuglio (integrantes do Departamento Jurídico da FIESP), que deram todo o suporte necessário durante a realização e divulgação da presente pesquisa.

Não podemos deixar de agradecer aos participantes do evento ocorrido no dia 15.04.2010, na sede da SBDP, oportunidade criada para apresentação dos resultados parciais da pesquisa pela equipe e debate do tema com os advogados, professores e colaboradores da SBDP: Floriano Azevedo Marques, Carolina Cadavid, Celso Campilongo, Luis Felipe Valerim Pinheiro, Eduardo Caminatti, Sergio Varella Bruna, Caio Mário Pereira Neto, Luis Fernando Rodrigues, Gustavo Noman, Bruno Burini (representando o CADE), e também com a presença do Presidente, Carlos Ari Sundfeld, e da Diretora Roberta A. Sundfeld.

Agradecemos também a contribuição do Professor Christopher Townley, da King's College London, que quando esteve no Brasil por ocasião de sua palestra na inauguração do Centro de Estudos de Direito Econômico e Social (CEDES), reuniu-se com a equipe de pesquisa para o intercâmbio de informações sobre a temática, ocasião em que apresentamos os resultados da pesquisa e colhemos suas impressões e sugestões sobre o tema.

Por fim, agradecemos especialmente ao coordenador científico desta pesquisa, Fabricio Antonio Cardim de Almeida, pelos incentivos e orientação, cuja *expertise* e senso crítico foram essenciais para os rumos e caminhos trilhados na execução deste trabalho.

Este trabalho é dedicado a todos que, direta ou indiretamente, contribuíram, incentivaram e reconheceram a importância do tema *Revisão Judicial das decisões do CADE*.

Lista de Abreviações

A.C. – Ato de Concentração
ADI – Ação Direta de Inconstitucionalidade
AGU – Advocacia Geral da União
AMB – Associação Médica Brasileira
AMS – Apelação em Mandado de Segurança
ANATEL – Agência Nacional de Telecomunicações
ANP – Agência Nacional do Petróleo e do Gás Natural
ANS – Agência Nacional de Saúde Suplementar
AO – Ação Ordinária
APO – Apelação em Ação Ordinária
BACEN – Banco Central do Brasil
CADE – Conselho Administrativo de Defesa Econômica
CF – Constituição Federal de 1988
CTN – Código Tributário Nacional
MPF – Ministério Público Federal
MS – Mandado de Segurança
P.A. – Processo Administrativo
ProCADE – Procuradoria do CADE
RE – Recurso Extraordinário
REsp – Recurso Especial
RICADE – Regimento Interno do CADE
RITRF – Regimento Interno do Tribunal Regional Federal
STF – Supremo Tribunal Federal
STJ – Superior Tribunal de Justiça
TCC – Termo de Cessação de Conduta
TRF – Tribunal Regional Federal
TRF 1ª Região – Tribunal Regional Federal da 1ª Região
TRF 2ª Região – Tribunal Regional Federal da 2ª Região
TRF 4ª Região – Tribunal Regional Federal da 4ª Região

1 Introdução à pesquisa

A presente pesquisa teve por finalidade analisar questões atinentes ao tema da revisão judicial das decisões proferidas pelo Conselho Administrativo de Defesa Econômica (CADE). O material de análise é composto exclusivamente por decisões proferidas em sede recursal pelos Tribunais Regionais Federais da 1ª, 2ª e 4ª Regiões (TRF 1ª Região, TRF 2ª Região e TRF 4ª Região), Superior Tribunal de Justiça (STJ) e pelo Supremo Tribunal Federal (STF), selecionadas por meio da aplicação de metodologia específica para o recorte de pesquisa.

A investigação a seguir exposta e relatada se destina à produção de dados indisponíveis, até o presente momento, em trabalhos do gênero, e que decorrem dos seguintes questionamentos: (i) qual o setor econômico daqueles que têm acessado o Judiciário com a finalidade de modificar decisões proferidas pelo CADE em instância administrativa; (ii) quais os temas e questões mais recorrentes dentro da seara do direito da concorrência e com os quais o Judiciário brasileiro tem se confrontado; (iii) qual o tempo de tramitação dos processos judiciais; (iv) qual o grau — frequência e extensão — da revisão dessas decisões no âmbito judicial.

Com o advento da Lei nº 8.884/94, o CADE experimentou um significativo aumento em seu espectro de atuação, abrangendo as funções de zelar pela "liberdade de iniciativa, livre concorrência, função social da propriedade, defesa dos consumidores e repressão ao abuso do poder econômico" (art. 1º), dispondo para tanto da prerrogativa de intervir diretamente em operações de grande repercussão no mercado. Ao lado de autarquias especializadas e outras instituições (a exemplo da ANATEL, ANS, ANP e BACEN), coube-lhe fiscalizar a atuação dos agentes econômicos.

Para desenvolvimento de suas atividades, foi atribuída ao CADE competência para atuar de forma preventiva e repressiva. No entanto, a atuação do CADE mostrou-se bastante problemática segundo a avaliação da própria entidade e da sua Procuradoria Judicial (ProCADE).[4] Reunindo informações que noticiam um sério problema no que tange à efetividade na aplicação e cumprimento de suas deliberações, o CADE constatou, de acordo com o referido relatório, que um número expressivo de suas decisões vem sendo questionado e suspenso no âmbito do Poder Judiciário.

Com efeito, os dados até 2005 referentes ao *status* da execução das decisões do CADE revelaram "uma situação *calamitosa* de absoluta ineficácia da atividade administrativa",[5] uma vez que cerca de 80% das condenações foram impugnadas judicialmente e muitas ainda se encontram sem uma resposta definitiva. Em estudo

---

[4] Relatório de Gestão 2007. Disponível em: <http://www.cade.gov.br/Default.aspx?fe3fc14ed231f356ee55>, e Relatório da Procuradoria do CADE 2009. Disponível em: <http://www.cade.gov.br/upload/Relatorio_de_gestao_2009_Procade.pdf>. Acesso em: 5 out. 2010.

[5] Relatório de Gestão 2007, p. 70, grifo original.

realizado pela ProCADE em 2007, verificou-se que, de todas as decisões proferidas entre 1994 e 2005 relativas a atos de concentração com cominação de obrigação de fazer, 75% delas acabaram suspensas por liminares judiciais.[6]

Apesar de 87% do total de deliberações autárquicas questionadas nos serem mantidas ao final do processo judicial, "completados 14 anos desde a transformação do CADE em autarquia especial (...) raríssimas são as ações ajuizadas contra as decisões do CADE que já tenham alcançado o fim".[7] Em outras palavras, ainda que o Judiciário reafirme a posição assumida pela autarquia, isso se dá após um tempo tão grande, que chega a esvaziar o sentido e efetividade da decisão administrativa. Isso porque eventuais problemas no plano da eficácia decisória têm o condão de colocar em risco o indispensável equilíbrio econômico, para além de frustrar os objetivos institucionais da autarquia.

Por fim, diante de uma realidade em que a judicialização dos conflitos se torna algo cada vez mais trivial e em que isso representa o dispêndio de um relevante montante de recursos públicos e uma série de potenciais dificuldades para a regulação dos mercados, é imprescindível compreender de que maneira os tribunais superiores têm apreciado as decisões administrativas do CADE, bem como as possíveis medidas para o *enforcement* dessas deliberações.

2 Objetivos

Esta pesquisa foi desenvolvida para analisar as decisões judiciais em que se questionam, total ou parcialmente, decisões administrativas do CADE. Importa notar, por um lado, quanto ao aspecto quantitativo do universo amostral, quais as principais questões identificadas nos acórdãos, os setores econômicos dos grupos que mais acessaram o Judiciário e o tipo de processo administrativo que originou a demanda judicial e o resultado.

Esses "fatores de entrada", extraídos dos casos transitados em julgado, bem como dos casos apenas julgados, mas ainda com algum recurso pendente de julgamento em instâncias extraordinários, permitiram traçar o perfil geral dos agentes econômicos que ajuizaram as ações e o procedimento administrativo objeto das medidas judiciais.

Por outro lado, a análise dos "fatores de saída" consistiu na avaliação do tempo médio de duração dos processos e dos resultados neles alcançados, dados que somente podem ser extraídos a partir de casos já transitados em julgado. Tais informações são relevantes sob a perspectiva do custo-benefício do ajuizamento de ações judiciais para os agentes econômicos, assim como o grau de dificuldade encontrado na busca por efetividade das decisões administrativas da autarquia.

Quanto ao aspecto qualitativo, buscou-se identificar os fundamentos jurídicos que embasaram os entendimentos jurisprudenciais estabelecidos para cada tema. Pretendeu-se, com isso, verificar como foram utilizados os recursos argumentativos doutrinários e jurisprudenciais. Além disso, houve preocupação em definir, sempre

---

[6] *Idem*, p. 71.
[7] *Idem*, p. 71.

que possível, a orientação jurisprudencial preponderante das matérias concorrenciais e processuais ora analisadas, juntamente com as razões que a embasaram.

A identificação de entendimentos recorrentes ou conflituosos no interior do Poder Judiciário a respeito de questões suscitadas pelo CADE e pelos agentes econômicos pode indicar linhas de interpretação, de argumentação e de atuação, tanto pelas entidades e órgãos públicos quanto pelos outros atores econômicos nele diretamente envolvidos, que talvez contribuam, de algum modo, para aperfeiçoar as políticas públicas desenvolvidas pelo Sistema Brasileiro de Defesa da Concorrência (SBDC).

O enfoque adotado aponta para a identificação de variáveis e elementos que devem equilibrar dois pontos distintos de referência desta pesquisa. Primeiro, a segurança jurídica e a presença de regras nítidas no mercado competitivo, dois elementos que se veem frustrados pelas sucessivas revisões das decisões administrativas do CADE pelo Poder Judiciário, gerando espaços de aparente desregulamentação. Isso se dá especialmente em casos de orientações jurisprudenciais conflitantes.

Segundo, a ineficácia das decisões do CADE que, em última análise, demandam uma reflexão acerca da própria política pública de defesa da concorrência. Com efeito, a reiterada revisão judicial das decisões do CADE resultam em sua ineficácia como meio de estabelecimento de políticas públicas, ensejando potencial insegurança jurídica.

3 Delimitação do objeto de pesquisa: fontes e recorte do material

A seleção das decisões judiciais objeto de análise deu-se com base em três parâmetros. Inicialmente buscou-se estabelecer um recorte temporal, delimitando um período de abrangência das decisões judiciais analisadas, tendo como marco o advento da Lei nº 8.884/94. Isto porque foi este o diploma legal que modificou o *status* jurídico, a estrutura e as competências do CADE e inovou as disposições sobre os mecanismos de prevenção e repressão à ordem econômica, causando uma mudança sensível na seara do direito regulatório e concorrencial brasileiro.[8]

A análise que se pretenda completa da revisão das decisões do CADE pelo Judiciário somente pode ser feita nos casos em que há uma resposta final e definitiva dos tribunais. Por essa razão, utilizou-se como segundo critério de seleção dos casos analisados o trânsito em julgado dos processos, casos esses que compõem, por assim dizer, a "porta de saída" do Judiciário.

Em razão da dificuldade de acesso aos casos que transitaram em julgado em primeira instância, foram selecionados apenas casos cuja decisão final tivesse sido proferida em segunda instância ou nos tribunais superiores. Esse critério do recorte da pesquisa levou em conta a definitividade das decisões, buscando com isso tornar exaustivos os dados extraídos com base nos "fatores de saída" (*infra*, 6.3).

Como nem todos os recursos teriam potencial para revisar a decisão do CADE, ou poderiam fazê-lo em caráter definitivo, foram excluídas todas as decisões

---

[8] A data limite do recorte adotado para a verificação do *status* processual de cada caso foi estabelecida em 11 de abril de 2010.

interlocutórias ou proferidas em sede de processo cautelar.[9] Nesse sentido, foram utilizados os seguintes critérios para a definição dos recursos que vieram a compor o material de análise:

i. recursos aptos a decidirem o mérito judicial;

ii. recursos com caráter de definitividade, ou seja, não sujeitos à reversão;

iii. recursos cujo objeto impugnado seria uma decisão proferida pelo CADE, ainda que não exclusivamente.[10]

A fonte principal para coleta do material foram os dados processuais disponíveis para consulta pública nos sites dos tribunais.[11] Essa escolha fundamenta-se em uma série de razões, dentre as quais importante pontuar as duas seguintes: (a) os dados, por serem exclusivamente públicos, permitiriam um acesso e controle universal à pesquisa, cujos caminhos poderiam ser percorridos caso se quisesse reproduzi-la ou verificar sua correção; (b) a maior parte desses dados foram disponibilizados após uma seleção prévia dos julgados de cada tribunal, o que normalmente é feito por uma comissão de jurisprudência. A vantagem evidente, nesse caso, é que a seleção dos acórdãos é representativa daquilo que o próprio tribunal entende como sua orientação jurisprudencial.

A despeito das vantagens mencionadas, trabalhar com esses dados também representou alguns problemas para o desenvolvimento da pesquisa. Em primeiro lugar, porque o universo de acórdãos acabou se mostrando relativamente reduzido. Além disso, a dependência de dados que nem sempre estavam disponíveis na *internet* (dificuldade de acesso ao material), e algumas incorreções e omissões na página de acompanhamento processual dos tribunais (número limitado dos processos com histórico disponível para consulta nos sites) também representaram dificuldades para a realização da pesquisa.

Em razão de serem incompletos ou imprecisos os dados obtidos via *internet*, foi solicitada à ProCADE uma lista de todos os casos transitados em julgado (fonte secundária para seleção do material de análise).

As buscas nas seções de jurisprudência e de consulta processual dos *sites* de cada tribunal resultaram em 122 recursos encontrados, dos quais 34 transitaram em julgado. Por outro lado, uma seleção preliminar dos acórdãos fornecidos pela ProCADE revelou que, dos 231 recursos interpostos, 25 haviam transitado em julgado.

A partir dessas duas fontes de informação foi feita a seleção dos acórdãos, tendo sido excluídas todas as decisões interlocutórias em cujo caso ainda não

---

[9] Convém ressaltar que não foi encontrada nenhuma medida cautelar satisfativa. Além do mais, em todos os casos de medida cautelar foi identificado o procedimento ordinário (processo principal), cuja adequação ao recorte da pesquisa foi analisada conforme os critérios estabelecidos.

[10] Alguns exemplos de recursos cuja análise foi descartada por não se enquadrarem nos limites dos critérios acima podem ser nomeados: agravos de instrumento; apelações, recursos especiais e extraordinários em processos cautelares; conflitos de competência; e apelações, recursos especiais e extraordinários em impugnações ao valor da causa. Nesse sentido, foram analisadas apenas as decisões proferidas em sede de apelação cível, apelação em mandado de segurança, recurso especial e recurso extraordinário (e respectivos agravos regimentais, para "forçar" um julgamento pelo plenário em caso de não conhecimento do recurso em decisão monocrática) que tivessem um procedimento ordinário como processo originário.

[11] Inicialmente, esses acórdãos foram identificados e catalogados por meio das ferramentas de "Pesquisa de Jurisprudência" e de "Acompanhamento Processual" constantes dos *sites* do Superior Tribunal de Justiça, Supremo Tribunal Federal e dos Tribunais Regionais Federais.

houvesse decisão de mérito, decisões não transitadas em julgado ou cujo objeto não tivesse relação com o Direito Concorrencial. Restaram 33 decisões, referentes a 24 processos judiciais originários, todos transitados em julgado, correspondentes a 21 procedimentos administrativos (APÊNDICE III).

Tendo em vista que o número bastante reduzido de casos impossibilitaria a extração de dados estatisticamente relevantes, especialmente na análise quantitativa da pesquisa, optou-se pela inclusão dos casos em que já havia sido proferida decisão de mérito judicial, mas que ainda não haviam transitado em julgado. Dessa forma, por meio das ferramentas de acompanhamento processual e pela busca dos números dos processos originários, foi traçado histórico de todos os casos, buscando com isso verificar a eventual existência de uma apelação, recurso especial ou extraordinário que já tivessem sido julgados.

Foram acrescidos 19 recursos ao número inicial de 33, restando então um recorte de 52 decisões a serem analisadas. Importante notar que os casos encontrados nessa segunda etapa de seleção das decisões julgadas, mas não transitadas em julgado, são exemplificativos e, portanto, foram incluídos apenas na análise quantitativa dos "fatores de entrada" (*infra*, 6.2) e na análise qualitativa, com as devidas ressalvas na possibilidade de que viessem a ser modificados.

Diante do número total de recursos obtidos, é preciso ressaltar que o número de recursos analisados poderia ser tomado como estatisticamente irrelevante para extrair informações seguras e precisas sobre a atuação do Judiciário na revisão das decisões do CADE. Essa ressalva pode ser ilustrada pelo gráfico a seguir, que contrapõe o material examinado[12] e os acórdãos efetivamente analisados nesta pesquisa:

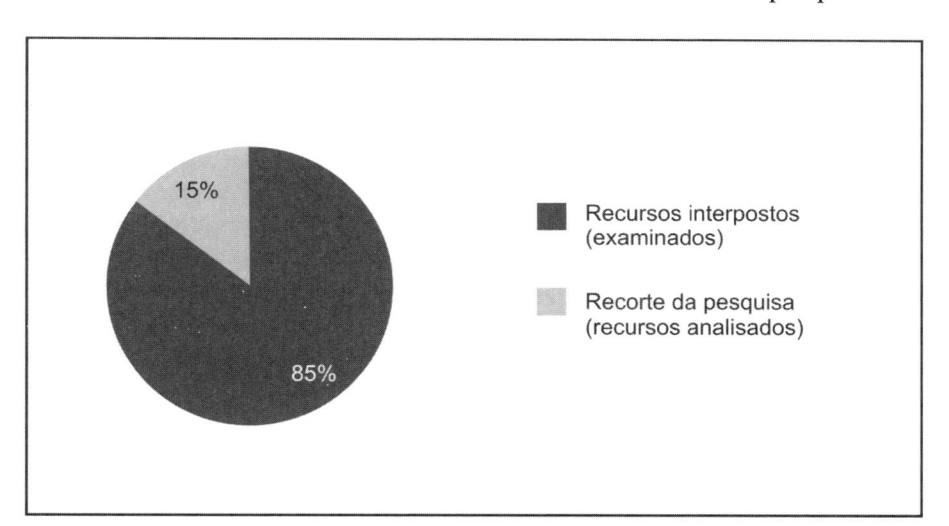

GRÁFICO 1 – Proporção entre o número de recursos examinados e efetivamente analisados neste trabalho

---

[12] Conforme ressaltado anteriormente, dentro do universo de 85% de casos retratados no gráfico, inserem-se somente os recursos descartados pela pesquisa em razão de não discutirem o mérito da questão com caráter de definitividade (*i.e.*, agravos de instrumento, recursos em ações cautelares, etc.).

Embora à primeira vista possa parecer que se trata de um universo de análise estatisticamente insignificante em uma área em que há um alto grau de judicialização, essa "impressão" deve ser desmistificada. Tomando por base o número total de casos em que o CADE era parte até 2008, e considerando que apenas dois dos casos do recorte dessa pesquisa são posteriores a esta data,[13] havia apenas 92 recursos das três espécies recursais em análise, conforme os dados da ProCADE que constam no *Relatório de Gestão de 2008*.[14]

Nesse sentido, o recorte estabelecido abrangeu 57,61% dos casos até então existentes. No mais, essa proporção pode ser ainda mais representativa, uma vez que os 42,39% restantes abarcam também casos em trâmite e recursos interpostos em sede de processo cautelar.

Além disso, é preciso lembrar que, a despeito da impressão que se tenha de que, frente ao alto número de julgamentos do CADE a cada ano, o número de processos judiciais deveria ser igualmente alto, deve-se ter em conta que a quantidade de processos julgados pelo CADE em que há imposição de restrição ou alguma condenação ao agente econômico é relativamente baixa. Por conseguinte, também são relativamente raras as decisões administrativas que levam os agentes econômicos a recorrer ao Judiciário, em números absolutos.

Entre o ano de 2000 e 2009, apenas 120 processos administrativos impuseram alguma condenação à parte, o que representa 26,7% do total de processos administrativos (P.A.) julgados pelo CADE nesse período.[15] No que tange aos A.C., a porcentagem de condenações é ainda menor, haja vista que entre 2005 e 2009 apenas 0,1% dessas operações foram reprovadas, e apenas 7,2% aprovadas com restrições.[16]

4 Breve nota metodológica

Uma vez exposta a metodologia de seleção dos casos analisados, é necessária uma pequena observação também de caráter metodológico acerca dos critérios de tratamento do material objeto de análise (acórdãos). Diante da análise empreendida (cindida em quantitativa e qualitativa), considerou-se mais pertinente expor a metodologia de trabalho no início dos tópicos relativos a cada tipo de análise, com vistas a possibilitar uma melhor compreensão das justificativas de cada opção feita ao longo do desenvolvimento do trabalho.

Os métodos utilizados nos quadros e gráficos desenvolvidos para análise qualitativa e quantitativa e para construção dos históricos dos casos selecionados serão apresentados na seção introdutória de cada parte da análise dos dados (cf. 6.1 e 7.1, *infra*).

---

[13] Trata-se da Apelação nº 2005.34.00.015042-8 (TRF 1ª Região).

[14] Relatório de Gestão 2008. Disponível em: <http://www.cade.gov.br/upload/RELAT%C3%93RIO_DE_GEST%C3%83O_2008_CADE.pdf>.

[15] Disponível no *site* do CADE, na seção institucional, CADE em Números, Processos Administrativos, <http://www.cade.gov.br/Default.aspx?9f9f60a06fad6ecc67e9>.

[16] Disponível no *site* do CADE, na seção institucional, CADE em Números, Atos de Concentração <http://www.cade.gov.br/Default.aspx?9f9f60a06fad6ecc67e9>.

5 Desenvolvimento do trabalho

O presente trabalho será dividido em duas partes: (i) uma análise de enfoque quantitativo; (ii) e outra de cunho qualitativo. Inicialmente serão expostos os resultados obtidos com a análise quantitativa do material de pesquisa (item 6) que compreende o estudo dos chamados "fatores de entrada" (item 6.2) e "fatores de saída" (item 6.3).

Os primeiros são compostos por dados exemplificativos, relativos aos tipos de ato administrativo (decisão do CADE), se processo administrativo ou ato de concentração (item 6.2.1); bem como aos setores econômicos envolvidos nas demandas judiciais (item 6.2.2). No que tange aos "fatores de saída", por outro lado, buscou-se examinar o tempo de duração médio dos processos judiciais, tendo em vista as possíveis implicações da judicialização para a perda de eficácia das decisões do CADE (6.3.1); assim como os tipos de resultados das medidas judiciais, aplicando-se uma classificação em pró e contra o CADE (6.3.2).

Na análise qualitativa dos acórdãos selecionados (item 7), serão discutidas quais as questões propostas para análise dos acórdãos, suas possíveis respostas e de que forma essas questões relacionam-se entre si. Em primeiro lugar, pergunta-se se houve exame do mérito judicial (item 7.2). Em sequência, se a decisão do CADE foi reformada pelo tribunal (7.3). E, por fim, a classificação das revisões da decisão do CADE em forma ou mérito (7.4).

Essa última questão demandou uma aproximação conceitual (item 7.4.1), acerca das bases sobre as quais se considerou, neste trabalho, a ocorrência de reforma da decisão administrativa por questões formais e de mérito, bem como a discussão de alguns dos resultados obtidos (itens 7.4.2 e 7.4.3).

Em sequência, a análise qualitativa prossegue com algumas considerações acerca daquilo que se chamou de recursos argumentativos — mais especificamente, o uso de doutrina e jurisprudência nos acórdãos selecionados (item 7.5). Por fim, a análise qualitativa se encerra com a discussão de algumas questões que surgem com frequência ou bastante força nos acórdãos analisados, recortadas com base no tema principal discutido (análise temática, item 7.6). Ao final, são feitas algumas considerações finais, a título de conclusão, acerca dos resultados apresentados no presente trabalho (item 8).

6 Análise quantitativa

6.1 Introdução

Após a definição dos critérios utilizados na seleção do material de análise no presente trabalho (conforme descrito no item 3, *supra*), o conjunto de acórdãos que compõem o universo de casos estudados foi inicialmente submetido a uma análise com enfoque quantitativo. Isso possibilitou a leitura e coleta sistematizada de diversos dados que permitiram traçar um perfil dos casos que passaram pelo Poder Judiciário.

Como foi possível verificar, esses dados também refletem, de certo modo, os tipos de casos e de questões com as quais o CADE teve de lidar entre 1996 e 2001, período em que se concentra a maior parte das decisões questionadas nos processos analisados.[17]

Por uma opção metodológica, esses dados foram agrupados em duas categorias distintas, as quais foram nomeadas: (i) "fatores de entrada"; e (ii) "fatores de saída".

A categoria dos "fatores de entrada" contempla dados relativos à caracterização da demanda que é proposta perante o Judiciário. Por essa razão, os resultados obtidos a partir desse grupo de dados foram qualificados como exemplificativos, justamente por não se esgotarem em função do recorte proposto para a presente pesquisa. Uma análise desses fatores com pretensões exaustivas, isto é, que se destinasse a averiguar tudo aquilo que "chega" ao Judiciário somente seria possível por meio da análise de todos os processos distribuídos perante os respectivos tribunais e junto à primeira instância.

Duas das variáveis analisadas nessa fase do trabalho — setores econômicos e tipo de processo no CADE — dizem respeito aos fatores de entrada do processo, aferíveis objetivamente e tendentes a demonstrar os setores que mais buscam a judicialização das questões decididas no âmbito administrativo; e a conduta anticoncorrencial mais reincidente no âmbito do CADE.

Por outro lado, as informações agrupadas sob a designação de "fatores de saída" são exaustivas, o que se justifica pelo fato de que os dados alcançados nesta etapa são definitivos, uma vez que se referem a decisões não mais passíveis de recursos, isto é, a casos transitados em julgados. Dois foram os fatores de saída examinados: o tempo de duração dos processos e o resultado das medidas judiciais — se pró ou contra o CADE. Cada um desses fatores será examinado em tópicos distintos, dadas as particularidades próprias de cada universo de análise.

A distinção entre fatores de entrada e de saída também possui implicações no que toca aos tipos de recursos dos quais esses dados foram extraídos. Em primeiro lugar, cumpre esclarecer que, sob o enfoque dos fatores de entrada, foi suficiente analisar dados processuais das ações judiciais originárias, em sede das quais foram interpostos os recursos examinados na análise qualitativa.

Esses dados, porquanto dizem respeito à caracterização do perfil dos administrados e do tipo de questão que foi levada ao Judiciário, não se modificam desde o ajuizamento das ações ordinárias ou dos mandados de segurança. Nesse caso, os dados foram extraídos a partir de um total de 41 processos judiciais (18 procedimentos ordinários, 21 mandados de segurança e duas execuções de título extrajudicial movidas pelo CADE).

Por outro lado, os dados coletados enquanto "fatores de saída" são, sim, exaustivos, na medida em que somente podem ser extraídos dos casos já transitados em julgado, para os quais o Poder Judiciário já ofereceu uma resposta definitiva e irrecorrível. A análise desses "fatores de saída" foi realizada com base em um total de 24 processos judiciais (5 procedimentos ordinários, 18 mandados de segurança, uma execução de título extrajudicial).

A seguir, encontra-se a descrição dos dados e dos resultados obtidos com cada uma dessas propostas de análise. Esses dados podem ser confrontados com as informações catalogadas e agrupadas em tabelas que compõem o APÊNDICE III.

---

[17] Cf. tabelas incluídas no APÊNDICE III do presente relatório.

6.2 Fatores de "entrada": resultados exemplificativos

6.2.1 Tipo de procedimento: A.C. ou P.A.

De um modo geral, é possível distinguir, dentre os acórdãos analisados, quais os processos judiciais que se originaram (na fase administrativa) de Processos Administrativos (P.A.) e quais aqueles que têm por objeto Atos de Concentração (A.C.). Para extrair este dado dos casos analisados, partiu-se da decisão administrativa do CADE para mapear quais os processos judiciais que dela se originaram. Muito embora 52 acórdãos tivessem sido inseridos no recorte da presente pesquisa, muitos deles constituem recursos interpostos em um mesmo processo (como, por exemplo, um recurso especial e um extraordinário interpostos em face de uma mesma apelação em mandado de segurança).

Nesse sentido, foram considerados apenas os processos judiciais de primeira instância (mandados de segurança ou ações ordinárias), no âmbito dos quais mais de um recurso pode ter sido interposto. Tendo em vista essas considerações, os 52 acórdãos dizem respeito a 39 casos (ou seja, 39 decisões do CADE).

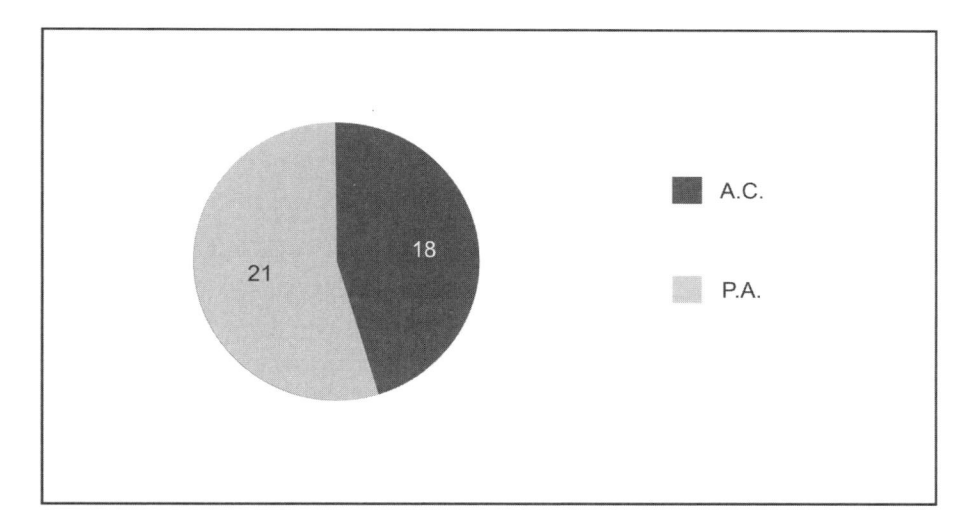

GRÁFICO 2 – Proporção entre P.A. e A.C

O GRAF. 2 ilustra esses dados, no sentido de que, aparentemente, não há uma grande distinção entre a judicialização de questões discutidas em P.A. e aquelas decididas em A.C. A despeito dessa reduzida diferença, é possível fazer a ressalva de que, exceto em dois casos,[18] o objeto da judicialização de decisões em A.C. não diz respeito à aprovação ou rejeição da operação de concentração em si, mas, sim, a

---

[18] Cf. *Caso Cia. Vale do Rio Doce* e *Caso Nestlé-Garoto* (APÊNDICE IV), ainda que, nesses casos, a discussão judicial se concentre sobre supostos vícios procedimentais nas decisões da autarquia (respectivamente, nulidade do voto do conselheiro-relator no CADE, e voto de qualidade do conselheiro-presidente do CADE).

questões em certo sentido secundárias, como a imposição de multa por comunicação intempestiva da operação ao CADE e o pagamento integral de taxa processual (cf. item 7.6.8, *infra*).

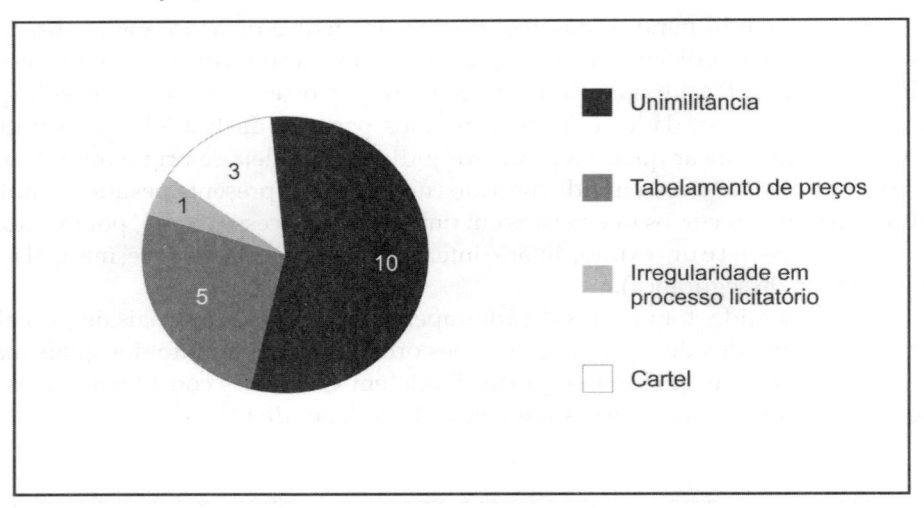

GRÁFICO 3 – Práticas condenadas pelo CADE em P.A.

Mesmo se decompostos esses números, é possível extrair alguns dados relativos às práticas condenadas pelo CADE em P.A. (GRAF. 3).[19] Como se nota, o maior número de processos administrativos cujas decisões foram objeto de processos judiciais (10 casos, ou 53%) diz respeito a condenações por prática de dupla militância, notadamente, por cooperativas de serviços médicos.[20]

Cumpre ressaltar que esses casos de dupla militância são identificados pelo CADE como uma forma específica de prática de cartel, sendo que três casos, por não dizerem respeito a unimilitância, foram catalogados na presente pesquisa como casos de cartel em geral. Esses casos são, na realidade, cartéis condenados pelo CADE em mercados específicos, tais como o de combustíveis e o de metalurgia (cartel do aço).

O segundo maior fundamento para condenações em P.A. também envolve cooperativas de serviços, sendo relativas à aplicação de tabela de honorários médicos. Esses dados possivelmente refletem o foco da atuação da autarquia à época em que a maior parte dos casos analisados nesta pesquisa foram ajuizados pelos administrados, inconformados com o resultado obtido na instância administrativa.

---

[19] Ressalte-se que, no GRAF. 3, do total de 21 P.A. objeto de processos judiciais, dois não foram incluídos tendo em vista que a demanda foi ajuizada antes mesmo de a decisão final ser proferida pelo Plenário do CADE, objetivando o trancamento do procedimento administrativo. Nesses casos, houve celebração de Termo de Cessação de Conduta entre o CADE e o agente econômico. Ainda, em outro caso, a anulação do procedimento administrativo ocorreu por iniciativa do próprio CADE.

[20] Para uma análise das discussões nesta temática, bem como da jurisprudência dos tribunais analisados, cf. 7.6.7, *infra*.

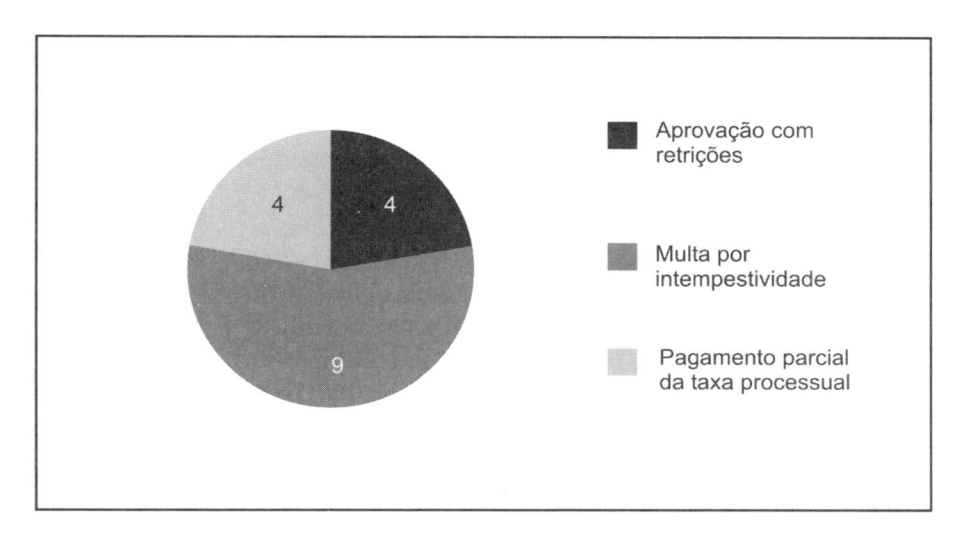

- Aprovação com retrições
- Multa por intempestividade
- Pagamento parcial da taxa processual

GRÁFICO 4 – Atos de Concentração (A.C.) - Objeto da Demanda Judicial

Relativamente aos A.C., mais da metade dos casos examinados neste trabalho (9 de 17 casos) teve por objeto a aplicação de multa em razão da comunicação intempestiva de operação de concentração ao CADE.[21] Outras quatro decisões do CADE objeto de processos judiciais dizem respeito ao pagamento de taxa processual para submissão da operação ao exame da autarquia.[22] Por fim, apenas em quatro casos houve questionamento de decisão administrativa em que se aprovava com restrições uma operação de concentração. Importante salientar que não houve qualquer A.C. reprovado pela autarquia.

6.2.2 Setores econômicos envolvidos

A partir dos P.A. e A.C. judicialmente questionados, buscou-se realizar uma classificação dos casos de acordo com os agentes econômicos envolvidos, tendo por base o setor econômico no qual tais agentes estão inseridos. Para a classificação dos agentes em setores econômicos, tomou-se por referência o Anexo V da Resolução CADE nº 15/98. Em regra, essa classificação é feita pela Secretaria de Acompanhamento Econômico (SEAE), vinculada ao Ministério da Fazenda.

Essa classificação, em regra, somente é empregada pela secretaria em A.C. e mesmo nestes não estava disponível em todos os pareceres elaborados. Nesses casos, foi aplicada diretamente pela equipe de pesquisa aos agentes econômicos envolvidos na decisão administrativa, fosse ela em A.C. ou P.A.

---

[21] No gráfico, do total de 18 A.C. objeto de processos judiciais, um não foi incluído, tendo em vista que consiste em ação civil pública ajuizada pelo Ministério Público Federal, justamente para obrigar o CADE a atuar em ato de concentração.

[22] Nesses casos, não há, propriamente, uma decisão do CADE. Cf. item 7.6.2, *infra*.

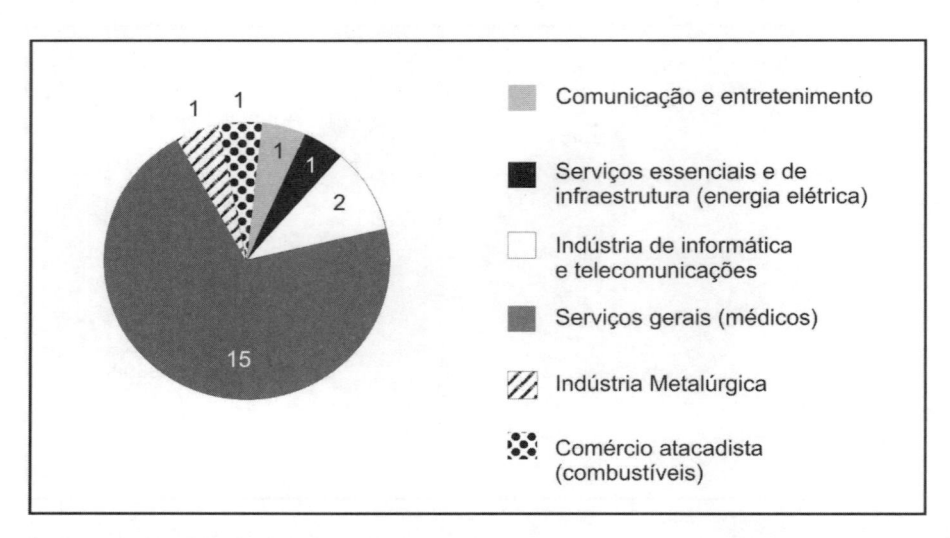

GRÁFICO 5 – Distribuição dos P.A. por Setores Econômicos (Resolução nº 15/98)

Os agentes econômicos envolvidos em P.A. foram classificados segundo os mesmos critérios, tendo-se obtido os seguintes resultados: comunicação e entretenimento (1); serviços essenciais e de infraestrutura, mais especificamente, no setor de energia elétrica (1); indústria de metalurgia (1); comércio atacadista de combustíveis (1); indústria de informática e telecomunicações (2); e serviços gerais médicos (15).

Como se vê, as decisões administrativas em P.A. que mais deram origem a processos judiciais foram proferidas no âmbito de serviços gerais médicos (15 casos, ou 71%). Isso poderia significar, de um lado, que as condenações em P.A. feitas pelo CADE no período refletem as prioridades de atuação da autarquia à época que foram ajuizadas. De outro, que esse setor demonstra maior inconformismo com as decisões administrativas do CADE. No entanto, esse tipo de conclusão extrapola os limites da presente pesquisa, e demandaria uma análise específica da atuação do CADE no período.

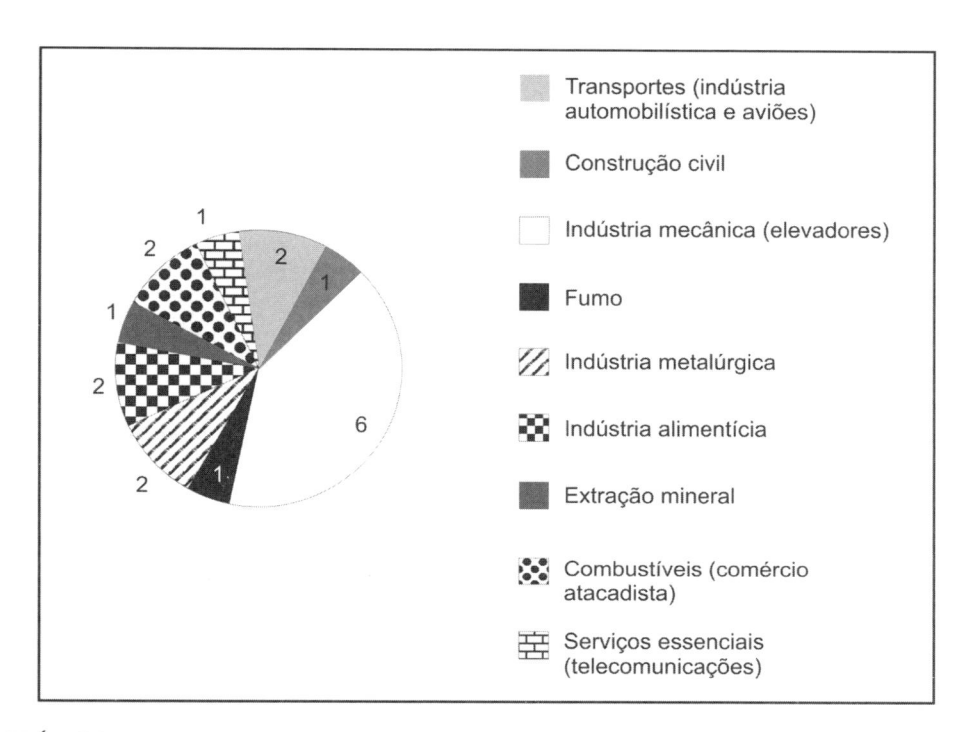

Transportes (indústria automobilística e aviões)

Construção civil

Indústria mecânica (elevadores)

Fumo

Indústria metalúrgica

Indústria alimentícia

Extração mineral

Combustíveis (comércio atacadista)

Serviços essenciais (telecomunicações)

GRÁFICO 6 – Distribuição dos A.C. por Setores Econômicos (Resolução nº 15/98)

A classificação dos agentes econômicos envolvidos nos A.C. que deram origem aos processos judiciais analisados resultou nos seguintes dados: setor de transportes automobilístico e indústria de aviões (2); construção civil (1); extração mineral (1); produtos fumígenos (1); comércio atacadista de combustíveis (2); indústria metalúrgica (2); indústria alimentícia (2); e setor de serviços essenciais de telecomunicações (1). Ressalte-se que, dentre os A.C. analisados, a maior parte deles foi julgada pelo CADE envolvendo agentes do setor da indústria mecânica de elevadores (6 casos ou 33%).

Esse espectro de agentes econômicos é mais amplo no caso de A.C., tendo em vista que o tipo de questão discutida independe da prática anticoncorrencial julgada pelo CADE. No caso de A.C., basta haver uma operação de concentração para que a autarquia seja comunicada (e provocada a agir), quer voluntariamente por comunicação dos próprios agentes econômicos envolvidos, quer, em sede de averiguação preliminar, pela Secretaria de Direito Econômico (SDE), vinculada ao Ministério da Justiça.

No caso dos P.A., a ausência de um espectro diversificado de setores econômicos pode ser explicada em razão do objeto da averiguação (e eventual condenação), que depende em grande medida das características particulares relacionadas à prática da atividade de cada setor econômico ao qual o agente investigado pertença.

6.3 Fatores de "saída": resultados exaustivos

6.3.1 Tempo de tramitação dos processos

Para trabalhar com essa variável, foram considerados basicamente dois inter-regnos: (i) aquele entre diferentes decisões do Poder Judiciário, vale dizer, o tempo entre a data de autuação em primeira instância e a data de publicação da decisão de primeira instância e entre a data de autuação e a da publicação da decisão nas instâncias recursais (TRFs e STJ); (ii) e entre o início (ajuizamento) e o término (trânsito em julgado) da ação como um todo.[23]

O gráfico a seguir ilustra a relação entre o número de processos findos e o tempo de tramitação total em todas as instâncias.

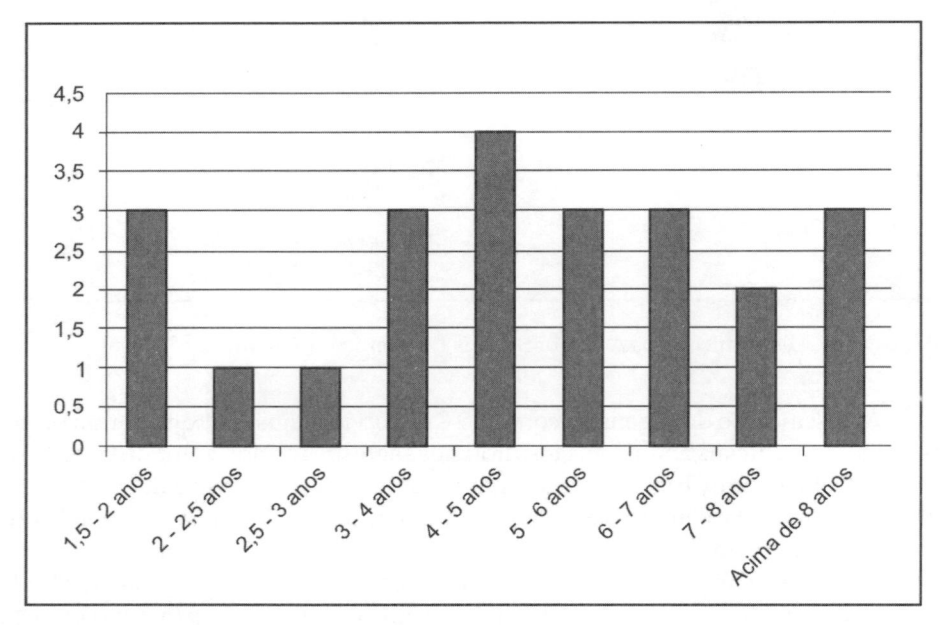

GRÁFICO 7 – Tempo de tramitação total

O gráfico a seguir ilustra essa distinção entre o tempo médio de tramitação (em anos) dos casos analisados, dividindo-os por instância judicial pela qual passaram. O tempo médio de tramitação total dos processos judiciais analisados é de 5 anos e 3 meses.

---

[23] Importante mencionar que não se considerou o tempo de duração no STF, tendo em vista que há apenas dois acórdãos do STF no universo da pesquisa. Um dos recursos, interposto pela Companhia Vale do Rio Doce, foi improvido. O outro, interposto pela Unimed Região da Produção Cooperativa de Trabalho Médico, não foi conhecido, razão pela qual pouco sentido haveria em calcular tempo médio de tramitação de apenas dois recursos julgados pelo STF.

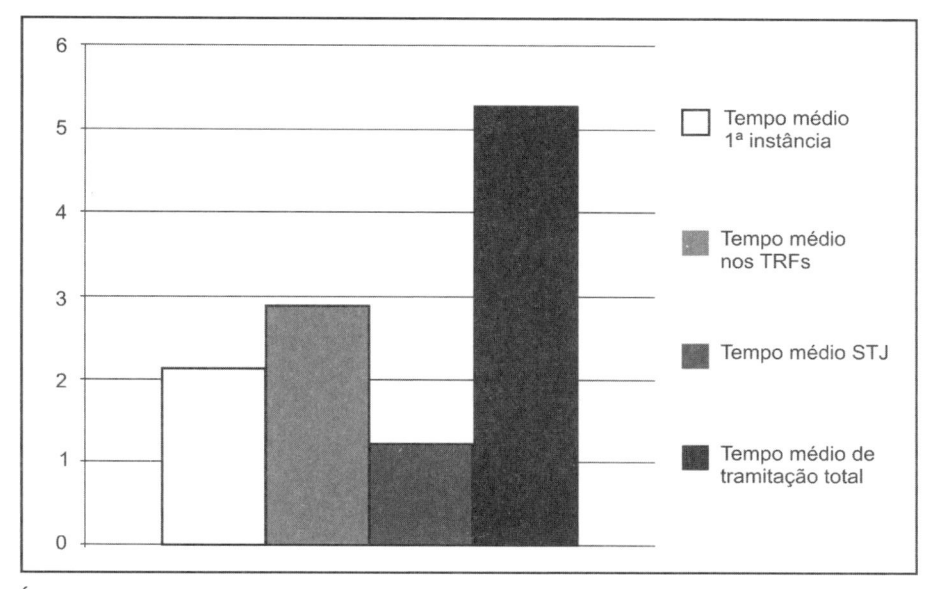

GRÁFICO 8 – Tempo médio de tramitação por instância judicial

Constatou-se que o tempo médio total de tramitação em primeira instância é de 2 anos e 2 meses. O gráfico a seguir retrata a distribuição dos processos analisados de acordo com o tempo de duração em primeira instância.

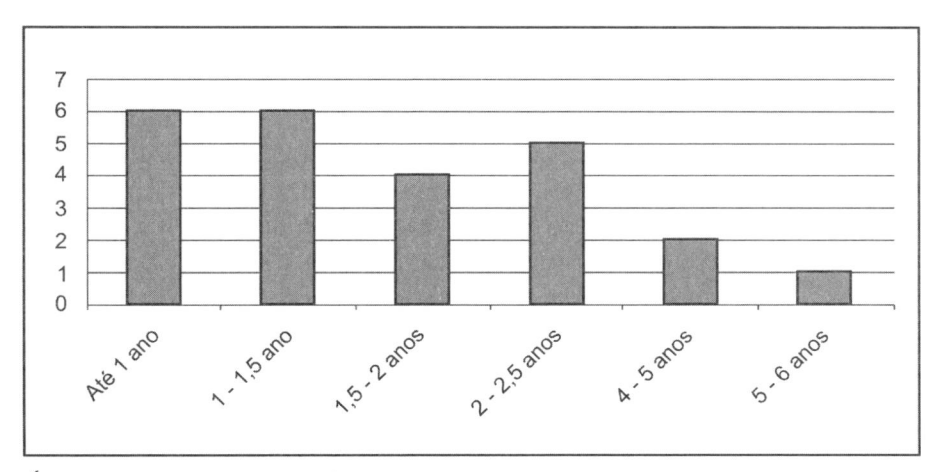

GRÁFICO 9 – Tempo em 1ª instância

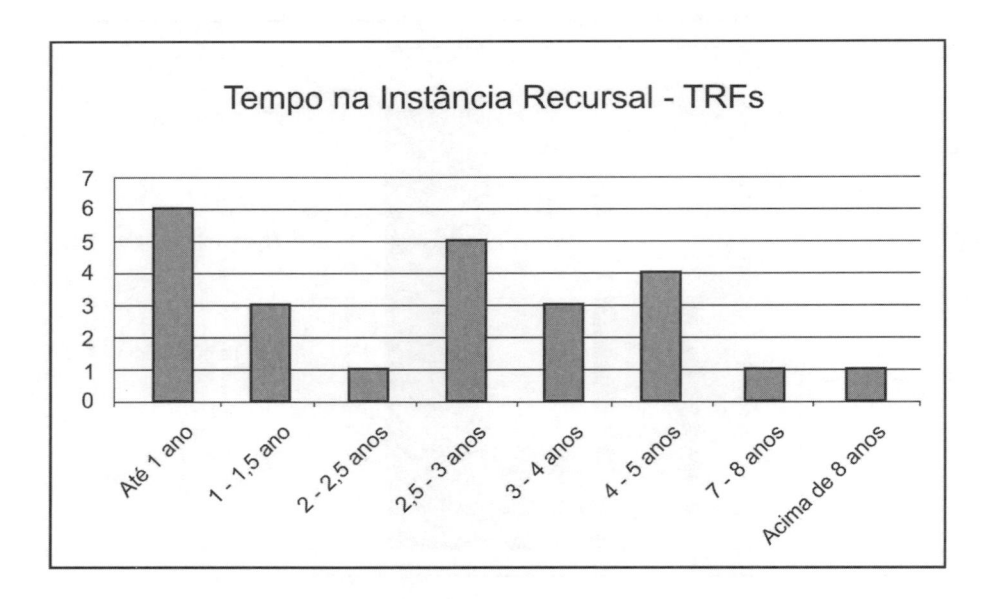

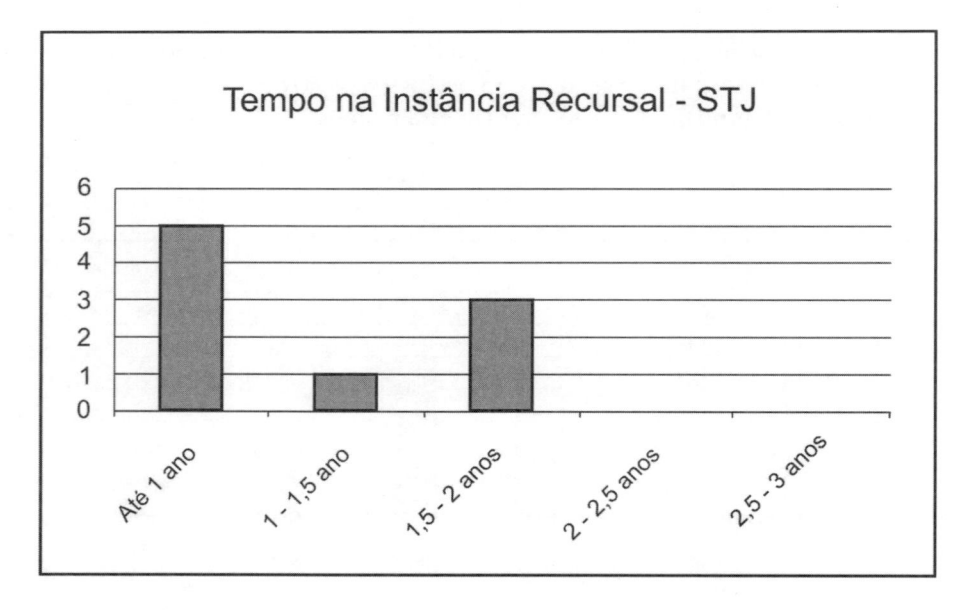

GRÁFICOS 10 e 11 – Tempo de tramitação nos TRFs e STJ

Observe-se que o tempo médio no STJ, relativamente pequeno, poderia encontrar justificativa no fato de que, dos 11 recursos julgados, cinco não foram sequer conhecidos, os quais, segundo se observa no gráfico, são justamente os que foram julgados no tempo de até 1 (um) ano.

Mesmo analisando o tempo médio de tramitação dos recursos, tendo em vista sua interposição em mandado de segurança ou procedimento ordinário (ação anulatória de ato administrativo), não se nota diferença relevante entre os tempos de tramitação, quer em primeira instância, quer na instância recursal.

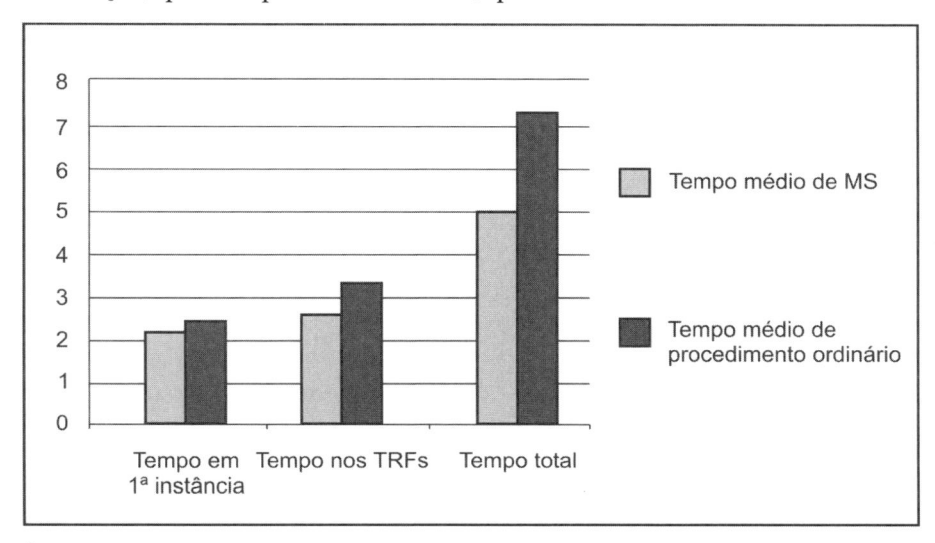

GRÁFICO 12 – Tempo médio de tramitação dos recursos em MS e PO

O gráfico a seguir ilustra em detalhe essa distribuição, tanto em função do tempo de duração, quanto em função da quantidade da espécie de ação analisada em sede recursal. Ressalte-se que a maior incidência de ações questionando as decisões administrativas do CADE inegavelmente se dá via mandados de segurança.

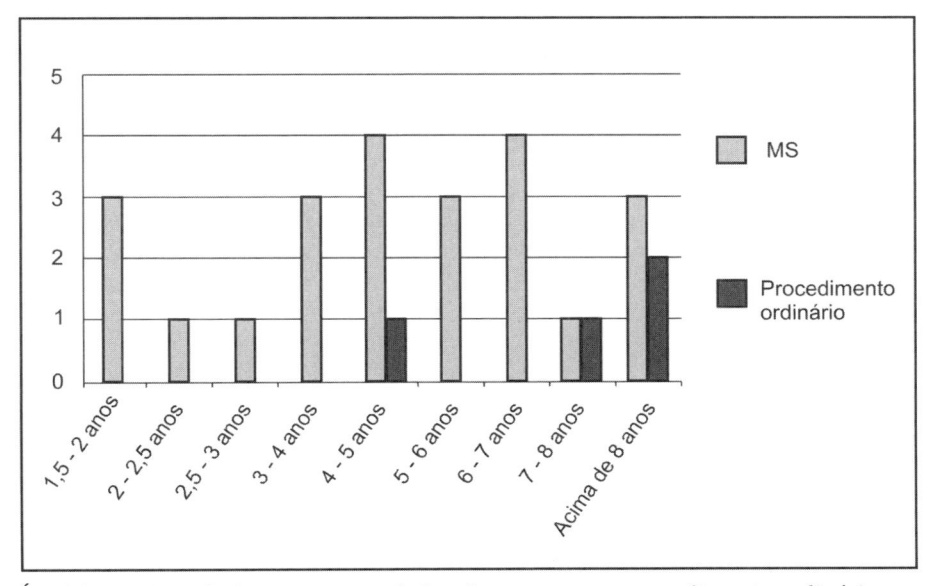

GRÁFICO 13 – Distribuição entre mandados de segurança e procedimento ordinário

Constatou-se que o tipo de processo de origem no CADE (ato de concentração ou processo administrativo) não tem implicações diretas no tempo de duração do processo judicial. Isso porque os processos judiciais originados de ambas as espécies de procedimento administrativo apresentam praticamente o mesmo tempo de tramitação nos três intervalos considerados: em primeira instância, de 2,2 anos; nos TRFs, por volta de 3 anos; e um tempo total de tramitação, em média, superior a 5 anos.[24]

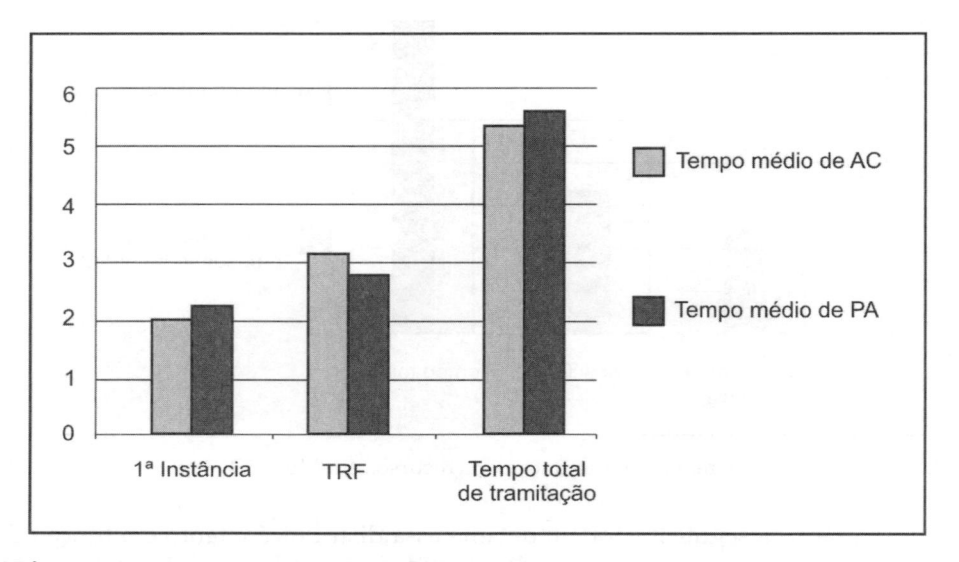

GRÁFICO 14 – Média de tempo x processo de origem

Os resultados alcançados com o tempo de duração do processo devem ser examinados com algumas restrições, a despeito de se entender ser informação de interesse de todas as partes envolvidas, CADE e agente econômico, além do próprio Judiciário por questão de atuação institucional.

Embora se trate de um "fator de saída", que se pretende exaustivo, o pequeno número de casos em que se operou o trânsito em julgado das decisões judiciais não permite conclusões estatisticamente relevantes. Por outro lado, o pequeno universo encontrado é, por si só, significativo, pois reflete uma realidade inalterável, qual seja, a de que há poucos casos findos no Poder Judiciário. A partir disso, pode-se concluir que, após dezesseis anos da Lei nº 8.884/94, ainda não se tem um número razoável de casos para trabalhar com essa variável.

---

[24] Necessário ressaltar que não foi considerado o tempo de vigência de liminares, tendo em vista que não há em todos os *sites* dos tribunais informações essenciais para gerar esse dado, tais como a data em que a liminar foi concedida e a data em que foi cassada ou revogada, muitas vezes fazendo-se apenas menção na ficha de movimentação processual à existência de "despacho" sem qualquer outra especificidade. A despeito da relevância dessa variável, justamente por poder significar a suspensão imediata da decisão do CADE por juízes singulares, refletindo na eficácia das decisões da autarquia, tem-se que levá-la em consideração poderia gerar dados distorcidos e irreais diante da falibilidade da disponibilidade das informações nos *sites*. Por tais razões, optou-se pela exclusão desse recorte na pesquisa.

6.3.2 Resultado das medidas judiciais: pró ou contra o CADE?

Buscou-se avaliar o resultado das medidas judiciais, se favoráveis ou desfavoráveis ao CADE. Cumpre esclarecer que a referência foi feita o CADE e não o agente econômico em razão do objetivo da pesquisa, de avaliar o grau de revisão judicial da decisão administrativa do CADE.

O termo "medidas judiciais" é usado em sentido amplo, abrangendo tanto o resultado das sentenças (primeira instância) como o resultado dos recursos (TRFs, STJ e STF). O quadro a seguir contém situações exemplificativas que foram consideradas pró e contra o CADE:

QUADRO 1

Exemplos de decisões pró e contra CADE

Aspecto relevante do ato administrativo	Pró CADE	Contra CADE
Mérito	Manteve integralmente decisão administrativa em seu mérito	Revisou mérito administrativo
Forma	Manteve decisão administrativa – ausência de irregularidade formal	Anulou decisão por ilegalidade formal
Outros	Manteve multa (intempestividade ou administrativa) aplicada pelo CADE	Anulou, suspendeu ou alterou o valor da multa

Avaliando apenas o resultado final das decisões em que se operou o trânsito em julgado, verificou-se que 11 decisões foram pró e 10 contra o CADE.

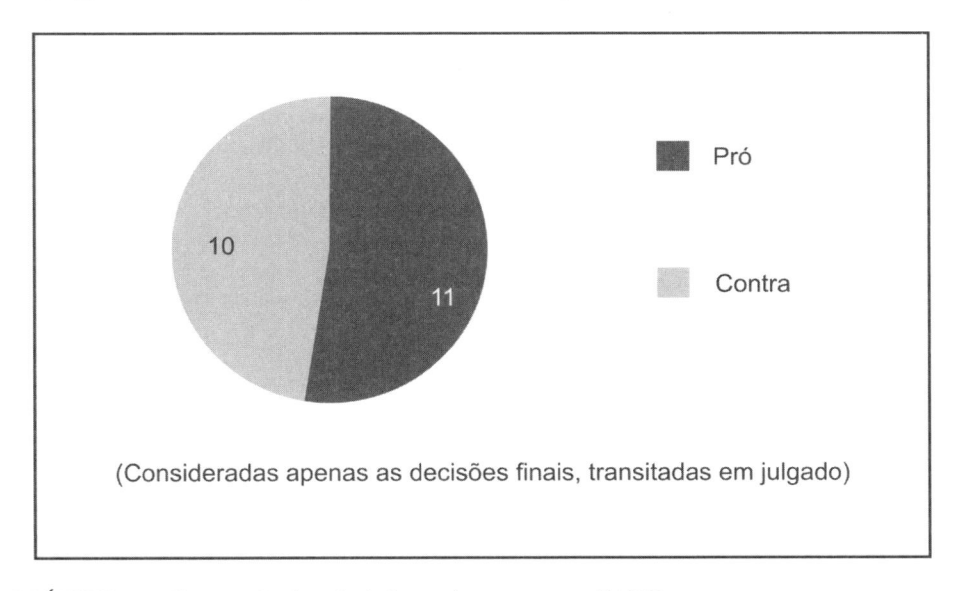

GRÁFICO 15 – Proporção das decisões pró ou contra o CADE

Há, ainda, 12 resultados que não são pró nem contra o CADE, hipótese em que se considerou "não aplicável" para a conclusão acerca das medidas judiciais. O caso "não aplicável" diz respeito às situações de não conhecimento de recurso, desistência de recorrer e perda do objeto do recurso nos processos em que ocorreram acordos extrajudiciais homologados em primeira instância.[25] Em primeira instância, verificou-se que 11 foram pró CADE e nove contra o CADE.

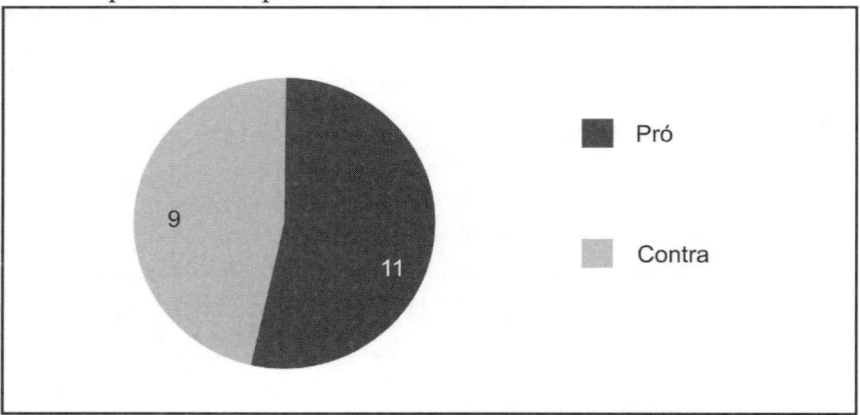

GRÁFICO 16 – Decisões pró ou contra o CADE em 1ª instância

Observou-se que em apenas três casos transitados em julgado houve a reforma da decisão de primeira instância pela instância superior. Esses casos dizem respeito às seguintes matérias: (i) multa por intempestividade; (ii) tabela de honorários médicos; (iii) aplicação de multa do art. 24 no momento da instauração do processo administrativo.

Em verdade, esse resultado não sugere nenhuma conclusão a que se possa objetivamente chegar. Isso porque pode apenas indicar que o juiz de primeira instância decidiu adequadamente, de maneira que em segunda instância se tenha mantido a decisão *a quo*.

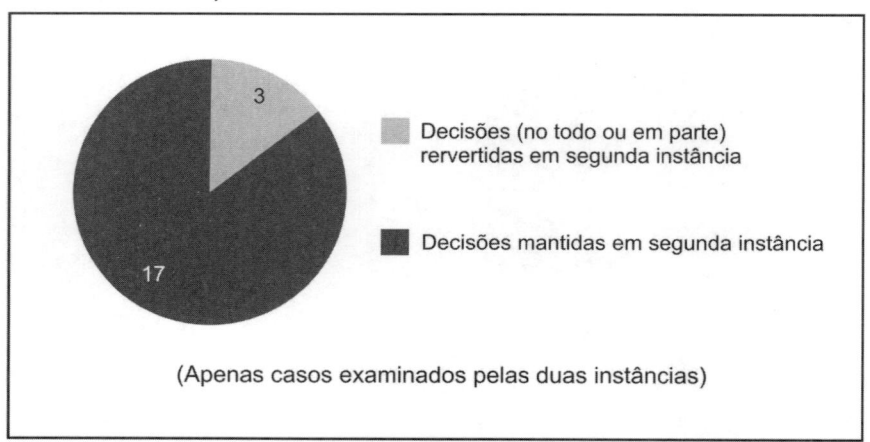

GRÁFICO 17 – Taxa de manutenção/reversão das decisões de primeira instância em sede recursal

---

[25] Essas hipóteses serão mais bem explicadas na análise qualitativa feita adiante.

A variável "resultado das medidas judiciais" também não se mostrou relevante em termos estatísticos em função do número limitado de casos findos no Poder Judiciário, considerado o recorte desta pesquisa. Pode-se dizer que os dados quantitativos correspondentes ao resultado das medidas judiciais não permitem conclusões sobre índices gerais de sucesso/fracasso das demandas dos agentes econômicos no Poder Judiciário.

O número de medidas pró CADE foi semelhante ao número de medidas contra o CADE. Esse dado pode sugerir, por si só, uma conclusão relevante: não existe uma tendência genérica de julgamento pró ou contra o CADE no âmbito dos tribunais inseridos no recorte da pesquisa.

7 Análise qualitativa

7.1 Introdução

A análise qualitativa foi realizada mediante o preenchimento de uma ficha de leitura dos acórdãos (Quadro 2 – Modelo de análise qualitativa dos casos) na qual se buscou a identificação das principais informações pertinentes à presente pesquisa. Veja-se a seguir o modelo de análise qualitativa aplicado a cada um dos casos selecionados:

QUADRO 2
Modelo de análise qualitativa dos casos

(continua)

Polo Ativo x Polo Passivo
Parte I – Identificação do caso
Tribunal, Turma, Relator:
Assunto:
Parte II – Decisão do CADE
Resumo do caso
Fundamentos legais utilizados na decisão do CADE (art. 20, 21 ou 54, e respectivos parágrafos e incisos, da Lei nº 8.884/94):
Parte III – Decisão judicial
A decisão foi unânime ou por maioria?
Houve decisão de "mérito judicial"?

(conclusão)

Em caso negativo, quais foram as razões pelas quais não houve análise do mérito?

Em caso positivo, houve revisão da decisão do CADE?

A revisão foi de mérito e/ou forma?

Qual o efeito da decisão judicial na decisão do CADE? Fundamentos da decisão: descrição (*ratio decidendi*)

Obiter dictum

Referências normativas

Precedentes judiciais

Referências a decisões do CADE

Doutrina nacional ou estrangeira

Observações:

No exame do teor de cada acórdão, buscou-se responder às três seguintes perguntas, que deveriam ser analisadas de forma subsidiária, uma em relação à outra:

1. Houve decisão do "mérito judicial"?
2. Houve revisão da decisão do CADE?
3. A revisão foi de "mérito" e/ou de "forma"?

Em todas as decisões judiciais, tendo elas modificado ou não a decisão administrativa, foi feita a análise dos argumentos dos juízes, desembargadores ou ministros. Para isso, foram identificados todos os argumentos dos votos, descritos na parte "Fundamentos da decisão: descrição da *ratio decidendi*" e "*obiter dictum*" e quais os recursos argumentativos foram utilizados para corroborar o seu entendimento, dentre os quais: (i) a utilização de referências normativas, (ii) precedentes judiciais, (iii) referências a decisões do próprio CADE e (iv) textos doutrinários, nacionais ou estrangeiros, sempre identificando qual argumento estava sendo sustentado por cada recurso argumentativo utilizado.

Foi com base na extração dessas informações que foram identificados grupos temáticos, que foram melhor analisados a seguir (item 7.6, *infra*). Procurou-se incluir todos os casos selecionados na análise temática, de forma que os temas tratados não foram escolhidos de forma arbitrária, mas de maneira a tornar mais exaustiva e aprofundada a pesquisa do fundamento das decisões judiciais.

7.2 Houve exame do mérito judicial?

A primeira pergunta aplicada aos casos selecionados conforme o recorte estabelecido nesta pesquisa objetivou identificar quais dos recursos haviam sido conhecidos no Judiciário.

Todos os casos em que não houve análise de mérito, tais como recursos inadmitidos por ausência dos pressupostos de admissibilidade,[26] ou em que houve perda do objeto no curso da ação em razão de desistência do recurso[27] foram respondidos de forma negativa nesta pergunta. Apenas os que tiveram seus pedidos apreciados pelo Judiciário poderiam resultar em uma revisão da decisão administrativa, no sentido de modificá-la ou anulá-la, passando-se, portanto, a esta última análise apenas nos casos em que se respondia afirmativamente.

Nos casos em que a primeira pergunta foi respondida de forma negativa, procurou-se, ainda, identificar os fundamentos para o não conhecimento do recurso.

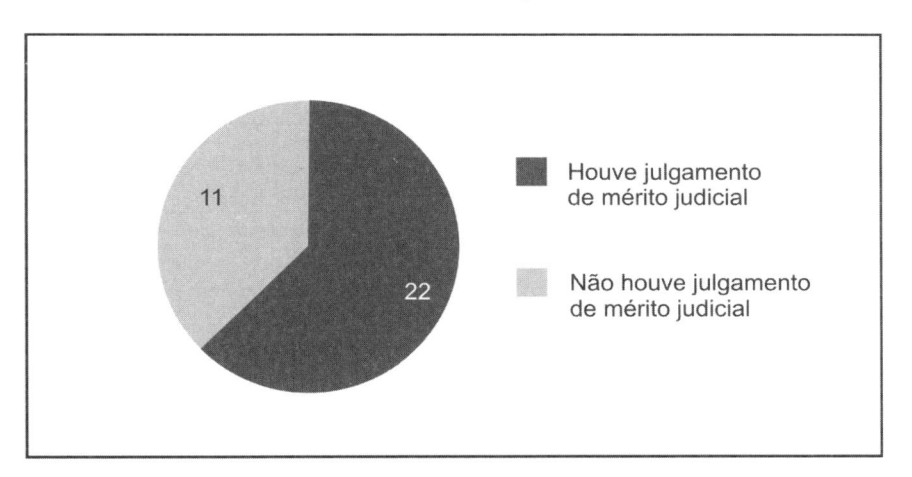

- 11
- 22
- Houve julgamento de mérito judicial
- Não houve julgamento de mérito judicial

GRÁFICO 18 – Exame do mérito judicial (casos transitados em julgado)

---

[26] "Diante do modo como o sistema processual antepõe os pressupostos ao próprio provimento, o demandante só terá o efetivo poder de exigir a emissão deste — e o Estado-juiz o concreto dever de emiti-lo em cada caso concreto – quando cumpridos todos aqueles. (...) Antes da propositura da demanda e instauração do processo, a parte terá no máximo um direito a este — mas seu concreto direito ao provimento de mérito no processo de conhecimento, ou à ordem de entrega do bem no executivo, vai sendo construído gradualmente ao longo do procedimento. Presentes as condições da ação e sendo capaz o demandante e regular a demanda que apresenta ao Estado-juiz, a propositura desta dar-lhe-á o direito à realização dos atos do procedimento, mas ainda não provimento final. Concreto direito a este o demandante só terá quando o Estado-juiz estiver no dever de emiti-lo e esse dever depende da regular realização daqueles atos, ou seja: o direito ao provimento só se concretiza quando satisfeitos rigorosamente todos os pressupostos estáticos e dinâmicos impostos pela lei processual" (DINAMARCO, Cândido Rangel. *Instituições do direito processual civil*. 3. ed. São Paulo: Malheiros, 2003. p. 621).

[27] *Vide* Apelação em Mandado de Segurança nº 2004.34.000266648.

Com relação aos recursos não conhecidos, seis foram julgados pelo STJ, dois pelo STF e apenas um pelo TRF 1ª Região. No quadro a seguir é possível verificar um amplo espectro de razões para o não conhecimento dos recursos, especialmente na instância extraordinária.

QUADRO 3

Razões identificadas para o não conhecimento dos recursos

Recursos em que não houve exame do mérito	
Recurso Especial nº 467.222	Ausência de justificativa quanto à lei federal violada
Agravo Regimental no Agravo de Instrumento nº 682.486/DF	Ausência de prequestionamento, pois a tese constitucional apenas teria sido debatida no voto vencido
Apelação em Mandado de Segurança nº 2000.34.00.007658-4	Perda do objeto do recurso em razão da anulação da decisão do CADE questionada
Recurso Especial nº 663.179	Ausência de prequestionamento
Apelação em Mandado de Segurança nº 2003.34.00.035203-5	Desistência do recurso
Apelação em Mandado de Segurança nº 2003.34.00.040126-4	Desistência do recurso
Recurso Especial nº 998.918	Recurso que ataca apenas um dos fundamentos suficientes para a decisão tomada no acórdão recorrido
Recurso Especial nº 997.867	Atacado no recurso apenas um dos dois fundamentos em que se fundava a decisão recorrida. Aplicação da súmula 283 do STF
Recurso Especial nº 1.069.166	Relação com matéria de fato
Recurso Extraordinário nº 602164-9/RS	Competência exclusiva do STF em razão dos fundamentos essencialmente constitucionais do recurso

QUADRO 4

Casos em que houve acordo extrajudicial

Apelação em Mandado de Segurança nº 2004.34.00.026664-8.	Perda de objeto do recurso
Apelação em Mandado de Segurança nº 2002.34.00.015214-0	Perda de objeto do recurso

Por fim, deve ser dito que a finalidade básica dessa primeira pergunta não era necessariamente afirmar algo a respeito do não conhecimento de recursos, mas refinar os casos que seriam analisados nos tópicos seguintes, pois apenas os recursos conhecidos poderiam de algum modo resultar na revisão da decisão administrativa.

7.3 Houve revisão da decisão do CADE?

Conforme apontado acima, nos casos em que se respondeu de forma afirmativa à primeira pergunta, passou-se à segunda, em que se buscou identificar os casos nos quais havia sido revisada a decisão administrativa, isto é, modificada ou anulada.

Por tal razão, foram selecionadas apenas decisões proferidas em sede de apelações cíveis, apelações em mandado de segurança, recursos especiais e recursos extraordinários em sede de procedimento ordinário. Considerou-se que decisões interlocutórias ou proferidas em sede de processo cautelar não teriam o condão de anular ou modificar a decisão administrativa, não se coadunando com os objetivos propostos.

Para verificação quanto à revisão ou não da decisão administrativa em âmbito judicial, procurou-se contrapor o teor da decisão judicial consubstanciado na ementa da decisão com a parte dispositiva da decisão do CADE. Todavia, quando este recurso não se mostrou suficiente, foi feita a leitura do inteiro teor do acórdão, verificando-se, desde então, quais pontos da decisão administrativa levados ao Judiciário teriam sido eventualmente modificados.

Constatou-se a existência de um grupo de casos nos quais não houve discussão acerca do dispositivo final da decisão do CADE em razão da propositura da ação judicial antes do término do procedimento administrativo, tal como nos casos referentes à legalidade da taxa processual para a apresentação de ato de concentração (7.6.2, *infra*), ou quando a ação judicial foi ajuizada antes do término do procedimento administrativo.[28] Como à época do ajuizamento dessas ações sequer havia sido proferida decisão administrativa, a questão a respeito da revisão desta última perdeu sentido.

Importante notar que na maioria deles não houve discussão de pontos específicos da decisão do CADE. Apenas nos acórdãos referentes ao *Caso Nestlé-Garoto*,[29] discutiu-se a revisão parcial da decisão administrativa que dizia respeito à possibilidade de que a empresa Nestlé vendesse os ativos da Garoto separando a produção intelectual da empresa do parque operacional-físico, e no *Caso Cia. Vale do Rio Doce*, em que se discutia apenas a restrição quanto ao direito de preferência na compra de minério da Mina da Casa de Pedra relacionado ao mercado externo, não tendo sido questionada a restrição quanto ao mercado interno. Nos demais casos, os agentes econômicos buscaram a anulação integral do procedimento administrativo, tanto em razão de alguma irregularidade formal (cf. 7.4.3) quanto de ilegalidade dos fundamentos para a imposição de sanções pela autoridade antitruste.

Por fim, cumpre ressaltar que se considerou ter havido revisão da decisão administrativa mesmo quando apenas parte dela foi modificada no Judiciário ou quando a questão não dizia respeito à decisão final do processo administrativo ou ato de concentração, mas a algum ato anterior imposto como penalidade à parte, como nos casos de vedação de participação em licitação no curso do procedimento administrativo ou nos casos de imposição de multa e juros pelo não pagamento integral da taxa processual.

---

[28] *Vide* "Caso Clip e Clipping Publicidade e Produções Ltda." (1997.01.00.055315-7/DF) e "Caso Microsoft Ltda" (2002.34.00.015214-0) e "Caso TBA Software Ltda. (2004.34.00.026664-8).

[29] Apelações Cíveis nºs 2004.50.01.011423-4 e 2005.34.00.015042-8/DF (APÊNDICE III).

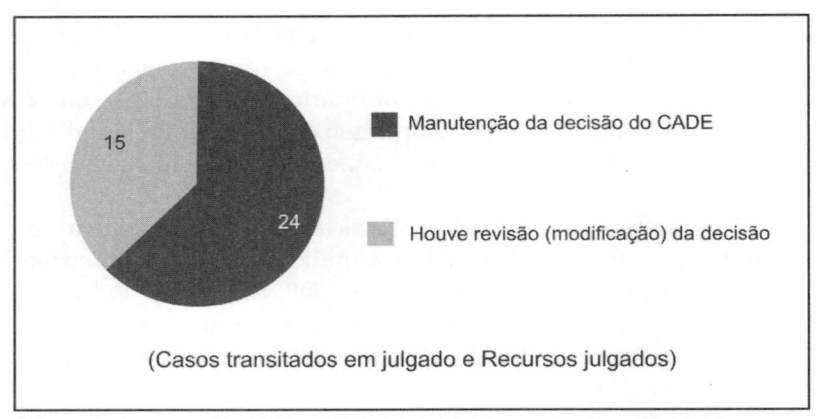

GRÁFICO 19 – Número de casos em que houve revisão da decisão do CADE

Nos termos expostos, esta pergunta foi aplicada apenas aos casos em que houve decisão do mérito judicial e nos quais seria possível a revisão da decisão administrativa resultando nos números abaixo indicados. O gráfico *supra* retrata, de um modo geral, todos os casos em que a decisão do CADE foi revista, sendo que em 24 (ou 62%) deles ela foi mantida e em 15 (ou 38%), reformada pela autoridade judicial.

Diante disso, a aplicação da pergunta alcançou os seguintes resultados: a) dentre os recursos transitados em julgado, em 10 houve revisão da decisão do CADE e em 11 não houve, tendo restado não aplicável a pergunta em 12; b) dentre os recursos não transitados em julgado, em cinco houve revisão da decisão do CADE e em 13 não houve, tendo sido verificada a inaplicabilidade da pergunta em 3.

Embora esteja sujeito a modificações devido ao fato de que os casos do item "b" ainda não transitaram em julgado, esse número reflete uma relativa preponderância (ou aceitabilidade) das decisões do CADE perante o Judiciário. Em outras palavras, na maioria dos casos analisados, inegável que a reforma da decisão administrativa pleiteada pelo agente econômico se viu frustrada no Judiciário. Observa-se tendência de manutenção das decisões tomadas nas instâncias inferiores (baixa taxa de reversibilidade das decisões de instâncias inferiores em sede recursal).

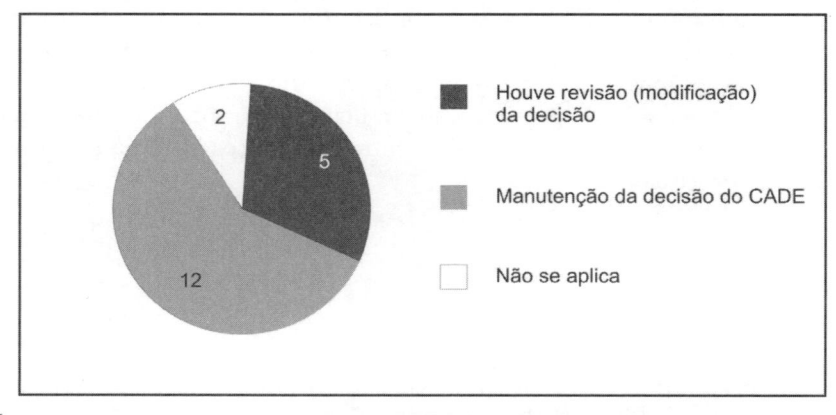

GRÁFICO 20 – Revisão das decisões do CADE (recursos julgados)

Como o gráfico anterior reproduzido ilustra, dentre os recursos apenas julgados (ou seja, não transitados em julgado), houve revisão da decisão do CADE em cinco, e em 12 não houve qualquer modificação na decisão da autarquia. Essa classificação dos resultados dos acórdãos restou não aplicável em dois casos, em razão de se tratar de ações civis públicas. Em uma delas se discutia o dever de atuação do CADE, provocado a agir em determinados casos por iniciativa do Ministério Público; na outra, o impacto da decisão do CADE nas relações de emprego mantidas pelo agente econômico.

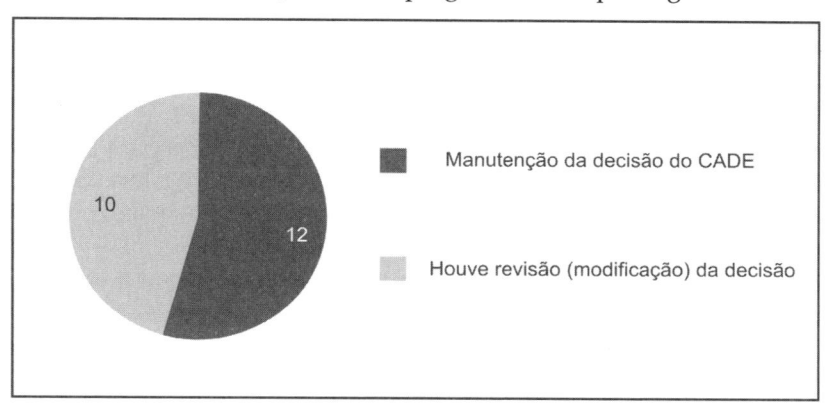

GRÁFICO 21 – Revisão das decisões do CADE (casos transitados em julgado)

Por outro lado, dentre os casos transitados em julgado, esses números são um pouco distintos. Isso porque a tendência de manutenção da decisão do órgão administrativo perde um pouco a força, sendo praticamente idênticas as taxas de manutenção e, correspondentemente, de revisão da decisão do CADE. Em 10 recursos houve revisão da decisão do CADE e, em 12, não houve reforma.

7.4 Revisão judicial: forma e/ou mérito do ato administrativo?

7.4.1 Definição terminológica

Como já dito anteriormente, a análise qualitativa da pesquisa se restringe aos casos em que os tribunais abrangidos pelo recorte descrito nos itens 7.2 e 7.3, *supra*, conheceram dos recursos e efetivamente chegaram a examinar seu mérito processual. Isso porque o que se buscou investigar nesses casos é a resposta definitiva oferecida pelo Poder Judiciário (e os fatores que a envolvem e condicionam), seja para reformar a decisão do CADE, seja para confirmá-la.

A ideia, aqui, é verificar se os tribunais analisados se limitam a um controle da forma ou se chegam também a examinar o mérito dos atos administrativos. Nesse sentido, são considerados relevantes para a análise proposta tanto os argumentos que apontam para a modificação da decisão administrativa, quanto aqueles que implicam o reconhecimento da legalidade do mérito da decisão proferida pelo CADE.

Neste ponto, são necessários alguns esclarecimentos dos conceitos empregados na presente análise, a fim de evitar confusões terminológicas e equívocos envolvendo os significados que podem ser atribuídos a "mérito processual" (ou "mérito do recurso") e a "mérito do ato administrativo".

Os atos administrativos devem estar revestidos de uma *forma* determinada em lei, assim como devem observância ao procedimento necessário para sua edição, e possuem um conteúdo, que constitui seu *mérito*. Ambos os aspectos do ato administrativo estão sujeitos ao controle judicial. Por outro lado, o *exame de mérito*, no sentido empregado em processos judiciais, também pode significar que questões processuais e preliminares que impediriam o conhecimento de um recurso foram superadas, para que o órgão do Poder Judiciário efetivamente se pronunciasse sobre o que lhe foi pedido.

Feitas essas considerações, adotou-se a seguinte terminologia: (a) *forma* do ato administrativo (que inclui também o procedimento necessário para sua edição); e (b) *mérito* do ato administrativo (seu conteúdo). Por sua vez, os tribunais examinam *questões processuais*, que precisam ser superadas para que seja analisado aquilo que ora se chama de *mérito do recurso* ou *mérito judicial*.[30]

Dessa forma, em oposição a (i) *mérito do ato administrativo* e a (ii) *forma do ato administrativo*, conforme explicitado no tópico anterior (7.3, *supra*), estão (iii) *mérito judicial* (mérito do recurso analisado) e (iv) *questões processuais* (do recurso analisado). Note-se que apenas quando há exame de questões materiais por parte do Poder Judiciário, há possibilidade de controle do ato administrativo, seja em seu aspecto formal, seja no seu mérito ou conteúdo propriamente dito, sendo esses, portanto, os únicos casos relevantes para a análise qualitativa proposta.

Por tais razões, a análise substantiva das decisões selecionadas foi realizada não apenas nos casos em que há efetiva alteração da decisão administrativa, mas também dos acórdãos em que, embora mantidas as determinações impostas pelo CADE, foram analisados a forma e o mérito da decisão administrativa pelo órgão julgador.

Para fins da presente pesquisa, considerou-se ocorrida revisão com fundamento em vício formal da decisão administrativa nos casos em que o tribunal julgou incorreto o procedimento adotado pelo CADE, ou mesmo em que a garantia do devido processo legal e da ampla defesa não haviam sido observados pela autarquia.

Importante destacar que foram considerados apenas os argumentos de mérito e forma discutidos no inteiro teor dos acórdãos, uma vez que não é parte do recorte de análise da presente pesquisa os recursos interpostos pelos agentes econômicos. Dessa forma, em um acórdão em que há revisão da decisão do CADE por razões de mérito, possivelmente, razões de forma também podem ter sido levantadas na inicial ou no recurso do agente econômico. Não obstante, nem sempre todos os argumentos das partes são efetivamente analisados pelos juízes, desembargadores ou ministros em seus votos e decisões.

A título exemplificativo, identificou-se vício de forma no *Caso Nestlé-Garoto*, em que, por uma irregularidade no voto do conselheiro relator no que toca ao pedido de reapreciação da decisão do CADE, a decisão do colegiado foi anulada, tendo o Judiciário determinado a realização de novo julgamento. Outro exemplo de revisão

---

[30] No mesmo sentido, inclusive adotando a terminologia forma/mérito dos atos administrativos, cf. DI PIETRO, Maria Sylvia Zanella. *Discricionariedade administrativa na Constituição de 1988*. São Paulo: Atlas, 1991. p. 90 *et seq.*

de forma ocorreu no *Caso Unimed Região da Produção*, tendo por objeto condenação da parte por prática anticoncorrencial consistente na exigência de exclusividade dos cooperados na prestação de serviços médicos (*cláusula de unimilitância*):

> Trata-se de ação ordinária anulatória de processo administrativo em que decidida a cominação das seguintes penalidades: multa de R$63.846,00; retirada do estatuto social da exigência de exclusividade na prestação de serviços médicos dos cooperados; divulgação da decisão a todos os associados, cooperados e consumidores por meios de comunicação interna e em jornal de grande circulação do Estado e do local da sede; abstenção de criar, inaugurar ou colocar em funcionamento empresas coligadas; e baixa das empresas existentes ou transferência de ativos a terceiros.
>
> (...)
>
> Constatada a *existência de irregularidades no procedimento administrativo, capazes de causar sérios prejuízos ao direito de defesa da parte autora,* mormente os que dizem com o *devido processo legal, do contraditório e da ampla defesa,* não há outra solução que não a *anulação do procedimento.* (Apelação Cível nº 2001.71.04.006654-7/RS, Caso Unimed Região da Produção)

Discussões relativas ao mérito das decisões administrativas proferidas pelo CADE, dentre os acórdãos analisados, normalmente se deram em casos nos quais o tribunal possui entendimento diverso da autarquia relativo a, por exemplo, multa por comunicação intempestiva de ato de concentração, aplicação de tabela de honorários médicos e prática de cartel.

Um exemplo de revisão da decisão administrativa por vício de mérito pode ser encontrado em outra condenação por prática da unimilitância, no *Caso Unimed Blumenau,* cuja ementa estipula o seguinte:

> A relação entre a cooperativa e o profissional que a ela se filia é regulamentada pelos seus estatutos, que contêm normas fundamentais sobre organização, direitos e deveres das partes, impostas àqueles que se filiam à cooperativa. É plenamente possível que a cooperativa, visando à concorrência, estipule, em seus estatutos, a exclusividade do profissional em relação a outras entidades concorrentes. A liberdade de contratar é matéria atinente ao interesse privado e deve ser irrestrita até o momento em que se configure o domínio de mercado, uma vez que o interesse privado não pode se sobrepor ao público. Há, portanto, que se manter as relações privadas como tal, sem ingerência externa, até que suas ações atinjam o interesse público, em violação ao princípio da livre concorrência, quando então devem ser limitadas pelo órgão competente (Lei 8.884/94, art. 20, I). Apelação improvida.

O voto da desembargadora relatora no referido caso chama atenção para a natureza de mérito do vício identificado pelo tribunal:

> (...) Em que pesem os argumentos sustentados pela Apelante, não lhe assiste razão, diante do desrespeito ao princípio da livre concorrência verificado na cláusula de seu estatuto, que veda a chamada dupla militância.
>
> Todavia, a partir do momento em que o CADE, exercendo sua função de repressor do abuso econômico, verifica que a relação privada está atingindo o interesse público, a situação se inverte.

Conforme demonstrado, a cláusula em debate, que se caracteriza como liberdade de organização, levou ao domínio de mercado relevante, impedindo que o paciente, por meio de outro plano de saúde, possa ter acesso ao profissional escolhido (vide relatório de fls. 407/413; 330/336).

Por fim, para efeitos da presente pesquisa, considerou-se como única hipótese de revisão de mérito e forma, concomitantemente, os casos em que foi reconhecido o direito do administrado a celebrar termo de cessação de conduta com a autarquia, como uma espécie de direito subjetivo. Essa discussão se deu, mais especificamente, em dois casos: no *Caso Sindiposto* e no *Caso Cia. Paulista de Força e Luz*. Esses casos serão discutidos em maiores detalhes a seguir (cf. 7.4.3, *infra*).

Alguns dos dados extraídos com a distinção entre esses dois tipos de revisão das decisões administrativas proferidas pelo CADE são apresentados em seguida, a título de resultados gerais da pesquisa. No entanto, optou-se por discutir os casos em que houve revisão no mérito ou na forma da decisão do CADE, de forma detalhada, apenas nos tópicos a seguir. Outra abordagem das questões discutidas nos recursos objeto da análise qualitativa é encontrada no tópico 7.6, *infra*, por meio de um recorte dos temas mais recorrentes e relevantes encontrados nos acórdãos.

O gráfico a seguir, que cuida somente dos recursos julgados, ilustra os casos em que a decisão administrativa do CADE foi objeto de processo/recurso judicial, bem como qual o fundamento que motivou a revisão, isto é qual o vício da decisão administrativa alegado pelo agente econômico e acolhido pelo Judiciário.

Note-se que a decisão da autarquia federal somente foi revista pelo Judiciário em cinco, dos 19 casos analisados. Dentre os casos em que houve revisão, o vício encontrado pelo tribunal foi no mérito da decisão administrativa, ou seja, por conta de uma aplicação incorreta dos conceitos e institutos previstos na legislação antitruste.

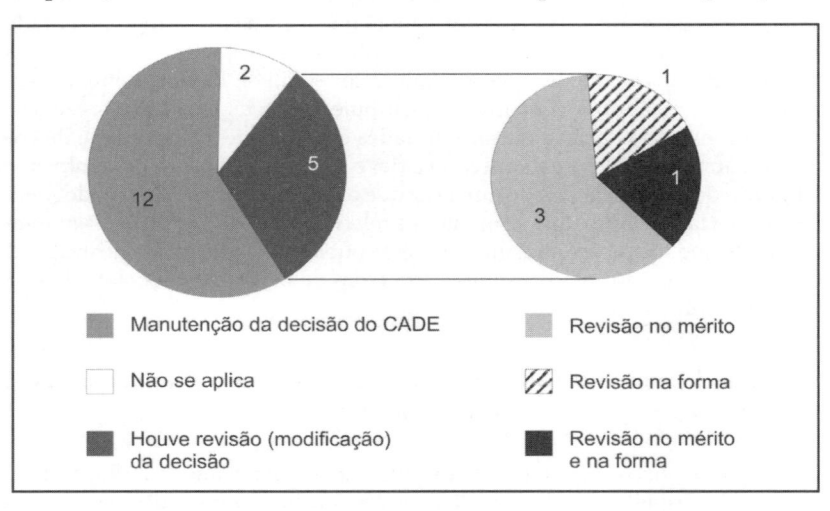

GRÁFICO 22 – Revisão das decisões do CADE em recursos julgados

Importante ressaltar, por fim, que em dois casos essa classificação entre revisão de mérito e revisão de forma não se aplica, pois tratam das duas ações civis públicas mencionadas anteriormente (item 7.3, *supra*), nas quais o que se discute é a possibilidade de obrigar o CADE a atuar em defesa da concorrência, não havendo, portanto, uma decisão questionada.[31]

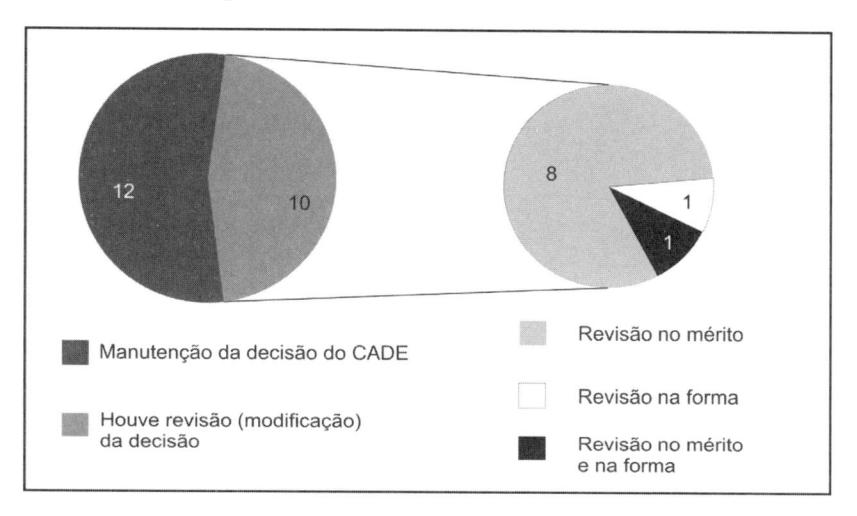

Manutenção da decisão do CADE

Houve revisão (modificação) da decisão

Revisão no mérito

Revisão na forma

Revisão no mérito e na forma

GRÁFICO 23 – Casos transitados em julgado: revisão das decisões do CADE

O gráfico acima retrata, dentre as decisões administrativas revistas no Poder Judiciário, a proporção de casos em que essa reforma se deu em razão de vícios de forma (1), vícios no mérito (8) e de forma e mérito (1). Note-se que, mesmo dentre os recursos apenas julgados, o fundamento da reforma pelos tribunais da grande maioria dos casos analisados tem por fundamento questões de mérito das decisões administrativas do CADE.

Por outro lado, o gráfico a seguir reúne esses resultados, sem qualquer distinção entre revisão em recursos julgados (resposta transitória, ou ainda não definitiva) e revisão pelo Judiciário nos casos transitados em julgado. Como se vê, o número de casos em que a decisão administrativa foi revertida em sede judicial (15 ou 37%) é relativamente menor que o número de casos em que a decisão administrativa do CADE é mantida (24 ou 59%). No entanto, cumpre notar que, mesmo nos casos em que houve revisão da decisão do CADE, a dominante maioria dos acórdãos analisados teve por fundamento um vício inserido no mérito da decisão administrativa.

---

[31] Os casos aos quais se faz referência são os Recursos Especiais nº 590960/DF e nº 650892/PR. Cf. tabela descritiva no APÊNDICE III. De certa forma, é possível que se fale em decisão do CADE, ainda que não em uma acepção formal, tendo em vista que a escolha por não atuar em determinado caso também poderia ser imputada à autarquia como uma espécie de *decisão negativa*. No entanto, conforme visto nos tópicos anteriores, esta não é uma premissa da qual o presente trabalho parte.

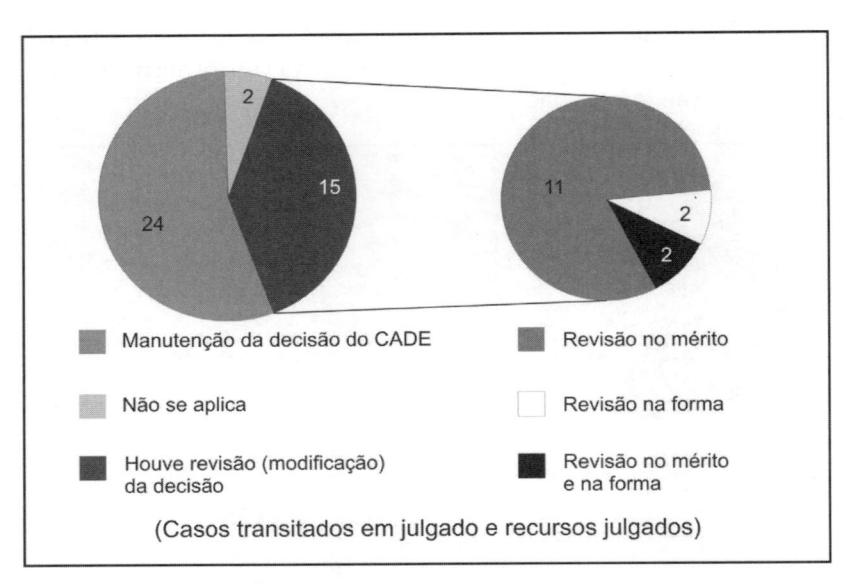

GRÁFICO 24 – Revisão das decisões do CADE

7.4.2 Revisão das decisões do CADE em razão do mérito

Dentre os casos transitados em julgado, houve revisão da decisão do CADE em oito deles, sendo quatro referentes à aplicação de multa por intempestividade, três referentes a penalidades impostas em razão da utilização de tabela de honorários médicos e um em razão de multa por prática de cartel, consubstanciada na exigência de unimilitância por cooperativa médica.

QUADRO 5

Casos transitados em julgado em que houve modificação
da decisão do CADE por razões de mérito

(continua)

Multa por intempestividade	
Apelação Cível nº 2002.34.00.004517-6/DF – "Caso Sonaeimo"	**Anulação da multa aplicada.** Resolução nº 15/1998 teria extrapolado o limite de sua competência normativa, definindo de forma diversa o que dispunha a Lei nº 8.884/1994.
Apelação Cível nº 2003.34.00.021253-6/DF – "Caso DURR Brasil Ltda."	**Anulação da multa aplicada.** A multa é inconstitucional, viola devido processo legal, pois não foi praticado, no Brasil, nenhum ato que pudesse prejudicar a livre concorrência.
Apelação em MS nº 2001.34.00.014888-4/DF "Caso Total Fina Elf S/A e Petrofina S/A e Elf Aquitaine"	**Anulação da multa aplicada.** Resolução nº 15/1998 teria extrapolado o limite de sua competência normativa, definindo de forma diversa o que dispunha a Lei nº 8.884/1994.
Apelação em MS nº 1999.34.00.029156-5/DF "Caso AGCO do Brasil Comércio e Ind. Ltda".	**Redução da multa ao mínimo legal.** Ausência de motivação do CADE para aplicação da multa além do mínimo legal.

(conclusão)

Tabela AMB

Apelação em MS nº 1999.01.00.059757-6/DF – *"Caso Sindicato dos Laboratórios de Pesquisa e Análises Clínicas de Brasília"*	**Anulação da multa aplicada.** A tabela da AMB sugere parâmetros mínimos de honorários. Ausência de conduta uniforme entre concorrentes.
Apelação em MS nº 1999.34.00.005092-2/DF – *"Caso Laboratórios Clínicos de Brasília Vacinas e Imunização S/C"*	**Anulação da multa aplicada.** A tabela da AMB sugere parâmetros mínimos de honorários. Ausência de conduta uniforme entre concorrentes.
Apelação em MS nº 1998.01.00.014517-7/DF *"Caso Associação Médica de Brasília – AMBR"*	**Anulação da multa aplicada.** A tabela da AMB sugere parâmetros mínimos de honorários. Ausência de conduta uniforme entre concorrentes.

Cláusula de exclusividade

Apelação em MS nº 2003.71.05.000040-2/RS – *"Caso Unimed Missões Sociedade Cooperativa de Serviços Médicos Ltda."*	**Anulação da multa aplicada.** Ausência de provas da existência da cláusula de exclusividade ou de monopólio no estatuto da cooperativa médica.

No *Caso Sonaeimo* e no *Caso Total Fina*, o TRF 1ª Região considerou que o CADE, ao editar a Resolução nº 15 de 1998, teria desrespeitado o limite de sua competência normativa, pois teria definido o momento da realização da operação de forma diversa da lei. Isto porque a Resolução nº 15 estabeleceu que o prazo, de 15 dias, seria contado do primeiro documento vinculativo firmado entre as requerentes e não da efetiva formalização da operação.

Dessa forma, teria havido violação ao princípio constitucional da legalidade na imposição da multa pela aplicação da resolução, uma vez que nos termos da Lei nº 8.884/94 as partes teriam agido legitimamente.

Além disso, no *Caso Sonaeimo* foi considerado que o plenário do CADE, ao tomar a decisão de imposição da multa por maioria, teria demonstrado pela ausência de consenso um problema de interpretação da lei e do regulamento.

Este último argumento foi também utilizado no *Caso AGCO do Brasil* que também trata de multa por intempestividade, tendo sido citado pelo magistrado o voto do conselheiro vencido e do parecer da ProCADE que teriam opinado pela não aplicação da multa.

No *Caso AGCO*, a tese central desenvolvida foi de que a Administração teria discricionariedade para a imposição ou não da multa, devendo, no entanto, justificar a sua fixação acima do mínimo legal:

> Conquanto certo que a Administração Pública possa usar de discricionariedade na fixação da multa, no tocante ao quantum, não precisará de declinar justificativa para impor o limite mínimo previsto na legislação. Contudo, a apenação em patamar superior ao mínimo deverá ser plenamente motivada e com a adoção dos critérios preconizados na Lei nº 8.884/94, cujo art. 27 estipula (...) Ainda que a decisão tenha se pautado em algum deles, seria preciso explicitá-lo. E: Pelo que observo do parecer jurídico de fls. 55-63, exarado de conformidade com o art. 42 da Lei nº 8.884/94, não há respaldo para a majoração da penalidade, consoante entendeu o ilustre parecerista (...).

Não havendo motivação para a aplicação de multa superior ao mínimo estabelecido na lei, o relator achou por bem manter a decisão de 1ª instância em que havia se determinado a aplicação da multa mínima de 60.000 UFIR.

Já no *Caso Durr*, a questão que se colocou dizia respeito a uma operação econômica celebrada no exterior, que, segundo as partes, não havia produzido efeitos no Brasil. O TRF 1ª Região determinou a anulação da multa em razão de ter o próprio CADE firmado jurisprudência no sentido de que, em operações de concentração entre agentes que não mantêm relações de concorrência, mas que alcançam o critério de faturamento do §3º do art. 54, o conselho deveria exigir sua notificação apenas em 15 dias úteis a partir de seu fechamento jurídico, não do fechamento da operação no exterior.

Ademais, teria havido violação ao princípio do devido processo legal substantivo na aplicação da multa em face de operação realizada no exterior:

> Ainda que se considere intempestiva a comunicação do "ato de concentração", viola o princípio constitucional do "devido processo legal substantivo" a multa de 60 mil UFIR prevista na Lei 8.884/94", porque "nenhum ato que pudesse, de qualquer modo, prejudicar a concorrência foi praticado no Brasil, já que a aquisição, pela Dürr, dos 76,432% das ações da CarI Schenck não se refletiu em alteração alguma aqui. A comunicação do ato ao CADE foi, como já foi dito, preventiva. Em segundo lugar, porque, ainda que essa operação produzisse reflexos em nosso país, esse reflexos não prejudicariam a livre concorrência, como o próprio CADE acabou por concluir ao julgar o Ato de Concentração nº 080 12.006735/00-01. Assim, a operação foi informada meramente em virtude do critério do faturamento das empresas envolvidas, critério esse que, dado que evidentemente não há efeitos prejudiciais à concorrência no caso concreto, deveria ser atenuado.

Por fim, o TRF 1ª Região considerou que a parte havia cumprido o determinado pelo §4º do art. 54, submetendo ao CADE previamente a operação, uma vez que o contrato até então celebrado tinha condição suspensiva de validade, só podendo haver a sua real efetivação após a avaliação de sua legalidade pelo CADE.[32]

No primeiro dos casos sobre aplicação de tabela de honorários médicos, o *Caso Sindicato dos Laboratórios de Pesquisa e Análises Clínicas de Brasília*, o voto vencedor baseou-se unicamente no argumento de que a utilização da tabela não era compulsória e, portanto, não configuraria infração à ordem econômica a simples recomendação de valores de honorários.

Nos dois outros casos sobre o tema em que houve revisão da decisão do CADE, *Caso Associação Médica de Brasília – AMBR* e *Caso Laboratórios Clínicos de Brasília Vacinas e Imunização S/C*, foi considerado que a tabela AMB não se prestaria a violar a livre concorrência, mas, ao contrário, reforçaria a competitividade do setor e resguardaria a dignidade profissional:

---

[32] "O contrato ficou suspenso até o pronunciamento do CADE, ou seja, não produziu nenhum efeito até o julgamento na via administrativa do ato de concorrência". Por isso, "Ora, pendente o contrato de condição suspensiva, não se poderia contar prazo para efeito de imposição de multa, como se aquele estivesse pronto e acabado".

De acordo com a embargante os aludidos valores refletem, não um padrão resultante de conluio dos profissionais e empresas do setor de saúde, mas o mínimo aceitável pela prestação do serviço, o que, aliás, digo eu, resguarda a qualidade dos serviços prestados, em garantia do próprio usuário. (Voto do Juiz Federal Francisco Renato Codevila Pinheiro Filho, Caso Clínicos de Brasília Vacinas e Imunização S/C, TRF 1ª Região)

Uma discussão com maior profundidade a respeito dos casos sobre tabela AMB será feita no tópico 7.6.6, *infra*.

Por fim, o último caso transitado em julgado em que houve revisão da decisão do CADE por questões de mérito foi o *Caso Unimed Missões*, referente à cláusula de unimilitância. Já em 1ª instância houve a anulação do procedimento administrativo do CADE, sob o argumento de que estaria eivado de ilegalidade em razão da ausência de motivação. O CADE apelou ao TRF 4ª Região que entendeu que a questão da cláusula de exclusividade já havia sido decidida pelo STJ no sentido da sua legalidade, tendo sido colacionados alguns precedentes nos quais se discutia a relação entre cooperado médico e a cooperativa sob o prisma da relação privada, e não dos impactos concorrenciais. Além disso, não haveria provas suficientes de que a Unimed Missões estaria de fato utilizando-se da cláusula de exclusividade.

O CADE interpôs os Recursos Especiais nº 988.918 e nº 997.867, que não foram conhecidos em razão de o assunto tratado estar intrinsecamente ligado a questões de fato, e que, portanto, não poderiam ser apreciadas em sede de recurso especial.

Dos casos não transitados em julgado, houve revisão da decisão administrativa em cinco deles, sendo três motivados por razões relacionadas ao mérito da decisão administrativa.[33] No entanto, todos serão analisados, uma vez que nos cinco foram discutidas questões atinentes aos motivos da decisão administrativa.

QUADRO 6

Casos julgados em que houve revisão da decisão por razões de mérito

(continua)

Nome do caso	Nº do recurso	Argumento central	Acolhimento do argumento pelo tribunal
Sindiposto	Apelação Cível nº 2002.34.00.039067-2/DF	Há direito subjetivo à celebração de TCC, que foi negado ao agente econômico	Sim
Nestlé Garoto (P.A. CADE)	Apelação Cível nº 2005.34.00.015042-8/DF	Fato consumado quanto aos termos da operação e as condições do mercado (decisão irreversível)[34]	Não

---

[33] No *Caso Nestlé Garoto*, o recurso foi parcialmente provido.

[34] Esse não foi o único argumento central do CADE, mas foi o único revisto pelo TRF 1ª Região, ocasionando modificação da decisão administrativa da autarquia.

(conclusão)

Nome do caso	Nº do recurso	Argumento central	Acolhimento do argumento pelo tribunal
Associação Médica do Mato Grosso do Sul	Apelação em Mandado de Segurança nº 2002.34.00.014122-2/DF	O uso de tabela de honorários médicos é ilegal	Não
Laboratório Sabin	Apelação Cível nº 1998.34.00.013139-7/DF	O tabelamento de preço de serviços médicos serve como mera recomendação, resguardando a dignidade profissional	Sim
Unimed Chapecó	Apelação Cível nº 2002.72.02.003941-7	A restrição das áreas de militância do profissional da saúde da área de cooperativas é imposição legal; o CADE não realizou prova fática de domínio de mercado	Sim

No *Caso Sindiposto*, o agente econômico pretendeu a anulação da decisão do CADE pelo fato de a autarquia não lhe ter dado a oportunidade de celebrar acordo. Em sua perspectiva, o TCC seria direito subjetivo, nada havendo de discricionário na decisão do CADE acerca de seu cabimento se supridos os requisitos legais mínimos. O TRF 1ª Região, traçando um paralelo entre a situação do caso e o Direito Penal, acolheu a referida alegação.

Já no *Caso Nestlé Garoto*, além do debate a respeito do devido processo administrativo e da ampla defesa, discutiu-se ser a situação fática irreversível, por ter ocorrido a hipótese da teoria do fato consumado. Isso porque as empresas teriam optado por realizar o negócio e só após apresentarem a operação ao CADE, quando poderiam ter requerido preventivamente essa aprovação, o que teria desautorizado a alegação de fato consumado.

A sua vez, nos *Casos Associação Médica do Mato Grosso do Sul* e *Laboratório Sabin* o agente econômico pretendeu anular a condenação administrativa de infração à ordem econômica pelo uso de tabela de honorários médicos. Defendeu que esta representava simples recomendação, não compulsória, que servia para o estabelecimento de valores mínimos que respeitassem a dignidade profissional, sendo, inclusive, exigidas pelo Conselho Federal de Medicina. O TRF 1ª Região acolheu tais teses, sustentando que a tabela não contém *norma de conduta*, nem resulta em uma "conduta comercial uniforme ou concertada entre concorrentes" — o que, em sua visão, seria a verdadeira caracterização do cartel, nos termos do art. 20 e art. 21, inc. II, da Lei nº 8.884/94.

Além disso, no *Caso Associação Médica do Mato Grosso do Sul*, decidiu-se que o CADE não demonstrou concretamente os riscos à livre concorrência, como requisito para configuração das condutas descritas no art. 20 e art. 21, inc. II, da Lei nº 8.884/94. Haveria, portanto, tão somente, ilícito de perigo abstrato, sem paralelo no direito pátrio. Com essas razões, o Judiciário negou provimento ao recurso do CADE.

O mesmo argumento fático serviu como fundamento para a revisão de decisão administrativa referente ao *Caso Unimed Chapecó*. Nesse processo, no bojo do qual se discutia a legalidade de cláusula de unimilitância estabelecida pela cooperativa, entendeu-se que o domínio do mercado não foi comprovado pelo CADE, *in concreto*.

7.4.3 Revisão das decisões do CADE em razão de aspectos formais

Verificou-se nos casos em análise o apelo bastante recorrente a questões de forma, isto é, vícios procedimentais no âmbito do processo administrativo levados ao Judiciário como um argumento para que fosse requerida a anulação da decisão administrativa.

Dos 52 recursos em análise, em 16 deles houve questionamento sobre questões formais, havendo efetivamente revisão motivada por vícios procedimentais em apenas cinco casos dos 15 em que houve alguma revisão. Destes, três foram de casos transitados em julgado e dois de casos julgados, ainda com algum recurso pendente. No quadro a seguir, foram identificados não apenas os casos em que houve revisão de forma, mas também aqueles em que se verificou a efetiva discussão no acórdão de vícios procedimentais, embora não tenham resultado em revisão ou, ainda, que esta tenha ocorrido por razões relativas ao mérito.

QUADRO 7
Revisão de forma em casos transitados em julgado

(continua)

Recurso	Argumento	Acolhimento do argumento nas razões do tribunal
Caso Unimed Região da Produção – Apelação Cível nº 2001.71.04.006654-7	Irregularidade formal do processo administrativo em razão da ausência de manifestação da parte após a juntada de provas.	Sim
Caso Unimed Região da Produção – Recurso Especial nº 1.069.166	Irregularidade formal do processo administrativo em razão da ausência de manifestação da parte após a juntada de provas.	Não analisado
Caso Unimed Região da Produção – Recurso Extraordinário nº 602164-9	Irregularidade formal do processo administrativo em razão da ausência de manifestação da parte após a juntada de provas.	Não analisado
Caso Laboratórios Clínicos de Brasília Vacinas e Imunização S/C – Apelação Cível nº 1999.34.00.005092-2	Não comprovação probatória por parte do CADE de que a tabela de honorários médicos estaria sendo efetivamente utilizada pela parte.	Sim, mas a *ratio decidendi* para revisão da decisão administrativa foi essencialmente de mérito.
Caso Vale do Rio Doce – Apelação Cível nº 2005.34.00.032899-7	Voto de Minerva da Presidente do CADE.	Não
Caso Vale do Rio Doce – Resp nº 966930	Voto de Minerva da Presidente do CADE.	Não

(conclusão)

Recurso	Argumento	Acolhimento do argumento nas razões do tribunal
Caso Cia. Paulista Força e Luz – Apelação em Mandado de Segurança nº 2002.34.00.007525-4/DF	TCC – indeferimento do pedido de celebração do termo pela parte.	Sim

QUADRO 8

Revisão de forma em casos não transitados em julgado

Recurso	Argumento	Acolhimento do argumento nas razões do tribunal
Caso Unimed Petrópolis – Apelação Cível nº 2000.34.00.025257-6/DF	Cerceamento de defesa por negativa de prova pericial quanto à caracterização do mercado relevante	Não
Caso Vale, Usiminas e CPFL Apelação Cível nº 2000.01.00.019576-5/DF	Ampla defesa no processo administrativo – possibilidade de impugnação à cobrança de multa por intempestividade	Não
Caso Nestlé Garoto – Apelação Cível nº 2005.34.00.015042-8/DF	Provas não submetidas ao contraditório e não apreciadas pelos conselheiros que já haviam proferido seus votos.	Sim
	Decurso de prazo total de tramitação do PA sem aprovação automática e sem motivação suficiente para a extensão do prazo.	Não
	Nulidade do voto do relator do processo no CADE não confirmado por seu sucessor.	Sim – *ratio decidendi*
Caso Unimed Chapecó – Apelação Cível nº 2002.72.02.003941-7	Não comprovação probatória por parte do CADE de que a tabela de honorários médicos estaria sendo efetivamente utilizada pela Unimed.	Sim
Caso Laboratório Sabin- Apelação Cível nº 1998.34.00.013139-7	Necessidade de realização de outro processo administrativo *com ampla defesa para aplicação da multa decorrente do descumprimento da obrigação de fazer.*	Não
Caso Sindiposto – Apelação Cível nº 2002.34.00.039067-2/DF	TCC – indeferimento do pedido de celebração do termo pela parte.	Sim

O vício procedimental mais recorrente foi o concernente à violação ao contraditório durante a instrução probatória em âmbito administrativo, identificado em seis casos.

No *Caso Nestlé Garoto*, a Nestlé argumentou que após a realização de audiência pública foram juntados documentos aos quais as partes não tiveram acesso e sobre os quais não puderam se manifestar. Além disso, também argumentou que com o transcurso do prazo de 60 dias deveria ocorrer a aprovação automática da operação, o que não havia se verificado no A.C. em questão. Esses argumentos foram acolhidos em primeira instância, tendo sido determinada a aprovação da decisão ante o decurso do prazo previsto no art. 54, §6º, da Lei nº 8.884/94, em que pese o efeito suspensivo das diligências instrutórias, que, segundo o juiz, não teriam sido devidamente fundamentadas.

Todavia, em segunda instância, a decisão foi revertida, não obstante o acolhimento dos argumentos relativos ao prejuízo à ampla defesa, pois foi considerado que o transcurso do prazo sem a devida fundamentação na atribuição de efeito suspensivo às diligências probatórias não resultaria, por si só, na aprovação automática da operação.

A decisão de segunda instância fundou-se na nulidade do voto do relator do processo administrativo, que deixou o CADE no curso do processo em razão do término de seu mandato, e não foi confirmado pelo novo relator designado. Além disso, após a realização de audiência pública, foram juntados documentos aos quais não só as partes, mas, também, os novos conselheiros não tiveram acesso, irregularidade esta que teria contaminado estes votos. Assim, a solução de segunda instância foi pela anulação do procedimento administrativo para que nova decisão fosse proferida pelo CADE.

Também no *Caso Unimed Região da Produção*, em seu julgamento pelo TRF 4ª Região, foi acolhido o argumento formal, tendo sido julgada procedente para anular integralmente o procedimento administrativo questionado,[35] em razão dos vícios procedimentais atinentes à inexistência de manifestação do administrado após a juntada de certas provas. Nos termos do voto vencedor da Desembargadora Marga Inge Barth Tessler:

> Inúmeros documentos foram juntados sem que a Cooperativa pudesse sobre eles se manifestar, por exemplo, manifestação da Associação dos Farmacêuticos e Bioquímicos de Carazinho, documentos da Univida. A garantia da plena defesa implica na observância mínima de um rito, às comunicações e cientificações imprescindíveis, à oportunidade de contraditar a acusação, de oferecer defesa, juntar documentos, produzir prova. Nada disto aqui no caso concreto ocorreu. Não há como manter hígida a condenação imposta pelo Cade, com tão graves vícios e ausência do devido processo legal.

O CADE recorreu dessa decisão ao STJ e ao STF, tendo interposto o Recurso Extraordinário nº 602164-9 e Recurso Especial nº 1.069.166. Todavia, ambos os tribunais entenderam que a verificação da regularidade formal do procedimento administrativo estaria intrinsecamente ligada a questões de natureza fática, de forma que os recursos não foram conhecidos, e o agravo regimental interposto contra a decisão do REsp, improvido.

---

35 PA nº 0800-025966/96-69.

Com efeito, nos termos das decisões do STJ e do STF, dada a necessidade de revisão do contexto fático-probatório, não seria possível o conhecimento do recurso, em razão da aplicação da Súmula nº 7 do STJ à hipótese do caso.

No *Caso Unimed Petrópolis*, argumentou-se pelo cerceamento de defesa em razão da negativa de prova pericial de caracterização de mercado relevante. Todavia, os magistrados afastaram o argumento com a justificativa de que a matéria era eminentemente jurídica, dispensando perícias técnicas.

Por fim, nos *Casos Laboratórios Clínicos de Brasília* e *Unimed Chapecó*, houve revisão da decisão do CADE quanto à aplicação de multa por utilização de tabela AMB, tendo sido fundamentada a decisão de anulação da decisão administrativa, dentre outros argumentos, pela não comprovação probatória por parte do CADE de que a tabela estaria sendo efetivamente utilizada pela UNIMED.

Com efeito, no *Caso Unimed Chapecó*, a relatora do processo, Desembargadora Marga Inge Barth Tessler concluiu que:

> Não trouxe o CADE aos autos mínima prova do alegado domínio do mercado, afigurando-se desproporcional e irrazoável o ato. Alude em sua contestação que houve confissão da Unimed e há farta prova carreada, contudo, deixou de juntar qualquer elemento aos autos. Por fim, na mesma contestação, entende que a apelante é uma empresa comercial sem minimamente considerar que se trata de uma cooperativa que não aufere lucro, incidindo em enfoque dissociado da realidade. Anote-se que a parte autora nega a conclusão do CADE de afronta à livre concorrência (fl. 2), cabendo ao órgão em questão juntar elementos probatórios que sopesaram as suas conclusões administrativas. Assim não procedeu, embora refira-se a elementos carreados aos autos.

No mesmo sentido, o voto do Juiz Federal convocado, Guilherme Doehler, no *Caso Laboratórios Clínicos de Brasília*, afirmava:

> Caso haja algo que insinua o CADE a essa cartelização, deveriam então comprovar que essa tabela esteja efetivamente sendo utilizada de maneira uniforme por todos os profissionais do ramo. Parece-me que não há evidência disso, apenas alegação.

Ainda referente à aplicação de multa por utilização de tabela AMB, no *Caso Laboratório Sabin,* discutiu a necessidade de outro processo administrativo "com ampla defesa para dele emergir nova decisão plenária a respeito do descumprimento da obrigação de fazer". Todavia, o voto do relator Juiz Federal César Augusto Bearsi concluiu pela desnecessidade de novo procedimento administrativo, em razão de ser a aplicação da multa própria consequência do descumprimento do título executivo formado na decisão do CADE:

> Imposta a obrigação de fazer pelo título executivo validamente formado na decisão plenária do CADE, a multa não passa de conseqüência, sem necessidade de formação de um novo título para ela. Apesar da confusão que a Apelante quer fingir existir com o propósito puramente protelatório, realmente o que temos é bastante simples:
> - há um título executivo que fundamenta uma execução de obrigação de não fazer, consistente em não utilizar a tabela da AMB; (...) e teria sido 'no próprio processo administrativo no qual se produziu o título executivo que foi verificado o descumprimento da obrigação, surgindo ai a necessidade de uso do Judiciário para forçar a Apelante ao cumprimento (interesse de agir)'.

Outro argumento procedimental referente ao prejuízo à ampla defesa foi encontrado na apelação cível do *Caso Vale do Rio Doce, Caso Usiminas e Caso Cia. Paulista Força e Luz*, em que se argumentou pela impossibilidade de impugnação no procedimento de multa por intempestividade em ato de concentração que teria cerceado a defesa da parte. Todavia, o voto do relator do processo concluiu que os ofícios encaminhados pelo CADE tinham o objetivo de comunicar acerca da decisão envolvendo o Ato de Concentração nº 53/95 e facultava às empresas a possibilidade de efetivar o pagamento amigável, não sendo, portanto, o início de um procedimento de cobrança, de modo que estaria afastado o argumento fundado no prejuízo à ampla defesa da parte.

Foi identificado um grupo de casos em que se discutia a legalidade do procedimento administrativo que não conferia à parte a possibilidade de celebração de termo de compromisso de cessação de condutas (TCC), tendo motivado a revisão de forma em dois casos (*Caso Sindiposto* e *Caso Cia. Paulista Força e Luz*). Esses casos serão tratados na análise temática (7.6.3, *infra*).

Por fim, o caso mais emblemático sobre questões procedimentais inserido no recorte da presente pesquisa foi o *Caso Cia. Vale do Rio Doce*. Discutiu-se a legalidade da restrição imposta pelo CADE à parte por meio de uma votação em que não se havia atingido o quórum mínimo e havia ocorrido empate entre as duas alternativas possíveis no julgamento. Foi, então, por meio do voto de qualidade, que a presidente decidiu pela restrição mais gravosa à CVRD, havendo, no entanto, conforme alegado, afronta ao princípio da legalidade, uma vez que a votação teria se dado violando dispositivos da Lei nº 8.884/94 e do Regimento Interno do CADE.

Bastante elucidativo quanto aos contornos da questão que foi colocada é o seguinte trecho do voto do Min. João Otávio de Noronha quando da decisão do caso no STJ:

> Na hipótese em questão, eram seis os membros presentes, contando com a Presidente. Em dois itens votados que se referiam ao direito de preferência no comércio do minério da Mina da Casa da Pedra, três votos foram no sentido de restringi-lo ao mercado interno e três votos, contando com o da Presidente, que votou na qualidade de Conselheira, permitiam sua extensão ao mercado externo. Assim, dado o empate verificado, a Presidente proferiu 'voto de qualidade', estendendo a limitação ao mercado externo.

As alegações da CVRD se resumiam nos seguintes pontos: (i) houve violação ao art. 8º, II, da Lei nº 8.884, pois este dispositivo não autorizaria a cumulação do voto vogal com o voto de qualidade, carecendo de autoaplicabilidade; (ii) houve violação ao art. 49, uma vez que a decisão foi tomada em desacordo com o quórum previsto, (iii) além disso, este dispositivo, combinado com o art. 18, do RI CADE, estabeleceria que, havendo seis conselheiros presentes na sessão de julgamento, a maioria absoluta necessária para aplicar a referida penalidade, seria obtida por meio do voto favorável de no mínimo quatro conselheiros, o que não ocorreu no caso, uma vez que apenas dois conselheiros e a presidente teriam votado pela restrição mais gravosa, e (iv), por fim, teria havido violação à própria letra do art. 18, do RI CADE, que determinaria ser necessário, em caso de empate, que o debate fosse reaberto e se procedesse a nova votação.

O voto condutor do julgamento do caso TRF 1ª Região, da Desembargadora Maria do Carmo, concluiu que a votação teria ocorrido nos exatos termos do art. 8º, II, da Lei nº 8.884/1994, que atribuía ao presidente do CADE o direito a voto nas reuniões do Plenário, como conselheiro, e, cumulativamente, em caso de empate, o voto de qualidade.

No mesmo sentido, foi o julgamento da questão no STJ, em que a Ministra Eliana Calmon, acompanhada pelos Ministros Hermann Benjamim e Humberto Martins, decidiu também pela possibilidade de cumulação dos votos nominal e de desempate por previsão legal expressa e acrescentou que não haveria conflito entre o art. 8º, II, da Lei nº 8.884/94 e o art. 18-B, do RI CADE, que permite a aprovação de restrição por quatro conselheiros quando o quórum seja de seis e que mesmo que houvesse contradição, deveria prevalecer o disposto no art. 8º, II, que permite a cumulação de votos da presidente.

Em que pese ter sido inadmitido na origem o recurso extraordinário, o caso chegou ao STF por meio de um agravo de instrumento interposto pela parte contra a decisão de inadmissão do RE. O agravo foi inicialmente não conhecido, mas contra essa decisão a parte ingressou com agravo regimental.

Apesar de se ter discutido a questão da possibilidade de cumulação de votos pela presidente do CADE, o STF entendeu não terem sido prequestionados os fundamentos constitucionais em que se baseava o recurso extraordinário, uma vez que a tese constitucional apenas teria sido debatida no voto vencido, tendo a decisão do colegiado sido baseada em normas infraconstitucionais. Dessa forma, a discussão da questão de fundo desse caso no STF se deu apenas em *obiter dictum*, não havendo uma posição clara do Tribunal a esse respeito.

7.5 Recursos argumentativos: doutrina e jurisprudência

Antes de ser iniciada a exposição da análise temática, serão examinados, de forma um pouco menos detalhada, os recursos argumentativos utilizados na fundamentação dos casos. Nos limites desta pesquisa, para designar os "recursos argumentativos" foram considerados elementos discursivos que serviriam para a fundamentação do posicionamento do julgador ou do órgão colegiado.

Nesse sentido, optou-se por mapear o emprego dos seguintes recursos argumentativos: (i) o uso da doutrina e (ii) a citação de jurisprudência. A análise do uso de ambos pelo Poder Judiciário permite avaliar, entre outros dados, tendências de entendimentos jurídicos dos tribunais investigados. Isso se verifica, em especial, quando as citações de jurisprudência decorrem da observação reiterada de precedentes ou de certas compreensões doutrinárias.

O recurso argumentativo menos utilizado nos processos analisados, sem dúvida, é a doutrina. Dentre os casos estudados, ela foi utilizada em um sexto dos julgados pró CADE e, com incidência maior (um terço) na argumentação de acórdãos contrários à decisão proferida pelo CADE. É possível que isso aponte para o fato de que, nos casos em que o Poder Judiciário contrarie a autarquia, os tribunais sintam-se de alguma forma impelidos a fundamentar seus votos com argumentos doutrinários.

De qualquer modo, ainda cumpre notar que, quando de alguma forma mencionado ou referenciado, apenas em raros momentos o texto doutrinário é efetivamente transcrito ou identificado com precisão pelos julgadores em seus votos, havendo muitas referências genéricas a autores, sem especificação de obra e/ou de edição, ano e paginação.

Além disso, o argumento que se quer asseverar por meio do recurso doutrinário poucas vezes consubstanciava questão de direito concorrencial, muito embora os litígios em julgamento versassem a esse respeito. Assim, na maioria das vezes, os julgadores concluíam a respeito do ponto central do caso sem se valerem de doutrina especializada, procurando, na maioria dos casos, citar alguma lição de hermenêutica ou processual que se revelava secundária ou apenas digressiva, ou seja, a título de *obiter dictum*.[36]

Exceções a esse padrão podem ser encontradas nos casos: (i) *BCN e Bradesco* (votos vencedores), nos quais a doutrina serviu às discussões e problemas centrais do litígio; (ii) *AMB*, no bojo do qual o debate processual não era acessório ou dependente de outro, senão determinante para a avaliação da correção da via utilizada do mandado de segurança para a pretensão da parte; e (iii) *Unimed Santana*, um dos únicos em que se verificou que a doutrina citada, além de especializada, era também estrangeira.

Em números absolutos, não foi verificada nenhuma diferença substancial na intensidade de uso de jurisprudência conforme o resultado — pró ou contra o CADE. Os órgãos julgadores se valeram, na prática, de fundamentos diferentes da Constituição Federal, das leis ordinárias, demais normas infraconstitucionais e precedentes sem que fosse possível verificar uma tendência no índice de referências e no resultado final da decisão. Compare-se no quadro a seguir a distribuição do uso dos recursos argumentativos.

QUADRO 9
Recursos argumentativos conforme o resultado

Julgamentos pró CADE (24)				Julgamentos contra o CADE (14)			
Com jurisprudência	Sem jurisprudência	Com doutrina	Sem doutrina	Com jurisprudência	Sem jurisprudência	Com doutrina	Sem doutrina
14	10	4	20	9	5	5	9

Verificou-se, no entanto, que os precedentes foram bastante utilizados nos processos envolvendo serviços médicos, nos quais foi constatada a formação de efetivas correntes jurisprudenciais.[37] Nos casos em que não houve julgamento de mérito, os recursos argumentativos, quando presentes, versavam sobre matérias de direito processual.

---

[36] Nesse sentido, conferir, por exemplo, *Caso Sindiposto*, analisado no item "Termo de Cessação de Conduta". Outro feito em que ocorreu a prática descrita se verifica no *Caso do Sindicato de Análises Clínicas de Brasília*, em que a doutrina serviu para a fundamentação do *obiter dictum*.

[37] Cf. 7.6.6 e 7.6.7, *infra*.

Se, por um lado, quase não houve citação de doutrina, por outro, em mais da metade dos casos analisados houve menção a precedentes que sintetizavam entendimentos sobre aspectos formais e processuais do litígio. O quadro a seguir sumariza os dados referentes a esse assunto.

QUADRO 10
Recursos argumentativos em casos sem julgamento de mérito

Com jurisprudência	Sem jurisprudência	Com doutrina	Sem doutrina
6	4	1	9

Para concluir, verificou-se nos casos analisados que o uso de doutrina, teses, pareceres ou opiniões de autores especializados, não constitui um recurso argumentativo com alta incidência nos votos dos julgadores. Diferentemente, a jurisprudência foi relativamente instrumentalizada e, em especial, verificou-se uma incidência proporcional relativamente maior nos acórdãos contrários às decisões do CADE.

7.6 Análise temática

A maior parte da análise qualitativa da pesquisa foi desenvolvida com fundamento nos temas centrais discutidos em cada caso, ou grupo de casos. Tais temas foram identificados e mapeados, de modo que as ações judiciais, uma vez agrupadas, pudessem ser submetidas a uma análise comparativa. Por meio desse método, foram examinados os seguintes tópicos: tabela de honorários médicos; unimilitância; multa por intempestividade; termo de cessão de conduta (TCC); e taxa processual.

Houve dois temas cujos casos se mostraram impassíveis de comparação com outros, à medida que foram julgados em processos únicos. No primeiro caso, cuida-se de uma ação civil pública movida pelo Ministério Público Federal para obrigar o CADE a agir em um caso de suposta infração à ordem econômica, consubstanciada na prática de cartel. No segundo, a discussão que se travou dizia respeito à delimitação de competências do CADE e do BACEN para a análise de operações de fusão e aquisição envolvendo instituições financeiras. Entendeu-se que, pela relevância desses casos, e diante da sua inaptidão para generalizações, a melhor alternativa seria analisá-los em tópicos próprios.

Por fim, notou-se a presença de outros dois elementos na maior parte dos casos analisados, que, embora não dissessem respeito ao tema central de nenhum caso em particular, demandariam igualmente uma análise qualitativa. Cuida-se das discussões a respeito da competência interna das seções do TRF 1ª Região para o julgamento dos processos do universo amostral da pesquisa, bem como da participação de juízes da primeira instância convocados para compor, ainda que interinamente, os órgãos colegiados dos tribunais analisados. Ambos os assuntos foram colocados sob o tópico a seguir, visto que relacionados ao perfil institucional, especificamente, do TRF 1ª Região.

7.6.1 TRF 1ª Região: questões institucionais

O Regimento Interno do TRF 1ª Região (RITRF1) prevê a existência de órgãos especializados conforme a matéria tratada nos autos. Assim, nos termos do art. 8º, §3º, I, do RITRF1, caberia à 3ª Seção processar e julgar os casos que tratam de atos administrativos em geral, tais quais as decisões administrativas do CADE.[38] Contudo, a 4ª Seção seria a competente para processar e julgar ações envolvendo, tão somente, a imposição de multa — conforme dispunha o art. 8º, §4º, VIII.

Essa interpretação foi suscitada e reavaliada no âmbito de três dos processos analisados: *Caso Cosipa*; *Caso Dufry*; e *Caso BCN-Bradesco*. Note-se que a própria autarquia também identificou o problema da definição da competência regimental do TRF 1ª Região em razão da matéria, e o impacto negativo que essa indefinição tem sobre o tempo de julgamento dos processos questionando suas decisões.[39]

No *Caso Cosipa*, o relator, Desembargador Luciano Tolentino Amaral propôs à Sétima Turma, componente da 4ª Seção do TRF 1ª Região, preliminar de incompetência. Apesar de ser o caso atinente à cominação de multa pelo CADE, o que configuraria objeto regimental daquele órgão, o argumento de fundo diria respeito a existência de ato ilícito em processo administrativo. Nesse sentido, caberia a alguma Turma da 3ª Seção processar e julgar a apelação cível em litígio.

> Vejo, então, que a discussão nos autos principais não está fundada na possibilidade de aplicação da multa ou não, mas na inexistência da infração, matéria de cunho eminentemente administrativo. Embora, em princípio, o pedido desta MC trate apenas da suspensão da multa, o que poderia levar ao entendimento de que se discute a multa em si, caso em que a competência seria desta 4ª Seção, a matéria discutida nos autos principais diz, em verdade, com a infração administrativa, que, por certo, não é da competência desta 4ª Seção, mas da 3ª seção. (Desembargador Luciano Tolentino Amaral, voto dissidente quanto à preliminar, *Caso Cosipa*)

O entendimento do julgador não foi vencedor. Para o Desembargador Antonio Ezequiel, a pretensão mais imediata do agente econômico seria a suspensão e, se possível, até mesmo a anulação da multa. Por isso, ainda que o fundamento para tanto se encontrasse no ato administrativo que deu origem a ela, o tema de competência da 4ª Seção lhe parecia incontornável:

> (...) nenhuma empresa que foi multada em 13 milhões de reais viria a juízo para discutir apenas o auto de infração se não fosse para se livrar desse valor, então, o que ela quer realmente é a suspensão e, no futuro, a anulação da multa que lhe foi imposta. E, tratando-se de multa administrativa, de acordo com o precedente já existente da Corte Especial deste Tribunal, a competência é desta 4ª Seção.

---

[38] Consultou-se a versão publicada em agosto de 2008, com a redação dada pela Emenda Regimental nº 6, de 30 de novembro de 2007. Disponível no *site* da instituição: <http://www.trf1.jus.br/Institucional/RegimentoInterno/Arquivos/RegimentoInterno.pdf>.

[39] Recentemente, foi noticiado que o CADE, por intermédio de sua Procuradoria, ofereceu uma Representação ao Conselho Nacional de Justiça (CNJ), relativamente ao problema de indefinição da competência das seções e turmas do TRF 1ª Região. Cf. *Valor Econômico*, p. A4, 26 maio 2010.

O Desembargador Tourinho Neto também julgou pela competência da 4ª Seção. Não porque o caso versasse, em verdade, sobre multas, mas igualmente porque haveria precedentes (não especificados) da Corte Especial naquele sentido.

Já no *Caso Dufry*, o Desembargador João Batista Moreira entendeu que, como a questão disputada dizia respeito à aplicação de multa pelo CADE, a competência não seria daquela Quinta Turma, membro da 3ª Seção do TRF 1ª Região. A seu ver, a melhor solução seria se o processo fosse redistribuído a alguma turma da 4ª Seção Judiciária. Cumpre ainda destacar que este óbice foi desde logo afastado pelos demais julgadores do órgão, sem que restasse qualquer registro dos motivos de tal contrariedade.

Por fim, no *Caso BCN-Bradesco*, em decisão monocrática a respeito de pedido de redistribuição do feito, a relatora, Desembargadora Selene Maria de Almeida, manifestou-se no sentido de que a 3ª Seção seria competente para julgar ato de concentração analisado pelo CADE por meio de processo administrativo, negando o pedido a ela formulado:

> Indefiro o pedido de redistribuição do feito, formulado às fls. 484/486, uma vez que a questão sub judice versa sobre a competência do CADE para apreciar ato de concentração envolvendo instituições integrantes do Sistema Financeiro Nacional, tema abrangido pela competência institucional da Terceira Seção desta Corte (Voto da Desembargadora Selene de Almeida, Caso BCN-Bradesco)

Nenhum dos três casos faz referência à doutrina, e a única remissão à jurisprudência foi indireta, já comentada acima (cf. 7.5, *supra*). Os dois primeiros ilustram certa flexibilização na especialização regimental da 3ª e 4ª Seções do TRF 1ª Região. De fato, em ambas as oportunidades, as respectivas turmas se julgaram competentes para, ainda que incidentalmente, debater tanto o processo administrativo em si, quanto a multa dele decorrente.

Ocorre que, recentemente houve uma tentativa de solucionar tais problemas de indefinição da competência interna, o que contribuía para prejudicar a celeridade dos julgamentos pelo TRF 1ª Região dos casos aqui analisados. Uma comissão constituída para reforma do RITRF 1ª Região elaborou sugestões que foram submetidas ao órgão pleno do tribunal, tendo sido aprovada a Emenda Regimental nº 7/2010, que modifica as regras de competência interna das seções e turmas em razão do tema.

Nesse sentido, a competência para apreciar questões que versam sobre multas em geral deixou de ser da 4ª Seção, passando à Seção em cuja competência esteja inserida a matéria relativa à "questão de fundo". O dispositivo passou a apresentar a seguinte redação:

> Art. 8º A competência das seções e das respectivas turmas, que as integram, salvo exceção expressa, é fixada de acordo com as matérias que compõem a correspondente área de especialização.
>
> (...)
>
> §3º À Terceira Seção cabe o processo e julgamento dos feitos relativos a:
>
> I – licitação, contratos administrativos e *atos administrativos em geral* não incluídos na competência de outra seção;
>
> (...)

§7º *Os feitos que versarem sobre multas serão da competência da seção que tratar da matéria de fundo.* (sem grifos no original)[40]

Entender a competência interna do TRF 1ª Região é importante por três razões fundamentais. Primeiro, porque o mencionado tribunal é aquele que julga a parcela mais significativa das ações no âmbito das quais se discute a revisão das decisões administrativas do CADE, conforme se constatou a partir de pesquisas preliminares, relatadas anteriormente (cf. item 3, *supra*). Em segundo lugar, pois questões de competência dizem respeito ao perfil institucional da Corte, no sentido de valorar a especialização temática de seus órgãos, até mesmo em função da especificidade do conhecimento demandado para o julgamento de casos de teor concorrencial. Desse modo, o apontado processo de flexibilização pode representar um indício de mudança no próprio perfil do tribunal.

Finalmente, porque a instabilidade da fixação da competência interna pode estar diretamente relacionada à uniformização jurisprudencial. Em tal diretriz, a ausência de especialização, aliada à falta de preocupação dos julgadores em oferecerem respostas institucionais coerentes em matéria concorrencial, pode resultar um aumento da insegurança jurídica, quer para os agentes econômicos (ditos, administrados), quer para o próprio CADE, que se revela claramente um potencial entrave para a busca por maior efetividade de suas decisões.

Diante disso, a eventual circunstância de ambas as seções judiciárias se julgarem competentes para todos os casos do CADE pode gerar situação de relativa indefinição, tanto para o agente econômico quanto para a autarquia, que não passam a dispor de parâmetro seguro para estabelecerem suas expectativas acerca de quais órgãos do TRF 1ª Região efetivamente são os competentes para processar e julgar ações judiciais de revisão de decisões administrativas do CADE. Pareceu-nos, no entanto, que essa indefinição somente seria mitigada ou anulada caso houvesse um reconhecimento explícito desse processo de flexibilização, sendo ele acompanhado por um esforço institucional em manter a organicidade das duas seções, vale dizer, o diálogo e a coerência interna do tribunal.

Outra variável institucional digna de nota foi a grande incidência de juízes convocados para comporem as Turmas da 3ª e 4ª Seções do TRF 1ª Região nos casos analisados. Em meio à pesquisa, constatou-se que, das 35 decisões analisadas do TRF 1ª Região, 20 foram julgadas por juízes convocados da primeira instância, sendo certo que, desse número, 18 acórdãos foram, inclusive, por eles relatados.[41] O quadro a seguir ilustra o resultado dos julgamentos em que participaram juízes convocados:

---

[40] Redação anterior à Emenda Regimental nº 7, de 26.08.2010: "Art. 8º A competência das seções e das respectivas turmas, que as integram, salvo exceção expressa, é fixada de acordo com as matérias que compõem a correspondente área de especialização. (...) §3º À Terceira Seção cabe o processo e julgamento dos feitos relativos a: I – licitação, contratos administrativos e *atos administrativos em geral* não incluídos na competência de outra seção; (nr) (...) §4º À Quarta Seção cabe o processo e julgamento dos feitos relativos a: (...) VIII – *multas de qualquer natureza*, inclusive tributária" (sem grifos no original).

[41] Ressalte-se que dois desses processos foram julgados com uma Turma composta por dois juízes convocados, o que explica o fato de a soma dos votos apresentados no quadro resulte em mais de 20, que é o número total de casos.

QUADRO 11

Juízes convocados/Resultados dos acórdãos

Resultado das decisões das turmas do TRF 1ª Região com participação de juízes convocados					
Acórdãos julgados à Unanimidade		Acórdãos julgados por maioria			
		Voto do juiz foi vencedor		Voto do juiz foi dissidente	
Pró CADE	Contra CADE	Pró CADE	Contra CADE	Pró CADE	Contra CADE
8	7	2	3	2	0

Esse quadro apresenta dois dados significativos. O primeiro é o de que os juízes convocados em quase nenhum processo prolataram voto dissidente ou vencido. Na maior parte das vezes, relataram casos que foram decididos à unanimidade, seja a favor, seja contra o CADE. Mesmo das sete oportunidades em que os feitos se resolveram a partir de entendimentos majoritários, restou comprovado que em cinco os julgadores da primeira instância aderiram ao entendimento que prevaleceu. Muito ao contrário, houve mesmo situação em que a turma se compôs por dois juízes convocados e uma desembargadora, tendo esta restado vencida.[42]

O segundo elemento é o de que não se pode afirmar haver qualquer tipo de posicionamento desses juízes convocados a favor ou contra o CADE. Com efeito, dos 20 casos de que participaram, em 11, os juízes decidiram a favor da autarquia e, em nove, contra ela. De qualquer forma, pode-se concluir que os juízes convocados têm desempenhado papel relevante no julgamento de casos que envolvem a revisão de decisões do CADE, quer por proferirem votos condutores nas turmas das quais participam, quer por integrarem na grande maioria dos casos o grupo cujo entendimento prevaleceu.

7.6.2 Taxa processual

De todos os processos analisados nessa pesquisa, quatro deles envolvem a discussão sobre a legalidade e constitucionalidade da cobrança da taxa processual prevista na Lei nº 9.781/99 como requisito para apreciação de ato de concentração pelo CADE.[43] Muito embora esta seja uma discussão que antecede a decisão final do CADE, de aprovação, com ou sem restrições, ou de rejeição da operação em ato de concentração, a decisão administrativa que determina o recolhimento de taxa processual pode se sujeitar ao controle por parte dos tribunais, se impugnada por alguma das partes, diante da inafastabilidade da jurisdição.

---

[42] No caso *Cia. Força e Luz* (AMS nº 2002.34.00.007525-4/DF), havia dois juízes convocados compondo a Sexta Turma. A única desembargadora presente, a Desembargadora Selene Maria de Almeida, teve seu voto vencido.

[43] Os processos judiciais se originaram dos seguintes atos de concentração no âmbito do CADE: A.C. nº 08012.007584/2002-97, A.C. nº 08012.005042/2003-61, A.C. nº 08012.007666/2001-51 e A.C. nº 08012.001228/2002-60.

Nas ações judiciais analisadas, foram os agentes econômicos que buscaram o Poder Judiciário para que este reconhecesse a inconstitucionalidade e/ou ilegalidade da exigência da taxa processual prevista na Lei nº 9.781/99, com a finalidade de abster-se do pagamento da referida taxa. O argumento levantado seria de que não há contraprestação, especificidade e divisibilidade no serviço prestado pelo CADE e que não decorre de poder de polícia, o que seria contrário ao disposto no art. 145, inc. II, da Constituição Federal, e o art. 77, do Código Tributário Nacional. Ademais, alegou-se que a cobrança da taxa processual violaria o direito de petição previsto no art. 5º, inciso XXXIV, alínea "a", da Constituição Federal e afrontaria os princípios da legalidade, razoabilidade e finalidade da exação tributária.

Todavia, nos quatro processos judiciais em que os agentes econômicos interpuseram recursos de apelação, estes foram improvidos pela Sétima Turma do TRF da 1ª Região, reconhecendo-se a legalidade da cobrança da taxa processual.[44] As decisões foram unânimes, o que possibilitaria afirmar que existe uma sinalização do TRF 1ª Região no sentido de que a cobrança da taxa processual para exame de atos de concentração submetidos à apreciação do CADE é legítima.

Não houve qualquer debate entre os membros da turma acerca de questão relevante ou controversa, podendo ser extraída a seguinte *ratio decidendi* das decisões: a cobrança da taxa processual (instituída pela Lei nº 9.781/99) é legítima, pois constitui prestação específica e divisível (art. 79, do CTN), decorrente do poder de polícia do CADE (art. 78, do CTN, c/c Lei nº 8.884/94), cujo fato gerador da taxa encontra-se no art. 54, da Lei nº 8.884/94, com quantia fixa cobrada (art. 5º, I e II, da Lei nº 9.781/99), não consubstanciando, contudo, obstáculo ao serviço (fiscalização) exercido pelo CADE, por estarem previstas hipóteses de isenção no art. 4º, III, da Lei nº 9.781/99.

Com efeito, a *ratio decidendi* foi fundamentada por meio de referências normativas, precedentes do próprio TRF 1ª Região, bem como o entendimento assentado pelo Supremo Tribunal Federal, na ADI nº 453/DF, cujo entendimento foi consolidado com a edição da Súmula nº 665, também citada nos acórdãos.

Interessante notar que no voto do relator, Desembargador Luciano Tolentino Amaral, no *Caso Elevadores do Brasil/Vertical*, não houve manifestação expressa no sentido da constitucionalidade da taxa, apesar de ter sido declarada legítima no plano infraconstitucional. Há, perceptivelmente, um cuidado por parte do julgador ao responder ao argumento da inconstitucionalidade levantado pelos recorrentes:

> Se a pretensão é eximir-se da taxa, exigida para fins de exame do "ato de concentração econômica", a inconstitucionalidade máxima potencial declarável atinaria, portanto, com a exigência do montante apenas para os fins específicos do art. 54 da Lei nº 8.884/94 (ir além seria invadir a seara de competência do STF, em sede de controle abstrato/concentrado).

---

[44] O TRF da 1ª Região confirmou as decisões de primeira instância, que foram PRÓ CADE nos casos: *Elevadores do Brasil Ltda e Guanato Participações S/A* (Ação Ordinária nº 2002.34.00.036310-6/DF), *Elevadores do Brasil Ltda. e Elite Comércio, Conservação e Manutenção de Elevadores Ltda.* (Ação Ordinária nº 2003.34.00.024697-1/DF), *Elevadores do Brasil Ltda. e Elevadores Sítio Ltda.* (Ação Ordinária nº 2002.34.00.000472-9) e *Elevadores do Brasil Ltda. e Vertical Manutenção de Elevadores Ltda.* (Ação Ordinária nº 2002.34.00.007351-4/DF). Nenhuma das decisões de segunda instância transitou em julgado, haja vista a interposição de recursos especiais por parte dos agentes econômicos, ainda pendentes de apreciação pelo STJ.

Cumpre destacar que não se verificou um esforço argumentativo na afirmação da constitucionalidade da taxa, apenas fazendo-se referência à Súmula nº 665 do STF, a qual preceitua que "é constitucional a taxa de fiscalização dos mercados de títulos e valores imobiliários instituída pela lei 7.940/1989".

O julgamento do *Caso Elevadores do Brasil/Sítio* é o precedente citado no *Caso Elevadores do Brasil/Guanato* e *Caso Elevadores do Brasil/Vertical*. O relator, Desembargador Luciano Tolentino Amaral, no *Caso Elevadores do Brasil/Guanato Participações*, faz referência expressa à existência do precedente, nos seguintes termos: "Este, por derradeiro, o precedente aplicável (atual, específico e da Sétima Turma)", citando a ementa do precedente.

Ademais, no julgamento dos quatro recursos, o Tribunal afastou expressamente a alegação dos recorrentes de que o poder de polícia exercido pelo CADE seria mera decorrência do direito de petição previsto na Constituição Federal, pois, na verdade, estaria relacionada à regulação e ao controle do poder econômico, mais específicos do que o direito de petição, tal como descreve o relator, Juiz Francisco Renato Codevila Pinheiro Filho, no *Caso Elevadores do Brasil/Elite*:

> (...) a atuação do CADE está ligada ao desempenho de atividades de maior grau de especificidade e complexidade, posto que demanda análise dos mercados envolvidos, com delimitação do(s) produto(s) e do espaço geográfico correspondente, exame da elasticidade e substituibilidade do produto, capacidade de oferta e demanda, exercício de poder de mercado, dentre outras atividades que, pela sua natureza peculiar, em muito a diferencia de mero exercício de direito subjetivo de petição.

Importante mencionar a referência feita no voto do vogal Juiz Federal Itelmar Raydan Evangelista acerca da proporcionalidade do valor cobrado a título de taxa processual, considerando-se como critério base o valor do faturamento de quatrocentos milhões de reais previsto no §3º do art. 54 da Lei nº 8.884/94, questão não abordada em outros votos.

A despeito de ter acompanhado o relator, sua preocupação com futuro questionamento da proporcionalidade do valor externou-se na forma de *obiter dictum*, por meio de uma ressalva em seu voto:

> (...) parece-me equivocada a convicção de que o faturamento da empresa acima de R$400.000.000,00 (quatrocentos milhões de reais) seria uma forma de se legitimar um valor desta dimensão, R$45.000,00 (quarenta e cinco mil reais), pelo fato de que a própria Constituição Federal no art. 145, §2º, retira da possibilidade de se dimensionar uma taxa com base em fatos que não seriam propriamente estatais. Seriam fatos econômicos, no caso o faturamento da empresa. Fazendo uma comparação muito elementar, se uma ação envolvendo uma empresa dessa, julgamos aqui hoje duas, aliás, cujo valor da causa pudesse ser colocado em R$500.000.000,00 (quinhentos milhões de reais), certamente não se pagaria taxa judiciária superior a R$500,00 (quinhentos reais), para julgar uma ação desse vulto econômico. Então, estou fazendo essas considerações apenas para ressalvar certo ponto de vista, e não me comprometer com ele relativamente à proporcionalidade alegada como razão para se questionar o valor da taxa em si. Será que o Cade teria uma despesa de R$45.000,00 (quarenta e cinco mil reais) para exercer uma análise de uma pretensão administrativa? E, a meu juízo, o valor de uma taxa tem que ter relação ou referibilidade com a despesa estatal, porquanto a base possível de uma taxa seria o custo que o Estado teria para doar em benefício de eventual administrado. Com essas

considerações, apenas para deixar uma ressalva, para em eventual e futura oportunidade voltar ao assunto, acompanho o voto do eminente Relator.

Por fim, foi possível constatar que não houve relevantes divergências na *ratio decidendi* dos acórdãos relativos à legalidade da taxa processual prevista na Lei nº 9.781/99. As decisões enfrentam de forma semelhante as alegações dos recorrentes, utilizando como recurso argumentativo as referências normativas acima citadas, precedentes do próprio TRF 1ª Região e o entendimento consolidado na Súmula nº 665 do STF, de modo a consolidar o entendimento da legalidade da taxa processual cobrada para apreciação de ato de concentração pela autarquia.

7.6.3 Termo de Cessação de Conduta

Dentro do universo de casos pesquisados, foram identificados dois recursos em que se discutia a natureza da relação jurídica que existiria entre o agente econômico e CADE, em razão da possibilidade de celebração de Termo de Cessão de Conduta (TCC) no âmbito do processo administrativo.[45] Em outras palavras, se o ato de firmar o termo constituiria direito subjetivo da parte ou estaria inserido no âmbito de discricionariedade da autarquia.

Com efeito, nessas ações judiciais, todas propostas pelos agentes econômicos, argumenta-se que aos agentes envolvidos na prática condenada assistiria um direito subjetivo à celebração do referido termo.[46] Assim, respeitados os pré-requisitos legais e regulamentares, far-se-ia imperativa a subscrição de acordo, descabendo qualquer tipo de juízo por parte do CADE acerca de sua conveniência ou oportunidade. Daí que a condenação a que foram submetidos em sede administrativa haveria de ser anulada, caso a autarquia não tivesse ofertado ao representado a chance de lavrar o dito instrumento, por se tratar de uma prerrogativa fundamental da defesa.

Por sua vez, o CADE sustentou que o TCC, menos que direito da parte, representaria faculdade da autarquia, podendo ela decidir, a seu livre juízo, apresentar ou não a proposta ao agente econômico sempre que conveniente e oportuno ao interesse público. Tratar-se-ia, portanto, de ato administrativo estritamente discricionário.

Em face das ações pesquisadas, pode-se sustentar que não há um entendimento assente e unívoco a respeito da matéria no TRF 1ª Região.[47]

---

[45] Trata-se do *Caso Sindiposto*, apenas julgado, e do *Caso Cia. Força e Luz*, transitado em julgado. Registre-se, ainda, que no Recurso Especial nº 947.984, interposto por Unimed João Pessoa, em face do CADE, registrou-se que o Ministério Público tomou a iniciativa de firmar Termo de Ajustamento de Conduta (TAC) com a parte, o qual, no entanto, em nada prejudicou a competência para o processo administrativo pelo CADE, razão pela qual o TRF 1ª Região o tomou como válido. O REsp que rediscutiria a matéria não foi conhecido por ausência de requisito extrínseco de admissibilidade.

[46] Não por outra razão, muitos recorreram ao Poder Judiciário utilizando a via do mandado de segurança, o qual, como é sabido, tem por requisito específico a presença de direito líquido e certo. Nesse sentido, conferir o Mandado de Segurança nº 2002.34.00.007525-4, da 20ª Vara Federal do Distrito Federal, autos que constituíram a Apelação em Mandado de Segurança nº 2002.34.00.007525-4, bem como o Mandado de Segurança nº 2007.34.00.042981-3, da 2ª Vara Federal do Distrito Federal, que originou o Agravo de Instrumento nº 2007.01.00.059730-8/DF, ambos os recursos de tramitação no TRF 1ª Região.

[47] O intercurso temporal de julgamento dos casos com orientações opostas é de menos de seis meses. Não se trata de novas consolidações de interpretações, senão que de compreensões vigorantes entre diferentes julgadores, de variadas turmas.

De acordo com a Desembargadora Selene Maria de Almeida, que foi voto dissidente nos dois casos analisados, em que as respectivas turmas julgaram que o CADE deveria ter firmado TCC, ao asseverar ser "dever" ou obrigação do CADE conferir a chance de celebração do termo, a turma não afirmaria tão somente a existência de um direito subjetivo, senão que de verdadeiro direito potestativo. Explica:

> Direito potestativo é aquele que se exerce com a mera manifestação da vontade e que se aperfeiçoa independentemente da vontade de terceiros que devem se submeter à vontade do titular, garantindo-se ao titular do direito potestativo que a sua pretensão seja acolhida. O direito subjetivo, ao contrário, pode estar sujeito a condições, a requisitos a serem preenchidos pelo seu titular e considerados pela Administração. (*Caso Sindiposto*)

Segundo compreende, contudo, a *mens legislatoris*, equivalente à *mens legis*, seria diversa:

> Foge à intenção do legislador que se confira uma interpretação ao art. 53 da Lei 8.884/94, antes ou depois da edição da lex nova (10.149/2000), no sentido de que existiria um direito acima de toda e qualquer consideração de ordem prática e viabilidade econômica que seria imposto ao Conselho de Defesa Econômica. (*Caso Sindiposto*)

De fato, a desembargadora sustenta que a lógica que nortearia os agentes econômicos seria propriamente contábil, uma "racionalidade econômica" que calcularia vantagens, passando ao largo de considerações éticas. Daí a importância de o CADE ter a necessária liberdade jurídica para atuar com "discricionariedade técnica", avaliando as situações em que o termo de cessação de prática seria recomendável a bem do interesse público.

Ao estabelecer que "em qualquer fase do processo administrativo poderá ser celebrado, pelo CADE ou pela SDE *ad referendum* do CADE, compromisso de cessação de prática sob investigação (...)", o art. 53, da Lei nº 8.884/94, preveria de maneira expressa a discricionariedade do CADE para a celebração de TCC, sujeitando-a a um juízo de oportunidade e conveniência.

Contudo, neste mesmo *Caso Sindiposto*, bem como no *Caso Cia. Força e Luz*, o restante da turma do TRF 1ª Região optou pela orientação oposta. Naquelas duas oportunidades, por maioria, o tribunal acatou as pretensões do agente econômico, anulando a decisão administrativa do CADE. O art. 53 da Lei nº 8.884/94 deveria, assim, ser considerado como regra que garantiria ao representado o direito subjetivo de celebrar compromisso. Com fundamento nele, jamais se poderia cogitar de juízo de conveniência e oportunidade da autarquia. Isso porque, cumpridos eventuais requisitos normativos, a prerrogativa legal se faria presente para a parte investigada. O seguinte trecho bem ilustra essa posição:

> (...) o sindicato Autor possuía, à vista do regramento contido no art. 53 da Lei 8.884/94, a prerrogativa de celebrar com o CADE compromisso de cessação de suas práticas infracionais à ordem econômica, quando em curso o processo administrativo. (Voto do Rel. Desembargador Fagundes de Deus, *Caso Sindiposto*)

No mesmo sentido, mas em voto proferido em outro acórdão:

> Com efeito, entendo que embora a letra do artigo 53 da Lei n. 8.884/94 contenha o vocábulo "poderá", ao regulamentar o compromisso de cessação de prática sob investigação, o dispositivo não pode ser interpretado no sentido de negar ao interessado o direito à obtenção desse compromisso. Ao contrário, a melhor interpretação é a que vislumbra no instituto um verdadeiro direito de todo aquele representado por prática de dominação de mercado, eliminação da concorrência ou abuso do poder econômico. (Voto do relator do *Caso Cia. Força e Luz*)

O Desembargador Batista Moreira afirmou expressamente que a expressão "poderá" do art. 53 da Lei nº 8.884/94 haveria de ser interpretada como "deverá", à medida que "poder" é "dever". Em suas próprias palavras:

> Quanto à expressão "poder" em vez de "dever", invoco a lição de Carlos Maximiliano, o qual há décadas já dizia que, para a autoridade, o poder quase sempre se resolve em dever. (*Caso Sindiposto*)[48]

A maioria dos julgadores da Quinta e Sexta Turmas do TRF 1ª Região afiançaram, ademais, haver analogia entre a situação de representado em um processo administrativo e do acusado em um processo penal.

> Na medida em que as práticas investigadas são consideradas infrações, é possível fazer uma analogia de sua regulamentação com aquela própria dos demais ilícitos. Cediço que as vantagens estabelecidas nos outros sistemas jurídicos repressivos para os seus "representados" são geralmente interpretadas como obrigatórias, e não como meras possibilidades. Considere, apenas, para efeito de ilustração, os benefícios que pela letra do Código Penal "podem" ser concedidos aos acusados, mas que segundo entendimento consolidado são de observância obrigatória para os aplicadores do direito. (Voto do relator do *Caso Cia. Força e Luz*)

Em tal diretriz, argumentou-se, ainda, que como os fatos apreciados administrativamente são anteriores à Lei nº 10.149/2000, norma que adicionou mais um obstáculo à celebração de TCC por meio da inclusão do §5º no art. 53 da Lei nº 8.884/94, os agentes permanecem com direito a firmar acordo com o CADE por gozarem de direito adquirido decorrente da redação legal anterior. Nesse sentido, o voto condutor do *Caso Sindiposto*:

> Tal prerrogativa, de acordo com os elementos constantes dos autos, resulta da existência, à época, de situação jurídica definitivamente constituída em seu prol, uma vez que o cometimento da conduta sob investigação ocorreu em data anterior ao advento da Lei 10.149/2000, que introduziu o §5º do citado dispositivo legal. (Voto do Rel. Desembargador Fagundes de Deus)

---

[48] Sucede, com efeito, que enquanto Carlos Maximiliano se refere ao poder, na acepção de força estatal que é "dever", porque necessita assumir as responsabilidades que a acompanham, a expressão constante do art. 53 da Lei nº 8.884/94 se traduziria em uma possibilidade ou faculdade. Diante disso, seria preciso observar que o desembargador modificou a citação doutrinária no uso que fez desse argumento.

Não por outra razão, são mencionados os princípios da irretroatividade das leis e da segurança jurídica[49] (arts. 5º, XXXVI, XL, da Constituição Federal; e art. 6º, Lei de Introdução ao Código Civil) para afastarem a aplicação da nova lei, mais restritiva ao agente econômico.[50] Ora, à medida que a Lei nº 10.149/00 seria mais gravosa ao representado, não poderia ser empregada na subsunção de situação fática aperfeiçoada antes do início de sua vigência, assim como também não poderia ocorrer com norma que inova o ordenamento jurídico em prejuízo do investigado ou acusado criminal.

Além disso, cumpre observar que nos dois casos favoráveis ao agente econômico, foi suscitado o princípio da razoabilidade como justificativa para o dever do CADE de celebrar compromisso com o representado. Dessa forma, o compromisso de cessão de prática anticoncorrencial seria, por princípio, mais razoável que a punição. A autarquia estaria adstrita a esse mandamento em função do art. 2º, parágrafo único, inciso VI, da Lei nº 9.784/99, que vincularia toda a administração pública federal:

> De acordo com o artigo 2º, parágrafo único, VI, da Lei n. 9.784/99, a Administração Pública deve obedecer aos princípios da razoabilidade e proporcionalidade, observando, ainda, o critério da "adequação entre meios e fins, vedada a imposição de obrigações, restrições e sanções em medida superior àquelas estritamente necessárias ao atendimento do interesse público. (Voto do relator do *Caso Cia Força e Luz*).

A necessidade de regulação dos efeitos da prática anticoncorrencial, o fato de a prática já ter sido cessada ou a situação de o processo administrativo já estar instruído não seriam escusas plausíveis para a não celebração de acordo, visto que esses elementos poderiam ser adequados pelo CADE, considerando cada contexto, quando da redação dos termos do compromisso. Esses argumentos foram sistematizados com maior precisão nos embargos infringentes do *Caso Sindiposto*, quando a divergência de opiniões sobre o tema ficou explícita, nos termos recém-mencionados.

Tendo sido apresentados os principais fundamentos jurídicos das posições judiciais vislumbradas no que toca ao TCC, resta considerar quais recursos argumentativos da doutrina, da jurisprudência e da legislação foram utilizados nos referidos acórdãos. Aqui, parece de todo relevante desenvolver a análise partindo da comparação entre a fundamentação dos votos dos julgadores das duas diferentes

---

[49] Para fundamentar a aplicação do princípio de segurança jurídica, o Desembargador Batista Moreira o relaciona a um "direito subjetivo negativo": "Trata-se do princípio da segurança jurídica; quem comete uma infração tem o direito de não ser apenado de forma mais gravosa que aquela prevista na ocasião da prática da infração. É uma espécie de direito subjetivo negativo". Precisamente por isso, causa estranhamento esta outra afirmação, do mesmo julgador: "O certo é que alguém que, quando comete uma infração, tem, em tese, *a possibilidade — eu não diria o direito — mas, a possibilidade* de assinar um termo de ajustamento de conduta ou de ter uma suspensão condicional do processo, sua situação torna-se mais gravosa se, de repente, essa possibilidade é afastada, por lei superveniente" (sem grifos no original, *Caso Sindiposto*).

[50] "(...) a dita lei superveniente (Lei 10.149/2000), ao excluir a possibilidade de se celebrar termo de compromisso nos casos de infrações contra a ordem econômica relacionadas nos incisos I, II, III e VIII do art. 21, não erigiu, simplesmente, normas de direito processual, mas, sim, de direito material, na medida em que subtraiu, como conseqüência, direito já incorporado ao patrimônio jurídico da empresa que houvesse cometido tais atividades infracionais inscritas nos apontados incisos do art. 21. Nesta ótica, atento ao princípio da irretroatividade da lei, afigura-se-me insuscetível de ser atingida a situação jurídica já constituída em face da norma vigente ao tempo da prática da infração, sob pena de violação ao art. 5º, inciso XXXVI, da Constituição da República e ao art. 6º da Lei de Introdução ao Código Civil, que garantem proteção ao direito adquirido" (Voto do Rel. Desembargador Fagundes de Deus, *Caso Sindiposto*).

orientações. Isso porque constatou-se que a desembargadora que entendeu que a celebração do TCC representaria ato discricionário do CADE o fez amparando-se apenas no texto do art. 53 da Lei nº 8.884/94.

De outro modo, os desembargadores que fizeram uso de menção e citação de doutrina e de jurisprudência foram, em todos os casos, aqueles que defenderam o direito subjetivo do agente econômico a firmar o termo. Assim, socorreu-se de autores na defesa, por exemplo, do entendimento de que lei nova *in pejus* não deve retroagir, cabendo ao juiz aplicar a norma intertemporal e assegurar o direito adquirido da parte, quando o cerne da discussão era se existia efetivamente esse direito adquirido resguardado já pela antiga lei.

Por fim, cumpre destacar que os dois casos analisados, em que se firmou o direito subjetivo do agente econômico de firmar o TCC, foram julgados com base em texto de lei que não está mais em vigor. Com isso, pretende-se apenas chamar atenção para o fato de que não se levou em consideração a alteração do texto do art. 53 da Lei nº 8.884/94, dada pela Lei nº 11.482, de 31 de maio de 2007, especialmente de seu *caput*, que assevera que o CADE poderá firmar compromisso de cessação da prática com o representado, sempre que, "em juízo de conveniência e oportunidade, entender que atende aos interesses protegidos por lei".

7.6.4 Competência CADE x BACEN

Dentro do recorte do material de pesquisa selecionado, em apenas um caso houve discussão da possibilidade de sobreposição de competências entre o CADE e o Banco Central do Brasil (BACEN). O que se pretende fazer no presente tópico é apenas um relato de como o problema das atribuições do CADE também foi discutido em termos dos limites que essa competência encontraria na atuação de outros órgãos que igualmente compõem administração pública federal, como é o caso do BACEN.

Ressalte-se que o caso no qual essa questão foi suscitada ainda não transitou em julgado, em razão do julgamento recente de recurso especial interposto, cujo acórdão ainda não foi publicado.[51] Tendo em vista que o referido recurso está apto a modificar o acórdão da instância inferior, a exposição do caso e da resposta provisória oferecida reflete tão somente o entendimento da Quinta Turma do TRF 1ª Região a respeito do tema.

De maneira resumida, cuida-se da AMS nº 2002.34.00.033475-0/DF, que havia sido impetrado contra ordem do CADE para que os Bancos BCN S.A. e Bradesco S.A. submetessem à autarquia os documentos relativos a uma operação de fusão dos dois bancos, que no caso aconteceria por meio da aquisição do controle acionário de um banco pelo outro.

---

[51] Trata-se do REsp nº 1094218, interposto ao STJ pelos Bancos BCN S.A. e Bradesco S.A., julgado por maioria em 25.08.2010, dando provimento ao recurso, para conceder a segurança pleiteada, e, portanto, livrando os bancos do pagamento de multa pela ausência ou intempestividade na comunicação da operação. Não restou claro, pelo extrato de ata, disponibilizado após o julgamento, se a competência para apreciar essas operações não é compartilhada pelo CADE, do que decorreria a inexistência da obrigatoriedade de comunicação, ou se, apenas *in casu*, a comunicação não foi intempestiva.

Muito embora não haja uma decisão do CADE em sede de ato de concentração rejeitando ou aprovando a operação nos moldes dos demais casos examinados nesta pesquisa, a análise da questão é pertinente ao escopo deste trabalho porque nesse caso o Poder Judiciário desempenha um importante papel na conformação institucional da autarquia — questão que também perpassa as possibilidades e limites de sua atuação.[52]

O problema se coloca na medida em que não haveria qualquer obrigação legal de submeter a apreciada operação ao CADE, porquanto ela já havia sido submetida ao BACEN. De fato, operações de aquisição de controle acionário desta espécie, envolvendo instituições financeiras, seriam da competência exclusiva do Banco Central, nos termos do artigo 10, inciso X, "c" e "g", e artigo 18, §2º, todos da Lei nº 4.595/64.

A especificidade do caso, por tratar-se de agentes econômicos cuja atuação se concentra no mercado financeiro, constituir-se-ia na principal justificativa para a submissão da operação somente ao exame do BACEN. Além disso, do mesmo modo, alega-se que a Lei nº 8.884/94, que estipula as competências do CADE, deve ser interpretada como regra geral, parcialmente derrogada em razão de um conflito com outra lei, quer pelo critério da (i) especialidade (uma cuida de concentração de mercados em geral, a outra de concentração de instituições financeiras), quer pelo da (ii) hierarquia entre normas.

Com relação a este último argumento, o que se alega, invocando conhecido precedente do Supremo Tribunal Federal nesse sentido,[53] é que a lei que regula o Sistema Financeiro Nacional (SFN), e da qual decorre a competência do BACEN, foi recepcionada pela Constituição Federal de 1988 com *status* de lei complementar. Nesse sentido, a Lei nº 8.884/94, enquanto norma ordinária, seria inaplicável às operações ocorridas no âmbito do Sistema Financeiro Nacional, havendo determinação constitucional expressa para que este seja regulado apenas por lei complementar (artigo 192, da CF). Note-se que esse argumento é acatado pelo juiz de primeira instância que julga procedente o pedido, concedendo a segurança pleiteada pelos bancos.

Em voto vencido, a Desembargadora Selene Maria de Almeida, relatora originária da apelação, sustenta que, além da inaplicabilidade da Lei Ordinária nº 8.884/94 para disciplinar operações no âmbito do SFN, a estrutura e escopo da atuação do BACEN se compatibiliza com a tarefa de defesa da concorrência no campo específico das instituições financeiras. Os seguintes trechos resumem com certa clareza o entendimento da desembargadora:

> Isto porque o BACEN parte da tese que a concentração do mercado garantiria um sistema mais estável e assim institui restrições sobre a abrangência de atividade, estrutura societária das instituições financeiras, carteiras, adequação de capital mínimo, nível de reserva compulsória, obstáculo a criação de agências bancárias subsidiárias. A autoridade monetária no Brasil não deve ver a aplicação das normas da defesa da

---

[52] Aqui, não há decisão de mérito do CADE. O CADE tomou conhecimento da operação de compra de ações entre os dois bancos em AC que envolvia operação de instituições não financeiras. Presidente do CADE determinou a apresentação dos documentos da operação. Os bancos impetraram MS alegando competência exclusiva do BACEN, inclusive consoante parecer vinculativo, elaborado pela Advocacia Geral da União.

[53] ADI nº 449/DF, relator, Ministro Carlos Veloso, *DJe* 10.09.1996.

concorrência como algo alheio dos seus fins institucionais porque não há demonstração na teoria econômica, acima de toda dúvida razoável, que um índice demasiado alto seja garantia contra o risco sistêmico.

O conflito na espécie é de ser resolvido com base na teoria do conflito de leis no tempo, para o fim de se saber qual delas incidirá sobre a matéria da defesa da concorrência relacionada ao setor bancário. (...) a lei bancária é especial em relação a lei antitruste. Por outras palavras, a Lei 8.884/94 é a lei geral da defesa da concorrência e a Lei 4.595/64 é lei especial, pois disciplina, inclusive, o direito concorrencial no âmbito do sistema financeiro.

Infrações à ordem econômica praticadas por agentes do sistema financeiro não ficam impunes ou não deveriam ficar, posto que o art. 18, §2º da Lei 4.595/64 prevê sanções para os casos de abuso ou violação à livre concorrência. A norma do art. 44 arrola as penalidades que podem ser aplicadas pelo BACEN quando da ocorrência de condutas lesivas, segundo §2º, b, do mesmo art. 44.

No entanto, o entendimento que conduziu ao resultado final do acórdão, decidido por maioria, foi explicitado em voto vista do Desembargador Fagundes de Deus. De acordo com ele, a atribuição de competência ao BACEN pela Lei nº 4.595/64 não excluiria eventual competência do CADE para decidir soberanamente sobre os atos de concentração. Nesse sentido, a Lei Bancária e a Lei Antitruste deveriam ser interpretadas e aplicadas como complementares:

> Com efeito, dessa idéia matriz extrai-se a possibilidade de coexistência da Lei 4.595/64 com a Lei 8.884/94, uma vez que a primeira fica limitada ao exame da questão concorrencial como instrumento necessário à defesa do equilíbrio do sistema financeiro, ao passo que a segunda versa especificamente sobre a tutela da concorrência, refletindo com mais propriedade e nitidez os princípios que presidem a ordem econômica e financeira e, no particular, a preocupação do legislador constituinte com a defesa da concorrência e do consumidor, em situação mui diversa do que sucedia na época da edição da Lei 4.595/64.

O tribunal também procurou responder à alegação da inaplicabilidade da Lei nº 8.884/94 ao SFN. Muito embora a Lei nº 4.595/64 tenha sido recepcionada pela Constituição com o *status* de lei complementar, isso não significaria a sobreposição da legislação do SFN sobre a lei antitruste. A defesa da concorrência não seria matéria reservada à lei complementar, mesmo que disciplinada em alguns aspectos (notadamente para o caso das instituições financeiras) pelo diploma de 1964. Desse modo, não haveria que se discutir relação hierárquica entre as duas leis.

Os desembargadores procuraram tratar a questão em termos de *desempenho técnico* e *finalidade institucional* do CADE e do BACEN. Nesse sentido, o BACEN não disporia de legislação específica, de procedimento administrativo próprio para o exercício de fiscalização das infrações contra a ordem econômica, equiparável aos institutos previstos na Lei nº 8.884/94.[54]

---

[54] O Desembargador Fagundes de Deus chega mesmo a afirmar que *"somente o CADE teria o know-how* analítico" adequado à defesa da concorrência no país.

Outro aspecto controvertido foi o concernente à existência de um parecer elaborado pela Advocacia-Geral da União (AGU), que seria dotado de caráter vinculativo (e não meramente opinativo) no âmbito da administração pública federal, por força do §1º do art. 40 da Lei Complementar nº 73/1993, uma vez ratificado pelo presidente da República. Esse documento pretendeu por fim à discussão de competência entre as duas autarquias, concluindo pela incompetência do CADE ante a especificidade da operação quando envolvesse instituições financeiras.

Contudo, o acórdão afastou a obrigatoriedade do parecer. Isso porque o artigo 50 da Lei nº 8.884/94, posterior à Lei Complementar nº 73/1993, determinou que as decisões do CADE não poderiam comportar revisão no âmbito do Poder Executivo, o que, na visão dos desembargadores, é o que ocorreria na prática, caso o parecer fosse acolhido. A teleologia da lei, na ótica dos desembargadores, foi a de evitar risco de ingerência indevida do Poder Executivo em um órgão com alto desempenho técnico.

Cumpre notar que, diferentemente dos demais acórdãos analisados na presente pesquisa, na apelação em exame houve recurso a um número significativamente maior de textos doutrinários a respeito do tema das competências tanto do CADE quanto do BACEN, sendo que a literatura citada é exclusivamente de autores nacionais.[55]

Como se vê, a questão ainda está pendente de uma definição no Poder Judiciário. No entanto, as diferenças argumentativas das duas posições foram bastante detalhadas no acórdão proferido pelo TRF 1ª Região e esse tratamento da questão tem se refletido na discussão ora travada no Superior Tribunal de Justiça.

7.6.5 Dever de agir do CADE (ação civil pública)

Este assunto foi analisado na ação civil pública proposta pelo Ministério Público Federal em face do CADE (entre outros réus),[56] visando obter ordem judicial para forçar a atuação da autarquia no desenvolvimento de seu "mister institucional", em função de supostas práticas contra a ordem econômica — no caso, a formação de cartel e a prática de preço predatório por distribuidoras de combustíveis.

A ação teve pedido de liminar deferido em primeira instância, o qual foi reformado pelo TRF 4ª Região, no Agravo de Instrumento nº 2002.04.01.000051-0, em que se reconheceu a ilegitimidade passiva do CADE e a ausência dos requisitos autorizadores da liminar deferida. Em face do acórdão proferido, o MPF interpôs o Recurso Especial nº 650.892/PR, objetivando a manutenção da liminar.[57]

A decisão da Segunda Turma do STJ foi unânime ao não prover o recurso, esboçando o entendimento de que o CADE é parte ilegítima para figurar na ação proposta pelo MPF, haja vista não se tratar de atuação imposta pela Lei nº 8.884/94.

---

[55] Relativamente a este caso, cf. uma descrição detalhada do recurso à citação de doutrina jurídica no APÊNDICE IV.

[56] São réus do recurso especial interposto pelo MPF: Agência Nacional do Petróleo, Gás Natural e Biocombustíveis (ANP), União, Companhia Brasileira de Petróleo Ipiranga, Shell Brasil Ltda. e outros, Esso Brasileira de Petróleo Ltda., Sindicato do Comércio de Combustíveis Derivados de Petróleo e outros, Petrobras Distribuidora S/A.

[57] Buscando ser coerente com o recorte dessa pesquisa, analisou-se somente o acórdão no âmbito do STJ, tendo em vista a relevância da discussão que diz respeito, em última análise, ao diálogo institucional entre MPF e CADE na defesa da ordem econômica, a despeito de não existir decisão do CADE como parâmetro.

Cumpre transcrever trecho do voto do relator, Ministro Mauro Campbell Marques, quanto ao argumento dos limites de intervenção na autonomia técnica da autarquia:

> O fato de o art. 89 da Lei n. 8.884/94 asseverar que [nos processos judiciais em que se discuta a aplicação desta lei, o Cade deverá ser intimado para, querendo, intervir no feito na qualidade de assistente] em nada abona a tese recursal. Inicialmente, quanto a este ponto, a redação do dispositivo é clara ao conferir ao Cade uma faculdade, e não uma obrigação. A norma fala, ainda, da participação como assistente, e não como parte (que é o que pretende o Ministério Público Federal quando arrola o Cade como réu). No mais, violaria a autonomia técnica do Conselho forçá-lo a atuar administrativamente (lembre-se, o pedido inicial busca forçar o Cade a cumprir seu mister institucional) quando, de início, não vislumbra ele próprio competência nem motivos para tanto, afinal o próprio Cade pode entender, por exemplo, que a conduta narrada pelo MPF é legal.

Em verdade, o fundamento principal da decisão consistiu na referência expressa aos artigos 7º, incisos II, III e IV, e 14, incisos III, VI e VII, da Lei nº 8.884/94, os quais atribuem à SDE a competência para apurar infrações contra a ordem econômica, restando ao CADE o dever de julgar os processos administrativos que lhe são remetidos em decorrência do exercício da competência da SDE.

7.6.6 Tabela de honorários médicos

A utilização da tabela de honorários médicos da Associação Médica Brasileira, ou de instrumento equivalente, é prática reiteradamente condenada pelo CADE, por caracterizar conduta uniforme ou concertada entre concorrentes, tipificada nos artigos 20, inciso I, e 21, inciso I, da Lei nº 8.884/94.

Nos cinco processos administrativos[58] cujas decisões foram questionadas judicialmente, o CADE condenou a conduta uniforme e cartelizadora de entidades prestadoras de serviços na área de saúde (laboratórios e associações médicas) por se recusarem a atender convênios que não adotassem a tabela da Associação Médica Brasileira em sua integralidade.

O CADE determinou às representadas a vedação à utilização de tabela de honorários médicos que possa representar uniformização de preços, o pagamento da multa decorrente da infração[59] e a demonstração do cumprimento da decisão no prazo de 30 dias, sob pena de multa diária.

Dos cinco processos judiciais em que se questionou a decisão do CADE, em três houve decisões que transitaram em julgado, sendo que dois ainda pendem do julgamento de algum recurso.[60] Todos, porém, tiveram seus recursos de apelação julgados no âmbito do TRF 1ª Região com resultado contrário à decisão do CADE.

Nos cinco recursos de apelação analisados, o fundamento da decisão judicial diz respeito ao mérito do ato administrativo. Importante destacar que em quatro das

---

[58] P.A. nº 155/1994, P.A. nº 156/94, P.A. nº 165/94, P.A. nº 163/1994, e P.A. nº 08000.015515/1997-02.

[59] No P.A. nº 163/94, o CADE não impôs a multa à representada Laboratório Sabin de Análises Clínicas Ltda., por levar em conta o "caráter didático da decisão" e o "pequeno porte econômico da representada".

[60] As decisões na Apelação Cível nº 1998.34.00.013139-7/DF e a Apelação em MS nº 2002.34.00.014122-2/DF ainda não transitaram em julgado.

cinco apelações o julgamento foi unânime, o que talvez autorize afirmar a existência de jurisprudência consolidada no TRF 1ª Região contrária às decisões do CADE no que tange à configuração de cartel na utilização da tabela de honorários médicos da AMB.[61] A uniformidade das decisões pode ser melhor visualizada no seguinte quadro:

QUADRO 12
Uniformidade do julgamento nos recursos

Recurso	Uniformidade do julgamento
Apelação em Mandado de Segurança nº 1999.01.00.059757-6/DF	Maioria
Apelação em Mandado de Segurança nº 1998.01.00.014517-7/DF	Unânime
Apelação em Mandado de Segurança nº 1999.34.00.005092-2/DF	Unânime
Apelação Cível nº 1998.34.00.013139-7/DF	Unânime
Apelação em Mandado de Segurança nº 2002.34.00.014122-2/DF	Unânime

A *ratio decidendi* extraída das decisões é no sentido da legalidade da utilização da tabela de honorários médicos (análise em abstrato) e da ausência de configuração, em concreto, de indícios de cartel entre as prestadoras de serviços na área da saúde. Em outras palavras, é possível afirmar que o TRF 1ª Região entende que a tabela AMB não caracterizaria, por si só, infração à ordem econômica e à livre concorrência, tratando-se de mera recomendação de valores mínimos a serem utilizados na prestação dos serviços.

Caso não se comprove a prática de conduta uniforme entre concorrentes, não há que se manter a decisão do CADE quanto a essa matéria. Esse duplo juízo do tribunal pode ser verificado a partir do seguinte trecho do acórdão no *Caso Laboratórios Clínicos de Brasília*:

> De acordo com a embargante os aludidos valores refletem, não um padrão resultante de conluio dos profissionais e empresas do setor de saúde, mas o mínimo aceitável pela prestação do serviço, o que, aliás, digo eu, resguarda a qualidade dos serviços prestados, em garantia do próprio usuário. (Apelação Cível nº 1999.34.00.005092-2/DF, voto vencedor relator, Juiz Federal Francisco Renato Codevila Pinheiro Filho)

> Caso haja algo que insinua o CADE a essa cartelização, deveriam então comprovar que essa tabela esteja efetivamente sendo utilizada de maneira uniforme por todos os profissionais do ramo. Parece-me que não há evidência disso, apenas alegação. (Apelação Cível nº 1999.34.00.005092-2/DF, Voto Vogal Juiz Federal Guilherme Doehler)

---

[61] Cumpre mencionar que a uniformidade do julgamento não é peculiaridade de determinada Turma Julgadora, ocorrendo na Terceira, Quinta, Sexta e Sétima Turmas.

Para justificar a legalidade, em abstrato, da tabela da AMB há argumentos recorrentes nas decisões, a saber: é o próprio Conselho Regional de Medicina do Distrito Federal, por meio da Resolução nº 089/89, que exige a utilização da tabela (argumento 1); a tabela AMB reforça a competitividade do setor (argumento 2); ela tem a finalidade de resguardar a dignidade profissional (argumento 3); os valores cobrados são legítimos, pois são livremente pactuados entre as partes (médicos, hospitais e laboratórios, de um lado, e planos de saúde, de outro) (argumento 4); é semelhante a outras tabelas de valor mínimo como a de honorários advocatícios (argumento 5); tem função protetiva em relação ao sistema de saúde (argumento 6).

Precedentes do próprio TRF 1ª Região foram citados especificamente como fundamento para alguns dos argumentos mencionados. A relação entre argumentos *versus* precedentes pode ser visualizada no seguinte quadro:

QUADRO 13

Relação entre argumentos *versus* precedentes

Argumento	Precedente
Ratio decidendi	Apelação em MS nº 1999.01.00.059757-6/DF, Rel. Juiz Daniel Paes Ribeiro. Apelação Cível nº 1998.34.00.013139-7/DF – Rel. Juiz Federal César Augusto Bearsi. Apelação em MS nº 2002.34.00.014122-2/DF, Rel. Juiz Federal Carlos Augusto Pires Brandão.
Argumentos 1, 2 e 3	Apelação em Mandado de Segurança nº 1998.01.00.014517-7/DF.
Argumento 4	Apelação Cível nº 1999.34.00.005092-2/DF, Rel. Juiz Federal Francisco Renato Codevila Pinheiro Filho.

Saliente-se a reiterada referência aos precedentes do próprio TRF 1ª Região nos votos dos relatores, o que, além de significar um entendimento formado acerca de determinada discussão, demonstra o valor de tais julgados enquanto recurso argumentativo que fundamenta as questões enfrentadas pelo Tribunal.

Por outro lado, em nenhuma das decisões houve referência expressa à decisão do CADE, nem mesmo para contrariá-la expressamente.

Apenas no *Caso Laboratório Sabin* houve referência ao comportamento ou atuação do CADE frente à discussão da cartelização da tabela AMB. Referência, diga-se, feita a título de *obiter dictum* no voto vencedor do relator Juiz Federal César Augusto Bearsi que, além de reformar a decisão do CADE em seu mérito, insinua que a autarquia tenha se beneficiado propositalmente dos convênios médicos, que, proibidos pelo CADE de utilizar a tabela AMB, poderão cobrar preços aquém do previsto na tabela.

Aliás, é mais do que visível nas entrelinhas deste caso que o CADE apesar de estar executando de boa-fé e com dedicação sua função foi na verdade levado a proteger interesses espúrios, mais precisamente o interesse de certos convênios médicos em aumentar de toda forma seus lucros, inclusive pelo aviltamento do valor pago aos profissionais da saúde. O Judiciário ou pelo mesmo este juiz não se prestará a este tipo de jogo econômico que revela elevada má-fé e ganância, e que acabará trazendo prejuízo e risco para os pacientes. (Apelação Cível nº 1998.34.00.013139-7/DF)

Pouco comum mostrou-se a citação de doutrina nacional ou estrangeira. Apenas em dois casos houve citação de doutrina para fundamentar a revisão do mérito da decisão do CADE.

As menções doutrinárias citadas auxiliaram na crítica feita ao art. 20 da Lei nº 8.884/94, que dispensa o exame de culpa para ver configurada a infração à ordem econômica. Trata-se de João Luiz Coelho da Rocha, em "Alguns Aspectos Heréticos da Lei Antitruste (Lei nº 8.884/94)", *Revista de Direito Mercantil*, n. 97, p. 109/113, jan.-mar. 1995 (*Caso Sindicato dos Laboratórios de Pesquisa e Análises Clínicas de Brasília* e *Caso Associação Médica de Mato Grosso do Sul*); Serpa Lopes, *Curso de Direito Civil*, 7. ed., I/366; e Bevilacqua, *Código Civil*, Ed. Histórica, I/426 (somente no *Caso Associação Médica do Mato Grosso do Sul*).

De todos os acórdãos analisados, o único voto divergente é o do relator, Juiz Julier Sebastião da Silva, que foi vencido no *Caso Sindicato dos Laboratórios de Brasília*, manifestando-se favoravelmente à decisão do CADE. O fundamento de sua decisão se consubstancia na informação dos convênios de que somente serão atendidos aqueles que adotarem a tabela de honorários médicos da AMB, documento subscrito por vários laboratórios filiados ao impetrante. Daí o julgador concluiu haver imposição da uniformização dos preços médicos, infração à ordem econômica e ao direito de escolher do consumidor.

Cumpre ainda mencionar que a discussão sobre a configuração de fixação de preços na utilização da tabela de honorários médicos chegou ao Superior Tribunal de Justiça por meio do Agravo Regimental no REsp nº 663.179/DF. Esse recurso foi interposto pelo CADE contra decisão monocrática do relator, que negou seguimento ao recurso especial por ausência de prequestionamento dos dispositivos infraconstitucionais mencionados na decisão da apelação no *Caso Associação Médica de Brasília*. O STJ negou provimento ao recurso de forma unânime.

Apesar de não ter ocorrido análise do mérito judicial do recurso, o relator, Ministro Francisco Falcão, asseverou, como *obiter dictum*, posicionamento favorável ao argumento de mérito judicial utilizado pela parte recorrente. Essa constatação pode ser importante porque tende a sinalizar possíveis decisões futuras do STJ contrárias à decisão do CADE, caso não se verifique questões recursais preliminares que prejudiquem a análise do mérito judicial. Segue transcrição de seu esforço argumentativo:

> Demais disso, conforme relevado na decisão ora agravada, 'em verdade, o aresto baseou-se na Resolução n. 89/89 do Conselho Regional de Medicina do Distrito Federal para afirmar que a Tabela da AMB pode ser utilizada como 'parâmetro mínimo para remuneração dos serviços prestados', não se consubstanciando a simples recomendação de sua observância em prática limitadora da livre concorrência. Assim sendo, ainda que se pudesse entender prequestionado o art. 20 da Lei n. 8884/94, pela transcrição do voto condutor da AMS n. 1999.01.00.059757-6/DF, no acórdão recorrido, fundamento suficiente à sua mantença permaneceria incólume, o que redunda na conclusão de que ausente interesse recursal, in casu, ante a inutilidade do recurso para os fins almejados.

Por se tratar de apenas um caso, não há como traçar um perfil da orientação do STJ a respeito dessa matéria. Por outro lado, são possíveis algumas constatações no que tange aos acórdãos julgados pelo TRF 1ª Região aqui analisados.

Diante do exposto, considerando os recursos argumentativos utilizados para fundamentar a revisão de mérito da decisão do CADE, parece relevante concluir que o TRF 1ª Região não se furta a contrariar as provas colhidas no âmbito da SBDC, prolatando acórdãos que não dialogam com a decisão do CADE a ser reformada.

Em verdade, utiliza outros parâmetros para concluir se houve ou não conduta anticoncorrencial, tais como concepções e conclusões econômicas de fundamento não explicitado e analogias, como a da tabela de honorários advocatícios. No mais, restou explícito o respeito aos precedentes do próprio tribunal, citados em todos os acórdãos.

7.6.7 Unimilitância

Em sete processos administrativos,[62] o CADE condenou as cooperativas que exigiam contratualmente cláusula de exclusividade de prestação de serviços médicos dos cooperados por entender caracterizado abuso de poder econômico e posição dominante, tipificados nos artigos 20, inciso I, II e IV, e 21, inciso IV, V e XXIII, da Lei nº 8.884/94. Em linhas gerais, a autarquia determinou às representadas que retirassem do Estatuto Social a exigência da exclusividade, aplicando pena pecuniária de multa pela conduta lesiva à concorrência.

Considerando os 10 processos judiciais analisados, que abrangem casos findos e também em andamento,[63] em apenas dois deles houve revisão de mérito da decisão do CADE, ambos julgados pelo TRF 4ª Região. Nos outros oito processos, não houve revisão da decisão da autarquia.

A partir disso, extrai-se a assertiva de que há entendimentos divergentes entre os Tribunais Regionais Federais quanto à caracterização de conduta anticoncorrencial na exigência de exclusividade de cooperados na prestação de serviços médicos. É o que se constata no quadro a seguir:

QUADRO 14

Revisão de mérito ou de forma no âmbito dos Tribunais Regionais Federais

(continua)

Tribunal	Recurso	Mérito/Forma	Houve revisão?	Ano da decisão
TRF 1	Apelação em MS nº 2000.34.00.007656-9/DF	-	Não	2005

---

[62] P.A. nº 08000.020239/94-25, P.A. nº 08000.020239/94-26, P.A. nº 08012.007632/97-28, P.A. nº 08000.025966/1996-69, P.A. nº 08000.028878/1996-18, P.A. nº 08012-010271/98-51, P.A. nº 08000.018480/97-28.

[63] Apenas 6 dos 10 processos judiciais analisados estão finalizados, quais sejam: "Unimed Cooperativas" (Mandado de Segurança nº 20003400007656-9/DF), "Unimed Santa Catarina" (Mandado de Segurança nº 200034000076502/DF), "Unimed Joinvile" (Mandado de Segurança nº 2000.34.00.007653-0/DF), "Unimed Blumenau" (Mandado de Segurança nº 1999.34.00.030902-1), "Unimed Missões" (Ação Ordinária nº 2003.71.05.000040-2/RS) e "Unimed Região da Produção" (Ação Ordinária nº 2001.71.04.006654-7).

(conclusão)

Tribunal	Recurso	Mérito/Forma	Houve revisão?	Ano da decisão
TRF 1	Apelação em MS nº 2000.34.00.007650-2/DF	-	Não	2002
TRF 1	Apelação em MS nº 1999.34.00.030902-1/DF	-	Não	2003
TRF 4	Apelação em MS nº 2003.71.05.000040-2/RS	Mérito	-	2007
TRF 1	Apelação Cível nº 2000.34.00.025257-6/DF		Não	2007
TRF 1	Apelação Cível nº 2000.34.00.025257-6/DF	-	Não	2007
TRF 4	Apelação Cível nº 2002.72.02.003941-7/DF	Mérito	-	2009

a) Casos em que não houve revisão do mérito da decisão do CADE

As decisões proferidas no âmbito do TRF 1ª Região confirmaram a decisão do CADE acerca da ilegalidade da cláusula de exclusividade nos estatutos das cooperativas de serviços médicos por caracterização de abuso de poder dominante.

Os fundamentos dos acórdãos externam, como *ratio decidendi*, que a cláusula de exclusividade em estatuto social de cooperativas médicas configura violação à concorrência, pois (i) afronta a norma prevista no art. 18, inciso III, da Lei nº 9.656/98, que veda a imposição de "contratos de exclusividade ou de restrição à atividade profissional" na área da saúde; (ii) encontra obstáculos em garantias fundamentais, asseguradas na Constituição Federal; (iii) extrapola mera relação privada, aplicando-se no caso a prevalência do interesse público pelo privado; (iv) aplicação relativa da Lei nº 5.764/71 pelo fato de praticar atos de comércio, apesar de formalmente ser uma cooperativa.

Foi possível constatar que a fundamentação das decisões alcança de forma recorrente a seara dos princípios constitucionais, conforme observado, por exemplo, no voto do relator, então o Juiz convocado Mark Yshida Brandão, Sexta Turma, no *Caso Unimed Cooperativas*:

> Essa prática, porém, encontra obstáculos em garantias fundamentais, asseguradas em nossa Carta Magna. Com efeito, e não obstante seja função do Estado apoiar e estimular o cooperativismo e outras formas de associativismo (CF, art. 174, §2º), essa função deve observar o princípio maior da livre concorrência, insculpido no art. 170, inciso IV, do Texto Constitucional em vigor, devendo a lei, inclusive, reprimir o "abuso do poder econômico que vise à dominação dos mercados, à eliminação da concorrência e ao aumento arbitrário dos lucros" (CF, art. 173, §4º), punindo os infratores da ordem econômica e financeira e da economia popular (CF, art. 173, §5º).

> Não se deve perder de vista, também, a garantia fundamental de uma ordem social voltada para o bem-estar e a justiça sociais (CF, art. 193), incluindo-se, aí, a proteção à saúde, bem coletivo e merecedor de tratamento privilegiado, a sobrepor-se a interesses privados, sendo "direito de todos e dever do Estado, garantido mediante políticas sociais e econômicas que visem à redução do risco de doença e de outros agravos e ao acesso universal e igualitário às ações e serviços para sua promoção, proteção e recuperação"

(CF, art. 196). Nesta perspectiva constitucional, incluem-se os valores sociais do trabalho e da livre iniciativa, bem assim, a dignidade da pessoa humana, como fundamentos do Estado Democrático de Direito (CF, art. 1º, incisos III e IV), com vistas na construção de uma sociedade livre, justa e solidária (CF, art. 3º, I).

Neste ponto, importante mencionar o fato de que, embora as decisões judiciais confirmem a decisão do CADE, nenhum dos argumentos centrais que as fundamentam baseiam-se na Lei nº 8.884/94.

O acórdão proferido no *Caso Unimed Petrópolis* relativiza a legalidade, a razoabilidade e a proporcionalidade da cláusula de exclusividade, que, segundo o relator, Juiz convocado Mark Yshida Brandão, estariam condicionadas aos elementos que compõem o meio em que o serviço é prestado:

> (...) No caso dos pequenos centros urbanos, tal exigência é ofensiva não somente à ordem econômica, mas também ao direito individual dos cidadãos da região atingida, que se vêem privados de sua liberdade de opção médica, condicionando seu exercício de escolha à adesão ao plano de saúde em que se concentram a maioria dos profissionais, em afronta ao estatuído no art. 5º, II, da Constituição Federal.

Nos *Casos Unimed Cooperativas* e *Unimed Blumenau*, houve referência à decisão do CADE para ressaltar dados colhidos no âmbito do procedimento administrativo, recurso argumentativo pouco presente nos demais acórdãos analisados (inclusive quanto a outros temas). Confira-se no voto do relator, Desembargador Fagundes de Deus, no *Caso Unimed Cooperativas*:

> (...) conforme apuração do CADE (fls. 175/177), em algumas cidades em que a Apelante atua, constata-se um controle de 100% das áreas de cardiologia, oftalmologia, ginecologia e pediatria. Desse modo, o paciente que se filiar a outro plano de saúde torna-se impedido de ter acesso a profissionais que atuam em determinadas especialidades médicas.

No que se refere à utilização de doutrina, verifica-se que se fez presente somente no *Caso Unimed Santa Maria*, no âmbito do STJ (Resp nº 117.260-3), como recurso argumentativo para embasar fundamentos distintos da decisão, conforme se verifica no seguinte quadro:

QUADRO 15
Doutrina como recurso argumentativo

(continua)

Argumento	Doutrina
Invalidade da cláusula de exclusividade em razão da violação ao interesse público primário, decorrente do impedimento da atuação de outros agentes econômicos, com fundamento no direito difuso e transindividual da livre concorrência.	Pontes de Miranda, *Comentários ao Código de Processo Civil*, tomo II, 2. ed. Rio de Janeiro: Revista Forense, 1958. Carlos Alberto Dabus Maluf, *Inexistência na Teoria das Nulidades* (tese apresentada com aprovação para concurso de Professor Titular de Direito Civil da USP, 2001).

(conclusão)

Argumento	Doutrina
Aplicabilidade do direito concorrencial às cooperativas médicas, em razão da inexistência de qualquer óbice legal ou constitucional, uma vez que não se trata de monopólio garantido por lei.	Ejan Mackaay e Stéphane Rousseau, *Analyse Économique du Droit*, 2. ed., Paris: Dalloz, 2008.
A violação das normas jurídicas relativas à livre concorrência pela inclusão das cláusulas de exclusividade médica. Na hipótese do caso, o relator considerou que a exigência de exclusividade por parte da Unimed configuraria um mecanismo artificial de dominação de mercado. Arguiu assim dois argumentos principais.	Luciano Sotero Santiago, *Direito da Concorrência: Doutrina e Jurisprudência*. Salvador: Juspodium, 2008. Richard A. Posner, *Economic Analysis of Law*, 5. ed. New York: Aspen Law & Business, 1998.

Percebe-se que o controle jurisdicional do TRF 1ª Região das decisões do CADE acerca da cláusula de exclusividade no estatuto das cooperativas médicas se dá no sentido de confirmar o entendimento da autarquia. Todavia, conclui-se que não é possível extrair uma única *ratio decidendi* aplicável a todos os casos em que não houve revisão, pois há considerável divergência entre os fundamentos dos acórdãos, o que se deve às peculiaridades fáticas apresentadas caso a caso.

b) Casos em que houve revisão de mérito da decisão do CADE

Os dois processos em que houve revisão de mérito da decisão do CADE, *Casos Unimed Missões* e *Unimed Chapecó*, foram julgados no âmbito do TRF 4ª Região. No primeiro deles, apesar de o acórdão judicial ter operado modificação da decisão administrativa, seus fundamentos não se aprofundaram na análise das questões concorrenciais envolvidas. O relator, Desembargador Edgard Antônio Lippmann Júnior, entendeu inexistirem provas de que, no estatuto social da cooperativa, haveria a referida cláusula de exclusividade de prestação de serviços médicos.

Ademais, referiu-se aos precedentes do STJ (REsp nº 431.106/SP, Rel. Ministro Fernando Gonçalves, Quarta Turma, julgado em 07.10.2004, *DJ* 14.02.2005 e AgRg no REsp nº 685.327/RS, Rel. Ministro Castro Filho, Terceira Turma, julgado em 27.09.2005, *DJ* 17.10.2005) como *ratio decidendi* do acórdão, sem, todavia, estabelecer um diálogo com as decisões da Corte Superior e sem explicações mais detalhadas.[64] Em suas palavras:

> Esclareço que a matéria não comporta maiores digressões, à medida que há posição recente firmada junto ao Colendo Superior Tribunal de Justiça que vai de encontro à tese defendida pela Parte Apelante.

O CADE interpôs recurso especial no STJ questionando o acórdão proferido pelo TRF 4ª Região, não sendo, contudo, conhecido por ausência de prequestionamento,

---

[64] Os precedentes citados do STJ analisam especificamente a relação do médico com a cooperativa, dispondo que o cooperado que adere a uma cooperativa médica submete-se ao seu estatuto, podendo atuar livremente no atendimento de pacientes que o procurem, mas vedada a vinculação a outra congênere, conforme disposição estatutária e a inexistência de qualquer atividade prejudicial à cooperativa. Ademais, o CADE não compõe nenhum dos polos dos recursos mencionados.

haja vista não se ter impugnado o fundamento relacionado à inexistência da referida cláusula, apenas alegando sua ilegalidade.

À sua vez, no *Caso Unimed Chapecó*, a decisão do TRF 4ª Região também revisou a decisão do CADE, mas levou em conta fundamentos da conduta anticoncorrencial. De acordo com a relatora, Desembargadora Marga Inge Barth Tessler, a cláusula de exclusividade estaria de acordo com o princípio da liberdade de associação previsto no art. 5º, inciso XVII, da Constituição Federal de 1988, não podendo os cooperados participarem livremente de entidades concorrentes, sob pena de prejudicarem a gestão da cooperativa. Dois foram os principais recursos argumentativos utilizados para amparar esse fundamento: (i) um conjunto de referências normativas feitas a leis (Lei nº 5.539/1968, artigo 18; Lei nº 4.215/1963; Lei nº 8.906/1994, CLT, art. 482; e Lei nº 5.764/1971); e (ii) precedentes do STJ.[65]

Por outro lado, a decisão considerou também a existência em concreto de domínio de mercado, que não teria sido comprovado pelo CADE.

Cumpre observar que a menção aos precedentes do STJ não levou em conta o fato de que neles se discutia situação fática diversa. De fato, diziam respeito à submissão de médico associado às normas estatutárias, mas por outra razão, pois naqueles casos haviam sido excluídos do quadro associativo por não observarem a cláusula de exclusividade. Em outras palavras, tratava-se de circunstâncias que não exigiam a intervenção do CADE, porque *interna corporis*.

Nesse diapasão, os casos em que houve controle jurisdicional de mérito da decisão administrativa são pouco conclusivos no que tange ao entendimento do TRF 4ª Região acerca da matéria (ilegalidade e configuração de domínio de mercado na previsão da cláusula de exclusividade nos estatutos de cooperativas). Não é possível constatar uniformidade de motivos, fundamentos ou *ratio decidendi* dos acórdãos examinados por envolver questões fáticas diferentes, quais sejam, ausência de provas da existência da cláusula de exclusividade no estatuto social das cooperativas e não comprovação por parte do CADE de que houve domínio de mercado. De qualquer maneira, ambos os casos sobre o assunto sinalizaram um entendimento do TRF 4ª Região diverso do CADE e mesmo do TRF 1ª Região.

c) STJ e vedação da unimilitância

A Corte Especial do STJ, em julgamento de dezembro de 2009, evidenciou novos parâmetros interpretativos para a aferição da configuração de infração à ordem econômica no que toca à cláusula de unimilitância.

Trata-se de embargos de divergência, no REsp nº 191080, opostos pela Agência Nacional de Saúde Suplementar (ANS) em face de Unimed Rio Claro Cooperativa de Trabalho Médico, apontando divergência na interpretação do §4º do art. 29 da Lei

---

[65] REsp nº 367627/SP, Rel. Ministra Nancy Andrighi, Terceira Turma, julgado em 04.06.2002, *DJ* 24.06.2002; REsp nº 83713/RS, Rel. Ministro Eduardo Ribeiro, Terceira Turma, julgado em 03.02.1998, *DJ* 16.03.1998; REsp nº 261.155/SP, Rel. Ministro Ruy Rosado de Aguiar, Rel. p/ Acórdão Ministro Carlos Alberto Menezes Direito, Segunda Seção, julgado em 10.03.2004, *DJ* 03.05.2004.

nº 5.764/71,[66] entre acórdão da Quarta Turma do STJ (contra o CADE) e da Primeira Turma no REsp nº 768.118/SC (pró CADE).

O CADE, portanto, não foi parte no processo, tendo sido admitido na qualidade de assistente simples da ANS, com fundamento no artigo 89 da Lei nº 8.884/94.[67]

A Quarta Turma analisou a questão sobre uma perspectiva legalista da cláusula de exclusividade, concluindo por sua possibilidade em função da adesão livre dos cooperados e do cooperativismo previsto na Lei nº 5.764/71. A Primeira Turma, por outro lado, socorreu-se aos princípios para o deslinde do caso e realizou uma interpretação conforme à Constituição, consoante se depreende do trecho a seguir:

> (...) não obstante se possa entender que a Lei nº 5.764/71 admita a imposição de cláusula de exclusividade, o mencionado dispositivo deve ser interpretado em harmonia com a Constituição Federal, de índole pós-positivista, cujos princípios consagrados atentam para a livre concorrência, a defesa do consumidor, a busca pelo pleno emprego (art. 170, IV, V e VIII da CF), os valores sociais do trabalho e da livre iniciativa, bem assim, a dignidade da pessoa humana, como fundamentos do Estado Democrático de Direito (CF, art. 1º, incisos III e IV), com vistas na construção de uma sociedade livre, justa e solidária (CF, art. 3º, I) e com *ratio essendi* dos direitos dos trabalhadores a liberdade de associação (art. 8º, da CF).

A Corte Especial do STJ uniformizou a interpretação acerca da validade da cláusula de unimilitância prevista no §4º da Lei nº 5.764/71, sinalizando um novo rumo interpretativo do tema. O Ministro relator Hamilton Carvalhido conclui:

> De todo o exposto, resulta que, mesmo antes da edição da Lei nº 9.656/98, é inválida a cláusula inserta em estatuto de cooperativa de trabalho médico que impõe exclusividade aos médicos cooperados, seja por força da dignidade da pessoa humana e seu direito à saúde, seja por força da garantia à livre concorrência, à defesa do consumidor, aos valores sociais do trabalho e à livre iniciativa.

Cabe destacar o voto do Ministro Aldir Passarinho Junior, que fez menção expressa ao fato de que sempre foi voto vencido na Turma e na Seção, desde que se pronunciou sobre o tema no REsp nº 261.155, tornando-se, atualmente, voto prevalente. Cite-se trecho do voto enfrentando o cerne do problema:

> O que me parece relevante é exatamente a situação dos pacientes, porque essa cláusula só existe em cooperativas que atuam em pequenas cidades. Como essas cidades são

---

[66] "Art. 29. O ingresso nas cooperativas é livre a todos que desejarem utilizar os serviços prestados pela sociedade, desde que adiram aos propósitos sociais e preencham as condições estabelecidas no estatuto, ressalvado o disposto no artigo 4º, item I, desta Lei.
(...) §4º Não poderão ingressar no quadro das cooperativas os agentes de comércio e empresários que operem no mesmo campo econômico da sociedade."

[67] Cumpre mencionar que o referido acórdão não estava inserido no universo inicial da pesquisa, pois, conforme explicado na nota metodológica, foram selecionados acórdãos em que o CADE figurava como parte, o que excluiu, teoricamente, os casos de assistência. Além disso, não houve uma decisão administrativa do CADE da qual se tenha desdobrado um processo judicial. Todavia, vislumbrou-se a necessidade de inclusão da decisão no objeto de análise na medida em que alterou substancialmente o entendimento acerca do tema da unimilitância, até então formado no TRF 1ª Região, TRF 4ª Região e no próprio STJ. Assim, a decisão da Corte Especial do STJ, nos Embargos de Divergência no REsp nº 191080, parece ter sedimentado uma discussão antiga que se travava no âmbito judicial acerca da legalidade/ilegalidade da cláusula de unimilitância.

alimentadas por duas ou três indústrias, resulta que, se uma indústria, no seu plano de saúde, tiver uma filiação a um outro plano de saúde, simplesmente todos os empregados daquela empresa ficam sem poder se tratar naquela cidade por causa da cláusula de exclusividade do médico com a sua cooperativa. É realmente uma reserva de mercado mesmo, ninguém tem dúvida disso. Venho dizendo isso desde 1999, quando julguei a matéria pela primeira vez. Apenas que a jurisprudência majoritária da 2ª Seção se impressionou com o alegado "espírito cooperativo" e a natureza jurídica dessa forma associativa. Mas o que se viu, na verdade, foi que, em essência, quem acaba prejudicado é o assistido, o doente.

Assim, partindo de uma interpretação sistemática dos dispositivos constitucionais e infraconstitucionais que tangenciam o tema da unimilitância, a Corte Especial do STJ pacificou o entendimento no sentido da invalidade da cláusula de exclusividade, com uma interpretação mais abrangente do que a da ANS e até do próprio CADE. Portanto, corroborou a existência de infração à ordem econômica detectada na esfera administrativa do CADE, afastando a insegurança jurídica que havia no entendimento da legalidade/ilegalidade da cláusula que exige a exclusividade dos médicos cooperados que, em termos pragmáticos, se reflete na inserção ou não da cláusula nos referidos contratos.

7.6.8 Multa por intempestividade

Dos casos analisados nesta pesquisa, sete cuidam de multa por intempestividade, vale dizer, tratam de multa imposta em razão da comunicação intempestiva ao CADE de operação econômica enquadrada nos critérios de subsunção previstos no art. 54, §3º, da Lei nº 8.884/94. O assunto mais importante posto *sub judice*, no que toca a este tópico, cuida da legalidade da Resolução CADE nº 15/98, como se verá a seguir.

Nos casos em que se reconhecia a validade e eficácia dessa norma, costumava-se discutir o que deveria ser considerado como o primeiro ato vinculativo entre os agentes de uma operação econômica para fins de estipulação do início da contagem do prazo legal em que deve ocorrer a comunicação ao CADE.

No bojo desses processos, além da intempestividade, discutia-se o pedido subsidiário do agente econômico de redução do valor da multa. Daí que também neste tópico se encontrem argumentos que avaliam critérios de razoabilidade dos valores cominados pelo CADE e procurem estabelecê-los, como se notará nos subitens seguintes.

Desde logo, importa apontar a grande concentração de casos julgados por unanimidade neste tópico. Com efeito, dos sete casos apreciados, seis foram resolvidos por unanimidade, e o único decidido por maioria o foi tão somente quando de seu julgamento no STJ. Em outras palavras, os julgamentos de multas no TRF 1ª Região foram todos unânimes.

Não se pode dizer o mesmo quanto à orientação adotada nesses feitos. Há divergências notáveis de entendimento entre os julgadores — mais que propriamente entre as turmas do tribunal. De fato, os desembargadores federais, bem como os juízes convocados pela Oitava Turma, por duas vezes[68] avaliaram que o CADE não

---

[68] Cf. *Casos Sonaeimo e Durr.*

deveria ter aplicado o art. 2º da Resolução CADE nº 15/98 para a contagem do termo inicial do prazo legal de comunicação de operação, uma vez que tal dispositivo teria ultrapassado o limite de regulamentação do art. 54. Com efeito, anulou-se, nesses casos, a decisão administrativa que condenou o agente econômico ao pagamento de multa.[69] Em outros dois recursos, a mesma Oitava Turma reconheceu vigência à referida norma, aplicando-a integralmente para confirmar a decisão do CADE.[70]

Das sete ações judiciais sobre o tema transitadas em julgado, o CADE venceu em três. Em uma delas a autarquia perdeu no TRF 1ª Região e reverteu o resultado no julgamento do STJ. Em nenhum dos casos houve citação de doutrina. A jurisprudência serviu como recurso argumentativo em dois julgados (*Casos Embraer* e *Sonaeimo*, ambos julgados pelo TRF 1ª Região). Afora essas hipóteses, houve votos com citação genérica ou indireta de precedentes, fazendo menções a "um agravo" ou a "um caso da semana passada", sem individualização do processo.[71]

Ademais, no *Caso Vale, Usiminas e CPFL*, ocorreu explícita consideração da decisão do CADE (não houve nenhuma transcrição) e no *Caso Sonaeimo*, em um voto — o do Min. Luiz Fux —, houve referência às peças juntadas pelo CADE, assim como à manifestação do Ministério Público.

É interessante observar que, em três diferentes votos, os julgadores recorreram a uma suposta controvérsia interna do CADE quanto às determinações da Resolução CADE nº 15/98 para justificar sua incorreta aplicação. Nos dois últimos votos infratranscritos, nota-se que, sem as informações recebidas, originadas da própria autarquia, eles teriam julgado a favor dela. Em outras palavras, se não fossem os próprios documentos do CADE apontarem para a controvérsia a respeito da aplicação da Resolução entre os conselheiros, talvez tivessem entendido de forma diversa:

> (...) e vejo, também, pelo memorial que recebi do douto advogado, que foi, inclusive, por maioria esta decisão [CADE], demonstrando que até entre eles há um problema de interpretação da lei. (Desembargadora Maria do Carmo Cardoso, *Caso Sonaeimo*)

> A mim me parece que, em princípio, não restou devidamente justificada a razão de não ter a agravada apresentado o primeiro instrumento de concentração e ter se sentido na obrigação de apresentar o segundo, que, acredito, são atos semelhantes. (...) Entretanto, pelas manifestações que Vossa Excelência leu nos autos, de parecerista interno do CADE (o procurador), ele revela (e ele está lá, no dia-a-dia das atividades do órgão), que havia essa incerteza sobre se esse ato deveria ter sido ou não comunicado na época. (Desembargador Antonio Ezequiel, *Caso AGCO*)

> Também entendo como o Sr. Presidente, Desembargador Federal Antônio Ezequiel, que a letra clara do §3º do art. 54 não dá margem a nenhuma dúvida, a nenhuma elucubração a respeito de que qualquer ato de fusão, incorporação, compra, venda,

---

[69] A Resolução CADE nº 15/98 foi parcialmente revogada pela Resolução CADE nº 45/2007, inclusive seu art. 2º, que tratava do assunto em análise. Não obstante, o art. 98 do anexo da Resolução CADE nº 45/2007 manteve a expressão "primeiro documento vinculativo", o que faz com que não se perca a atualidade e a relevância da discussão ora apresentada a partir da análise de precedentes judiciais.

[70] Cf. *Casos CVRD* e *Master Sistemas*.

[71] Cf. voto da Desembargadora Maria do Carmo Cardoso no *Caso Sonaeimo* e voto da Desembargadora Selene Maria de Almeida no *Caso AGCO*.

etc., pudesse significar a necessidade da apresentação do ato de concentração. Todavia, pelo que dos autos consta, e pelas próprias declarações do Doutor Procurador do CADE em sua sustentação oral, a dúvida persistia (...). (Desembargadora Selene de Almeida, *Caso AGCO*)

Evidentemente, há maior segurança para o Judiciário em julgar contra o CADE a partir de um reconhecimento expresso ou tácito da instituição a respeito de algum fato controverso.

a) Acerca da legalidade do art. 2º da Resolução nº 15/98

Dos sete casos analisados que discutem multas por intempestividade, em cinco, a questão central da lide se encontra circunscrita à legalidade ou ilegalidade do art. 2º da Resolução CADE nº 15/98, aplicado pelo CADE para a condenação do agente econômico pelo atraso da comunicação de operação.[72] A apreciação dos recursos não sinalizou uma solução da divergência entre os julgadores — não apenas do TRF 1ª Região, mas também os da Primeira Turma do STJ que julgaram o recurso especial do *Caso Sonaeimo*.

Os que entendem que dita norma infralegal é inválida fazem-no por avaliarem que, destinada a apenas regulamentar o §4º do art. 54 da Lei nº 8.884/94, ela foi muito além.[73] Ela teria alterado o termo inicial da contagem do prazo regular de comunicação ao CADE de qualquer operação, haja vista que enquanto a lei previa que o início da contagem deveria se dar com a "realização" da operação, isto é, o aperfeiçoamento do acordo econômico, na resolução restou determinado que a contagem desse prazo se iniciaria com o "primeiro documento vinculativo" celebrado entre os agentes econômicos.

Assim, os julgadores que acolheram a tese jurídica admitiram que o CADE teria desrespeitado os limites de sua competência normativa, em prejuízo dos representados, o que seria inadmissível. Por isso, todos os processos que culminaram na condenação ao pagamento de multa por conta dessa restrição a maior no prazo de contagem da intempestividade, fruto da mencionada resolução, haveriam de ser anulados. Confiram-se, abaixo, excertos de votos condutores que explicitaram essas razões de decidir:

---

[72] "Art. 2º. O momento da realização da operação, para os termos do cumprimento dos §§4º e 5º do art. 54 da Lei 8.884/94, será definido a partir do *primeiro documento vinculativo* firmado entre as requerentes, salvo quando alteração nas relações de concorrência entre as requerentes ou entre pelo menos uma delas e terceiro agente ocorrer em momento diverso" (Resolução CADE nº 15/98, grifado). Como afirmado anteriormente, essa norma foi revogada expressamente pela Resolução CADE nº 45/07, em cujo anexo se publicou o Regimento Interno do CADE, que contém dispositivo semelhante: "Art. 98 – Considerar-se-á como o momento da realização do ato, para fins de cumprimento no disposto nos §§4º e 5º do art. 54 da Lei n. 8.884/94, a data da celebração do *primeiro documento vinculativo*" (grifado). Documento disponível em: <http://www.cade.gov.br/news/n005/Resolucao45.pdf>.

[73] "Art. 54. Os atos, sob qualquer forma manifestados, que possam limitar ou de qualquer forma prejudicar a livre concorrência, ou resultar na dominação de mercados relevantes de bens ou serviços, deverão ser submetidos à apreciação do Cade.
(...) §4º Os atos de que trata o *caput* deverão ser apresentados para exame, previamente ou no prazo máximo de quinze dias úteis de sua realização, mediante encaminhamento da respectiva documentação em três vias à SDE, que imediatamente enviará uma via ao Cade e outra à Seae (Redação dada pela Lei nº 9.021, de 30.03.95)."

> Ao contrário do que entende o CADE, a Resolução nº 15/98, ao emprestar interpretação ao §4º do art. 54 da Lei nº 8.884/94, alterou-lhe o conteúdo, na medida em que o termo inicial do prazo, ali, estabelecido, como sendo a partir da "realização" do ato, passou a ser a partir do "primeiro documento vinculativo firmado entre as requerentes". (Voto condutor, *Caso Total Fina*)

> (...) ao editar a referida resolução [Res. CADE nº 15/98], o CADE desrespeitou o limite de sua competência normativa, quando definiu que o momento da realização da operação seria a partir do primeiro documento vinculativo firmado entre as requerentes, alterando, dessa forma, o art. 54 da Lei nº 8.884/94, que estabelece o prazo máximo de quinze dias úteis de sua realização, violando, desta forma, o princípio constitucional da legalidade, que não permite que regulamentos alterem ou inovem o texto legal. (Voto condutor, *Caso Sonaeimo*, TRF 1ª Região)

De outro lado, os julgadores que consignaram a legalidade da Resolução CADE nº 15/98 não vislumbraram sequer qualquer inovação em seu conteúdo, se comparado ao da lei, uma vez que ela seria a explicitação de uma disposição já presente no diploma legal. Daí que tampouco se poderia imputar ao CADE virtual desrespeito a sua competência normativa na edição da norma.

Seguindo essa interpretação, poderia se dizer que a resolução contém apenas uma depuração da mensagem legal, uma pormenorização que confere eficácia à lei, mas que de outro modo seria até dispensável, tal sua submissão estrita aos ditames da norma que regulamenta. Dentre os votos que enveredam nessa diretriz, o do *Caso Embraer* se mostra o mais completo em desdobramentos argumentativos, motivo pelo qual é ora transcrito, por todos os demais:

> No meu sentir, entretanto, a solução do caso não atina com entrechoque entre preceitos da Lei nº 8.884/94 (art. 54) e da Resolução CADE nº 15/98 (art. 2º): a lei fala apenas na necessidade de comunicação da "realização" da operação, sem, todavia, defini-la; a resolução, por seu turno, **sem qualquer inovação ou importância**, pretendendo interpretar o alcance do preceito legal, sem negar-lhe efeito ou extrapolá-lo, na intenção de interpretar o que seria "realização", define-a como todo e qualquer ato que, em contrato preliminar ou não, importe "ato de concentração. Não vislumbro o alegado vício; não vejo onde a resolução seja ilegal, até porque, em verdade, ela seria (e é) absolutamente **dispensável** (inferir, interpretando o art. 54 da Lei nº 8.884/94, o que seria "realização" é atividade usual do aplicador da lei): **interpretação, pois, dispensa, de regra (salvas exceções), norma autorizativa** ("Na aplicação da lei, o juiz atenderá aos fins sociais a que ela se dirige e às exigências do bem comum" [art. 5º da Lei de Introdução ao Código Civil Brasileiro]). O único limite, decorrente da aludida interpretação, seria o de (**perseguindo a máxima eficácia da lei em que se funda** [vide o "caput" do art. 54 da Lei nº 8.884/94]) tomar como "realização de ato de concentração" o evento que, preliminar ou não, importasse efetivamente qualquer prejuízo potencial à livre concorrência (contando-se, então, o prazo de 15 dias para a comunicação). (Voto condutor, *Caso Embraer*, grifos originais)

Outra linha argumentativa que igualmente conclui pela legalidade da Resolução CADE nº 15/98, ainda que por razões bastante diferentes, é verificada no julgamento do STJ no *Caso Sonaeimo*. Naquela circunstância, os dois ministros cujos votos foram seguidos pela maioria, Min. Luiz Fux e Teori Zavascki, defenderam que a norma regulamentada teria finalidade preventiva e cautelar. Desse modo, se a norma secundária (a resolução) se adequasse a essa finalidade, conferindo-lhe os meios de torná-la eficaz, não violaria seus limites regulamentadores, realizando-lhes da melhor forma possível. Disso chegou-se a uma série de conclusões relevantes:

> "É que o controle [do par. 4º, art. 54, da Lei nº 8.884] é preventivo e o ato vinculativo é obligativo desde logo, máxime quando irretratável e irrevogável, o que conjura qualquer eiva de ilegalidade do ato normativo secundário. O escopo preventivo conduz-nos a concluir que: a) ao contrário do entendimento expresso no referido acórdão, observa-se que os artigos 7.º, inciso XIX, e 51, da Lei 8.884/94, autorizam a edição da Resolução CADE n.º 15/98, a qual somente explicitou o teor do artigo 54, §4.º, da Lei 8.884/94, bem como foi elaborada em estrita observância dos limites do poder regulamentar; b) o artigo 2.º da Resolução CADE n.º 15/98 apenas conferiu interpretação ao vocábulo "realização", insculpido no artigo 54, §4.º, da Lei 8.884/94, como sendo "o primeiro documento vinculativo entre as requerentes", não havendo, portanto, criação de novo prazo, tento a Resolução in foco apenas ofertado parâmetro para a segura interpretação da Lei 8.884/94; c) desde o primeiro ato vinculado já se constata a realização de atos que produzem efeitos nas condições concorrenciais do mercado, possibilidade a ocorrência de abuso do poder econômico e de um possível prejuízo para inúmeros consumidores, de sorte que, se o ato passou a produzir efeitos imediatos no mercado, não se pode considerar data posterior para marcar o início do prazo do artigo 54, §4.º, da Lei 8.884/94" (Caso Sonaeimo, STJ, Min. Luiz Fux).'

Cumpre destacar ainda que este foi o último caso julgado dentro do recorte da pesquisa, em que, ainda que por maioria, o STJ reverte a decisão do TRF 1ª Região, afirmando a legalidade da Resolução nº 15/98. Isso pode apontar uma tendência atual em se acolher a tese do CADE quanto à legalidade da determinação infralegal do momento em que se faz necessária a notificação da operação.

b) Critérios para identificar o primeiro ato vinculativo de uma operação ou a data de sua realização

Em cada caso em que se discutiram os critérios do CADE para determinar o primeiro ato vinculativo de uma operação, se aplicada a Resolução CADE nº 15/98, ou mesmo a data de sua realização, tendo em conta o §4º do art. 54 da Lei nº 8.884/94, levantaram-se dúvidas a respeito das específicas cláusulas contratuais das avenças. Dois debates merecem ser destacados: os casos em que o contrato é celebrado no exterior e não repercutem imediatamente no Brasil e os casos em que o primeiro documento vinculativo contém cláusula suspensiva, que restringe os seus efeitos até a sua aprovação pelo CADE ou o implemento de alguma outra condição.

No caso das operações realizadas no exterior, a Oitava Turma do TRF 1ª Região, por unanimidade, reproduziu e acatou *in totum* a sentença *a quo*, segundo a qual o termo inicial do prazo legal de comunicação deveria ser contado da prática de ato negocial em solo brasileiro, diferentemente do que fez o CADE no processo administrativo.

> O termo inicial do prazo de quinze dias úteis para a comunicação do "ato de concentração" (aquisição de 76,432% das ações da Carl Schenck), com fundamento no art. 54, §3º, da Lei 8.884/94, conta-se a partir da prática de algum ato no Brasil, e não

da celebração do respectivo contrato em 28/10/1999 na Alemanha (fls. 27-30) ou do "fechamento da operação" ocorrido em 12/05/2000. (Citação de trechos da sentença *a quo* no voto condutor do *Caso Durr*)

Como bem lembrou a autora (fl. 8), "há diversos precedentes do próprio CADE nos quais, diante de uma hipótese como a presente, em que operações de concentração entre agentes que não mantém relações de concorrência, mas que alcançam o critério de faturamento do §3º do art. 54, o Conselho considera que elas devem ser notificadas até 15 dias úteis a partir de seu fechamento jurídico, não do fechamento da operação no exterior." (Citação de trechos da sentença *a quo* no voto condutor do *Caso Durr*)

Diversamente do debate desse caso, em que a "regra" utilizada pelo Poder Judiciário para a interpretação dos fatos se fez clara, na discussão das operações cujos contratos apresentaram cláusulas suspensivas, a identificação da *ratio decidendi* se mostrou bastante problemática.

Efetivamente, houve dois tipos diferentes de entendimento judicial: um no sentido de que a mencionada cláusula suspenderia o início da contagem do prazo legal de 15 dias, vez que impediria que a operação tivesse efeitos concretos no mercado; outro, no qual se decidia que, em operações econômicas de grande vulto, a simples possibilidade de efetivação de certos negócios já produziria efeitos significativos no mercado que deveriam ser, portanto, regulados pelo CADE.

Dessa forma, resta patente que a estipulação do início da contagem do prazo legal se relaciona à compreensão que cada julgador tem acerca dos efeitos que a operação pode apresentar no mercado. É o que fica evidente no excerto a seguir, bem coerente com a visão de que o termo de início da contagem não pode ser da celebração de contrato com cláusula suspensiva:

(...) o contrato ficou suspenso até o pronunciamento do CADE, ou seja, não produziu nenhum efeito até o julgamento na via administrativa do ato de concorrência. Por isso, ora, pendente o contrato de condição suspensiva, não se poderia contar prazo para efeito de imposição de multa, como se aquele estivesse pronto e acabado. (Voto condutor do *Caso Durr*)

De outro modo, entendimento de que a cláusula suspensiva não impede que o mercado sofra efeitos de uma grande operação previamente anunciada pode ser exemplarmente conferido nestes termos:[74]

O art. 2º da Res. 15/98 é compatível com o texto da lei que ele regulamenta: "realização", aqui [art. 54, par. 4º, Lei 8884], tem o evidente significado de concretização jurídica, não de efetivação do resultado material do negócio. É que, independentemente do pleno exaurimento material (ou seja, da integral execução do ato negocial no plano da realidade), o só aperfeiçoamento jurídico do negócio produz (ou, pelo menos, tem aptidão para produzir) desde logo efeitos nas relações concorrenciais. Ora, a finalidade do controle desses negócios pelo CADE é, justamente, a de prevenir possíveis efeitos negativos nesse específico plano da concorrência. Assim, é inquestionável que a Resolução 15/98 andou bem quando adotou como momento da "realização" o da eficácia jurídica do negócio de concentração, ou seja, quando considerou realizado o negócio

---

[74] Cf. justificação semelhante no *Caso Master Sistemas*.

no momento em que há celebração de um ato juridicamente vinculativo. Nisso a Resolução não produziu qualquer inovação no mundo jurídico, nem houve, nesse ponto, extrapolação de limites entre norma regulamentadora e norma regulamentada. (Min. Teori Zavascki, STJ, *Caso Sonaeimo*).

c) Limites no valor da multa aplicada pelo CADE

A manutenção dos valores de certas multas foi justificada, basicamente, por três argumentos. Primeiro, porque se tratava do montante mínimo estabelecido pela lei, e a discussão sobre a ocorrência ou não de intempestividade se mostrou superada, sendo certa a ocorrência de ilícito. Segundo, pois o valor foi bem aplicado e fundamentado, tendo em conta as particularidades do caso e os critérios estampados no art. 27 da Lei nº 8.884/94. Terceiro, por estar dentro dos limites legais, estando adequado ao caso em concreto. Nesse sentido, traz-se à colação excertos ilustrativos:

> Quanto ao valor da multa aplicada, esta atendeu ao disposto no art. 27 da Lei 8.884/1984, que determina sejam observados, entre outros, a gravidade da infração, a boa-fé do infrator, o grau de lesão, os efeitos econômicos, a situação econômica do infrator. (Voto condutor, *Caso Master Sistemas*)

> Quanto ao valor da multa, fixada em 180.000 UFIR, a autoridade administrativa o fixou em consideração à graduação legal (mínimo de 60.000 e máximo de 6.000.000), bem como a circunstância de estar consumada a infração e as condições econômicas dos infratores. Bem justificada a imposição, que se mostra razoável, não há ofensa a disposição legal a justificar a sua modificação. Também nesse ponto é de se restabelecer a sentença de primeiro grau. (Min. Teori Zavascki, *Caso Sonaeimo*, STJ)

> A multa, fixada em patamar muito abaixo da média possível (variação entre os valores máximo e mínimo) não aparenta exorbitância, aqui considerando, como administrativamente se fizera, o tempo entre a realização do ato e sua comunicação e, ainda, a situação econômica das impetrantes. A alegação de que o "lapso temporal" não consta da lei é verdade só aparente, pois o decurso do prazo de quatro meses desde o 1º ato vinculativo é maneira diferente de dizer com outras palavras o que consta do Inciso IV do art. 27 supra: levou-se em conta a "consumação da infração". De mais-a-mais, não pode o Poder Judiciário, adentrando nos critérios de conveniência de oportunidade do administrador público (flutuação ponderada da multa dentro das balizas legais), reduzir a multa, aquilatando sua dosagem ao fim administrativo a que se presta a sanção (sendo o pedido alternativo, pois, juridicamente impossível). Demais disso, o pedido alternativo (redução da multa ao mínimo) é admitir sua possibilidade e aceitá-la. (Voto condutor, *Caso Embraer*)

Por outro lado, houve revisão da decisão do CADE quando ela foi julgada malfundamentada. O princípio constitucional da fundamentação dos atos administrativos exigiria que toda a cominação de pena de multa acima do mínimo legal fosse justificada, inclusive quanto aos critérios do art. 27 da Lei nº 8.884/94. Isso restou patente no julgamento do *Caso AGCO*, do qual se extrai, como *ratio decidendi*, o excerto ilustrativo:

> Aqui, também participo do entendimento de Vossa Excelência, de que seria necessário, para elevar a multa acima do mínimo, não digo numa quantia irrisória, mas numa

quantia substancial, — porque ela foi multiplicada por três, — alguma justificativa, dentro desses critérios estabelecidos no art. 27. (...) — Aí não poderíamos discutir se foi mais ou se foi menos, *desde que se explicasse, de alguma forma, por que se deu essa elevação, o que está de acordo com o princípio consagrado na Constituição da necessidade de fundamentação dos atos, não apenas do Judiciário, mas, também, dos atos administrativos.* (Desembargador Antonio Ezequiel, *Caso AGCO*, grifos nossos)

Além disso, cumpre assinalar que, em regra, desembargadores federais e juízes convocados ignoraram o argumento dos agentes econômicos de que o valor da multa de intempestividade deveria ser reduzido ou não aplicado, em função da aprovação dos termos da operação econômica pretendida.[75] Afinal, a configuração da intempestividade seria algo independente da configuração de violação imediata à ordem econômica, por se tratar de um dever acessório e autônomo.

Eis dois votos que apontam no sentido recém-esboçado:

Por outro lado, é preciso considerar que o desatendimento do prazo previsto no §4º do art. 54 da Lei 8.884/94 constitui infração administrativa de natureza formal (de mera conduta, segundo a linguagem do direito penal). Sua tipicidade e sua consumação, portanto, não guardam qualquer relação de dependência com a legitimidade ou não dos documentos apresentados, ou com a aprovação ou não, pelo CADE, do negócio de concentração neles ajustado. (Teori Zavascki, *Caso Sonaeimo*, STJ)

2º. Entendeu-se também, à unanimidade, que, independentemente do resultado da apreciação pelo CADE, dos efeitos do ato de concentração, se nefastos ou não, persistia a obrigação acessória, pode-se dizer, de fazer a apresentação do ato de concentração, nos termos do art. 54, em seu §3º. (Desembargadora Selene de Almeida, *Caso AGCO*)

8 Considerações finais

A análise empírica e aplicada das decisões selecionadas tornou possível constatar algumas tendências a respeito da judicialização das decisões do CADE tanto em termos quantitativos, no que concerne aos "fatores de entrada" e "fatores de saída", quanto qualitativos, verificadas em cada tema encontrado.

A partir da análise quantitativa dos "fatores de entrada", foram consideradas duas variáveis: setores econômicos envolvidos e tipos de procedimentos administrativos originários. Com relação aos setores envolvidos, identificou-se um espectro variado de agentes econômicos que buscaram a modificação de decisões em

---

[75] Houve um único caso em que diante da inofensividade da operação em termos anticoncorrenciais, restou desconsiderado pelos julgadores o aspecto autônomo da obrigação de comunicação tempestiva ao órgão antitruste, como se pode verificar no seguinte trecho: "Ainda que se considere intempestiva a comunicação do 'ato de concentração', viola o princípio constitucional do 'devido processo legal substantivo' a multa de 60 mil UFIR prevista na Lei 8.884/94"), pois que "(...) nenhum ato que pudesse, de qualquer modo, prejudicar a concorrência foi praticado no Brasil, já que a aquisição, pela Dürr, dos 76,432% das ações da Carl Schenck não se refletiu em alteração alguma aqui. A comunicação do ato ao CADE foi, como já foi dito, preventiva. Em segundo lugar, porque, ainda que essa operação produzisse reflexos em nosso país, esse reflexos não prejudicariam a livre concorrência, como o próprio CADE acabou por concluir ao julgar o Ato de Concentração nº 0800.12.006735/00-01. Assim, a operação foi informada meramente em virtude do critério do faturamento das empresas envolvidas, critério esse que, dado que evidentemente não há efeitos prejudiciais à concorrência no caso concreto, deveria ser atenuado".

A.C., ao passo que, em P.A., verificou-se a concentração dos agentes que buscam o Judiciário para modificação de decisão administrativa no setor de serviços médicos.

Cumpre assinalar que tal concentração tem relação com o período em que foram julgados os procedimentos administrativos que deram origem aos processos judiciais analisados, refletindo a pauta do CADE nos primeiros anos de atuação da autarquia.

Com a subsequente consolidação de alguns posicionamentos jurisprudenciais concernentes a tal setor (serviços médicos gerais), verificou-se a diminuição na procura do Judiciário por estes agentes nas decisões mais recentes inseridas no recorte da presente pesquisa.

No que tange ao tipo de procedimento administrativo, identificou-se que não há uma relação entre a judicialização e o tipo de processo administrativo originário. Nesse sentido, foram analisados recursos referentes a 18 A.C. e 21 P.A.

Quanto aos "fatores de saída", consideraram-se duas variáveis: o tempo médio dos processos transitados em julgado e os resultados das medidas judiciais. Verificou-se nesse aspecto que não há uma diferença substancial entre o tempo médio de tramitação dos casos no Poder Judiciário e no próprio SBDC, devendo, portanto, ser afastado o argumento de que as duas instituições trabalhariam em tempos diversos.

O último dado extraído na análise quantitativa foi o concernente ao resultado da decisão judicial, revelando índices de manutenção e de revisão da decisão administrativa praticamente iguais. Dos 21 recursos conhecidos e transitados em julgado, 11 foram favoráveis ao CADE e 10, desfavoráveis. Em suma, não se identificou qualquer tendência genérica de julgamento nos tribunais pró ou contra o CADE.

Cumpre assinalar, ainda, que o índice de reversão das decisões da primeira instância se mostrou relativamente pequeno, isto é, de um total de 20 casos apreciados pelas duas instâncias, ocorreu a reversão da decisão de primeiro grau em apenas três. Na análise qualitativa, a partir do agrupamento temático dos casos e da contraposição de seus argumentos, foi possível identificar a construção de alguns entendimentos jurisprudenciais.

Com relação à unimilitância, verificou-se que o STJ, recentemente, parece ter firmado o entendimento da ilegalidade das referidas cláusula, com base em interpretação sistemática dos dispositivos constitucionais e infraconstitucionais relacionados à questão, a despeito da divergência verificada entre o TRF 1ª Região e o TRF 4ª Região: enquanto o posicionamento do TRF 1ª Região acerca da cláusula de exclusividade no estatuto das cooperativas médicas havia se consolidado no sentido de confirmar o entendimento do CADE, o do TRF 4ª Região havia repelido o alegado caráter anticoncorrencial da unimilitância.

Nos casos em que se discutia a taxa processual para apreciação de ato de concentração, o TRF 1ª Região entendeu pela legalidade de sua cobrança de forma unânime nos quatro casos analisados. Já em relação à caracterização de cartel na utilização da tabela de honorários médicos, constatou-se que o TRF 1ª possui entendimento consolidado no sentido de que não configura, por si só, prática anticoncorrencial, devendo ser comprovada *in concreto* pelo CADE.

Quanto à competência interna do TRF 1ª Região, verificou-se que existe uma flexibilização na especialização prevista em seu regimento interno no que toca à Terceira e Quarta Seções, na medida em que as duas têm se julgado competentes para apreciar quaisquer demandas atinentes às decisões do CADE. Ainda sobre as questões institucionais do TRF 1ª Região, constatou-se, quanto à participação de juízes convocados, que 21 dos 52 acórdãos foram relatados e julgados por juízes de primeira instância, sendo votos vencidos em apenas dois casos. Os números indicam, portanto, que além de terem participação quantitativamente notável, sua manifestação é ainda decisiva nos casos em que ocorre.

A respeito das multas por intempestividade, identificaram-se precedentes em sentidos opostos, não havendo consenso quanto à legalidade da Resolução CADE nº 15/1998, em razão dos limites do poder do CADE de regulamentar o art. 54, §3º, bem como quanto à necessidade de prévia apresentação das operações quando verificada a existência de cláusulas suspensivas nos respectivos contratos. No entanto, o último acórdão dentre os analisados, *Caso Sonaeimo*, julgado definitivamente pelo STJ em 2009, parece apontar uma tendência do Judiciário em acatar a tese do CADE quanto à legalidade da determinação do momento em que deve ser feita a notificação da operação por meio de ato infralegal.

Nos casos em que se discutia vícios procedimentais houve modificação ou anulação da decisão administrativa em sua grande maioria, com exceção do *Caso Cia. Vale do Rio Doce e do Caso Associação Médica do Mato Grosso do Sul*. Em alguns casos, houve inclusive a superação pelo CADE do vício formal alegado pela parte antes mesmo de ser proferida a decisão final do Judiciário. Revelou-se, portanto, nesses casos a importância do controle judicial quanto ao respeito ao devido processo legal em âmbito administrativo.

Dentre os casos de revisão de forma, foi feita análise temática separada dos casos sobre realização de TCC, em que se concluiu pela existência de direito subjetivo da parte para sua celebração no curso do processo administrativo, com a ressalva de que os dois processos judiciais foram julgados com base na antiga redação do art. 53 da Lei nº 8.884/94, que teve sua redação alterada em 2007.

Por fim, cumpre ainda destacar que a tecnicidade da decisão do CADE não constituiu um argumento considerado pelo Poder Judiciário para afastar a análise do mérito da decisão administrativa. Apenas em quatro casos dentre os analisados[76] argumentou-se no sentido de ser a decisão administrativa estritamente discricionária, não sendo possível a sua modificação judicial. Estes posicionamentos não se consolidaram, uma vez que, em casos que trataram do mesmo tema e que foram julgados em momento posterior, verificou-se a revisão judicial exatamente das mesmas questões pontuadas como discricionárias.

Mesmo nos casos em que se manteve a decisão do CADE, foi possível identificar forte tendência à análise da motivação externada no processo de tomada da decisão, por meio dos votos dos conselheiros do CADE, sendo possível notar, inclusive, o reexame judicial de questões econômicas, com base nos estudos realizados pelo SBDC e mesmo na aplicabilidade em abstrato das normas antitruste.[77]

---

[76] *Caso AGCO, Caso Dever de Agir do CADE, Caso Sindiposto e Caso Cia. Força e Luz.*

[77] *Vide*, por exemplo, os casos a respeito da cláusula de unimilitância, item 7.6.7.

9 Relação de casos analisados

TRF 1ª Região

Casos transitados em julgado

Apel. em MS nº 2001.34.00.011540-2/DF (Caso 1 – *Master Sistemas*)
Apel. em MS nº 2001.34.00.018763-6/DF (Caso 2 – *Embraer*)
Apel. em MS nº 2002.34.00.007525-4/DF (Caso 3 – *Cia. Força e Luz*)
Apel. em MS nº 2003.34.00.022475-3/DF (Caso 6 – *Telelistas*)
Apel. em MS nº 2001.34.00.014888-4/DF (Caso 7 – *Total Fina*)
Apel. em MS nº 1999.34.00.029156-5/DF (Caso 8 – *AGCO*)
Apel. em MS nº 1999.01.00.059757-6/DF (Caso 9a – *Sindicato de Laboratórios Brasília*)
Apel. em MS nº 2005.34.00.032899-7/DF (Caso 10a – *Cia. Vale do Rio Doce*)
Apel. em MS nº 2000.34.00.007656-9/DF (Caso 11 – *Unimed Cooperativas*)
Apel. em MS nº 2000.34.00.007650-2/DF (Caso 12 – *Unimed Santa Catarina*)
Apel. em MS nº 2000.34.00.007658-4/DF (Caso 13 – *Unimed Lages*)
Apel. em MS nº 2000.34.00.007653-0/DF (Caso 14 – *Unimed Joinville*)
Apel. em MS nº 1998.01.00.014517-7/DF (Caso 15a – *Associação Médica de Brasília*)
Apel. em MS nº 1997.01.00.055315-7/DF (Caso 17 – *Clip & Clipping*)
Apel. em MS nº 2003.34.00.035203-5/DF (Caso 18 – *Star One*/Alcatel)
Apel. em MS nº 1999.34.00.030902-1 (Caso 19 – *Unimed Blumenau*)
Apel. em MS nº 2003.34.00.040126-4 (Caso 20 – *Associação Médica de Londrina*)
Apel. em MS nº 2004.34.00.026664-8 (Caso 21a – *Só Software*)
Apel. em MS nº 2002.34.00.015214-0 (Caso 22b – *Microsoft*)
Apel. Cível nº 2002.34.00.004517-6/DF (Caso 4a – *Sonaeimo*)
Apel. Cível nº 2003.34.00.021253-6/DF (Caso 5 – *DURR*)
Apel. Cível nº 1999.34.00.005092-2/DF (Caso 16 – *Laboratórios Clínicos de Brasília*)

Recursos julgados

Apel. em MS nº 2002.34.00.014122-2/DF (Caso 34 – *Associação Médica do Mato Grosso do Sul*)
Apel. Cível nº 2000.34.00.020484-5/DF (Caso 26 – *COSIPA*)
Apel. Cível nº 2000.34.00.025257-6/DF (Caso 27 – *Unimed Petrópolis*)
Apel. Cível nº 2002.34.00.039067-2/DF (Caso 28 – *Sindiposto*)
Apel. Cível nº 2000.01.00.019576-5/DF (Caso 29 – *Vale, Usiminas e CPFL*)
Apel. Cível nº 2005.34.00.015042-8/DF (Caso 30 – *Nestlé-Garoto*)
Apel. Cível nº 2002.34.00.036310-6/DF (Caso 31 – *Elevadores do Brasil/Guanato*)
Apel. Cível nº 2003.34.00.024697-1/DF (Caso 32 – *Elevadores do Brasil/Elite*)
Apel. Cível nº 2002.34.00.000472-9/DF (Caso 33 – *Elevadores do Brasil/Sítio*)
Apel. Cível nº 1998.34.00.013139-7/DF (Caso 37 – *Laboratório Sabin*)
Apel. Cível nº 2002.34.00.007351-4/DF (Caso 39 – *Elevadores do Brasil/Vertical*)
Apel. Cível nº 2000.01.00.019576-5/DF (Caso 40 – *Usiminas*)

TRF 2ª Região

Recursos Julgados

Apel. Cível nº 2004.50.01.011423-4/RS (Caso 43 – *Sindicato dos Trabalhadores Garoto*)

TRF 4ª Região

Casos transitados em julgado

Apel. em MS nº 2003.71.05.000040-2/RS (Caso 23a – *Unimed Missões*)
Apel. Cível nº 2001.71.04.006654-7/RS (Caso 24a – *Unimed Região da Produção*)

Recursos Julgados

Apel. Cível nº 2002.72.02.003941-7/RS (Caso 38 – *Unimed Chapecó*)

STJ

Casos transitados em julgado

Recurso Especial nº 984249/DF (Caso 4b – *Sonaeimo*)
Recurso Especial nº 467222/DF (Caso 9b – *Sindicato de Laboratórios Brasília*)
Recurso Especial nº 966930/DF (Caso 10b – *Cia. Vale do Rio Doce*)
Recurso Especial nº 663179/DF (Caso 15b – *Associação Médica de Brasília*)
Recurso Especial nº 988918/RS (Caso 23b – *Unimed Missões*)
Recurso Especial nº 997867/RS (Caso 23c – *Unimed Missões*)
Recurso Especial nº 1069166/RS (Caso 24b – *Unimed Região da Produção*)
Embargos de Divergência no Recurso Especial nº 191080/SP (Caso 44 – ANS e CADE (Assistente)

Recursos julgados

Recurso Especial nº 590960/DF (Caso 25 – *Unimed Campinas*)
Recurso Especial nº 650892/PR (Caso 36 – *Dever de agir*)
Recurso Especial nº 1172603 (Caso 41 – *Unimed Santa Maria*)
Recurso Especial nº 947964/PB (Caso 42 – *Unimed Região da Produção*)

STF

Casos transitados em julgado

Recurso Extraordinário nº 682486/DF (Caso 10c – *Cia. Vale do Rio Doce*)
Recurso Extraordinário nº 602164-9/RS (Caso 24c – *Unimed Região da Produção*)

Súmulas

STF – nº 283
STJ – nº 665
STJ – nº 7

ANEXO E APÊNDICES

ANEXO – Convênio de Cooperação Técnico-Científica Nº 02/2009

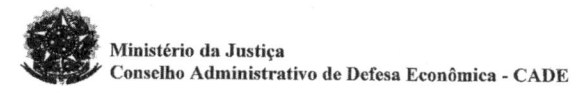

Ministério da Justiça
Conselho Administrativo de Defesa Econômica - CADE

CONVÊNIO Nº 02/2009

> CONVÊNIO DE COOPERAÇÃO CIENTÍFICA QUE CELEBRAM ENTRE SI O CONSELHO ADMINISTRATIVO DE DEFESA ECONÔMICA – CADE, A FEDERAÇÃO DAS INDÚSTRIAS DO ESTADO DE SÃO PAULO – FIESP E A SOCIEDADE BRASILEIRA DE DIREITO PÚBLICO – SBDP.

O **CONSELHO ADMINISTRATIVO DE DEFESA ECONÔMICA – CADE**, autarquia federal, vinculada ao Ministério da Justiça, regido pela Lei n.º 8.884, de 11 de junho de 1994, com sede na cidade de Brasília, Distrito Federal, no SCN – Quadra 2 – Projeção C, CEP 70712-902, inscrito no CNPJ/MF sob o n.º 00.418.993/0001-16, neste ato, representado por seu Presidente **Dr. Arthur Sanchez Badin**, brasileiro, portador da cédula de identidade RG n.º 19.303.181 SSP/SP, inscrito no CPF sob o n.º 252.705.708-07, doravante designado simplesmente CADE a **FEDERAÇÃO DAS INDÚSTRIAS DO ESTADO DE SÃO PAULO – FIESP**, entidade sindical de grau superior com sede em São Paulo/SP, na Avenida Paulista, n.º 1313, 6º andar, CEP 01311-923, inscrita no CNPJ sob o n.º 62.225.933/0001-34, neste ato, representada por seu Presidente **Dr. Paulo Antonio Skaf**, brasileiro, portador da cédula de identidade RG n.º 4.412.909-9 SSP/SP, inscrito no CPF sob o n.º 674.083.628-00, doravante designada simplesmente FIESP, e a **SOCIEDADE BRASILEIRA DE DIREITO PÚBLICO – SBDP**, Associação Civil sem fins lucrativos, com sede na cidade de São Paulo-SP, Rua Leôncio de Carvalho, 306, 7º andar, inscrita no CNPJ sob o n.º 73.946.022/0001-12, neste ato, representada por seu Presidente **Dr. Carlos Ari Sundfeld**, brasileiro, portador da cédula de identidade RG n.º 6.700.311 SSP-SP, inscrito no CPF sob o n.º 003.984.568-01, doravante designada simplesmente SBDP, em conjunto denominadas Convenentes, resolvem celebrar o presente **Convênio de Cooperação Científica ("Convênio")**, sujeitando-se às cláusulas e condições seguintes:

CLÁUSULA PRIMEIRA – DO OBJETO

1.1 O presente Convênio tem por objeto a cooperação técnica entre os **Convenentes**, com a finalidade de desenvolver pesquisa científica acerca do tema da revisão judicial das decisões proferidas pelo **CADE** em sede administrativa.

1.2 O universo de decisões judiciais se limita aos acórdãos pertinentes ao tema da pesquisa, e que foram proferidos em sede recursal pelo Tribunal Regional Federal da 1ª Região.

1.2.1 Compete ao **CADE** a disponibilização de todo o material jurisprudencial administrativo que servirá de base para a realização da pesquisa.

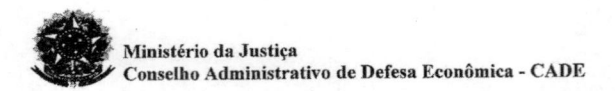

**Ministério da Justiça
Conselho Administrativo de Defesa Econômica - CADE**

CLÁUSULA SEGUNDA - DA VIGÊNCIA DO CONVÊNIO E DURAÇÃO DA PESQUISA

2.1. O presente Convênio **terá duração de 06 (seis) meses, a contar da sua assinatura**, podendo ser prorrogado por igual prazo por meio de Termo de Aditamento, havendo interesse dos **Convenentes**.

CLÁUSULA TERCEIRA – DA EQUIPE DE PESQUISA

3.1. A seleção e a organização da equipe de pesquisa serão de responsabilidade da **SBDP**.

3.2. A equipe de pesquisa será composta por cinco integrantes com experiência em análise empírica de decisões judiciais.

3.3. A equipe de pesquisa será assessorada por um representante do **CADE**, que prestará apoio técnico e operacional.

3.4. O representante do **CADE** não receberá qualquer remuneração, a qualquer título e a qualquer tempo, para os fins desse projeto de pesquisa.

3.5 O vínculo jurídico entre a equipe de pesquisa e os **Convenentes** será de natureza exclusivamente civil de prestação de serviços, não implicando em vínculo trabalhista entre os profissionais contratados e os **Convenentes**.

CLÁUSULA QUARTA – DA REMUNERAÇÃO E PAGAMENTO DA EQUIPE DE PESQUISA

4.1. A remuneração **decorrente deste Convênio de Cooperação Científica** será de responsabilidade da **FIESP**, que repassará à **SBDP** o valor total de R$ 30.000,00 (trinta mil reais), que será pago em seis parcelas iguais e sucessivas de R$ 5.000,00 (cinco mil reais), mediante o envio de documento contábil hábil, até o dia 25 (vinte e cinco) de cada mês, sendo o pagamento realizado até a sexta-feira seguinte ao quinto dia útil do mês subsequente, sob pena de retenção do pagamento.

4.1.1 Caberá à **SBDP** o pagamento da equipe de pesquisa de que trata a cláusula terceira retro, ficando exclusivamente responsável pelo pagamento de todos os encargos de natureza trabalhista e previdenciária daí decorrentes.

4.1.2 Todos os tributos e encargos previdenciários incidentes sobre o valor total deste contrato já estão incluídos no valor estipulado na cláusula 4.1 retro.

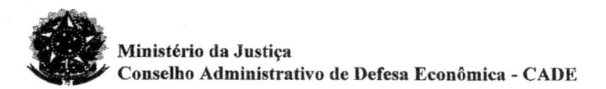

Ministério da Justiça
Conselho Administrativo de Defesa Econômica - CADE

4.2. A **FIESP** repassará à **SBDP** o valor total de R$ 15.000,00 (quinze mil reais) para custear todas as despesas relativas a passagens aéreas, deslocamentos e estadias da equipe de pesquisa de que trata a Cláusula terceira, desde que tidas como necessárias para o desenvolvimento de atividades decorrentes deste Convênio de Cooperação Científica, valor este não computado no valor total indicado na Cláusula 4.1. Este valor envolve todas as passagens e despesas, não sendo a **FIESP** responsável pelas reservas ou emissão de bilhetes e ainda por nenhum adicional ou pagamento complementar.

4.3. A liberação do valor de que trata a Cláusula 4.2. dar-se-á somente com aprovação prévia pela **FIESP**, após parecer do **CADE** a respeito da sua conveniência e oportunidade para o pleno atendimento dos propósitos da presente pesquisa.

4.4. Na data do pagamento de cada parcela mensal, a **SBDP** apresentará ao **CADE** e à **FIESP** um relatório das atividades desenvolvidas no período a que se refere o pagamento.

CLÁUSULA QUINTA - DA APRESENTAÇÃO DOS RESULTADOS FINAIS DA PESQUISA

5.1. Compete à **SBDP** apresentar o texto final da pesquisa às demais entidades contratantes ao final do prazo estipulado na Cláusula 2.1, supra.

5.2. O material deve se encontrar em língua portuguesa e em termos que o torne hábil para sua imediata publicação e divulgação.

5.3. Para os fins do item anterior, cumpre à **SBDP** assegurar-se de que as pessoas físicas que participarem da elaboração de todo ou parte do objeto deste **Convênio** concordem com o quanto ora ajustado, responsabilizando-se a esse respeito perante os demais **Convenentes**.

CLÁUSULA SEXTA - DA PUBLICAÇÃO DA PESQUISA

A **FIESP** e o **CADE** comprometem-se, na medida de suas possibilidades, a publicar os resultados da pesquisa nos seis meses subsequentes ao final do prazo de que trata a Cláusula 2.1.

CLÁUSULA SÉTIMA - DA DIVULGAÇÃO DA PESQUISA

Os três ora Convenentes comprometem-se, na medida de suas possibilidades, a dar ampla divulgação à pesquisa, ao seu resultado final e à sua publicação, para tanto se valendo de suportes impressos e eletrônicos.

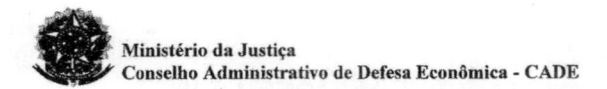

Ministério da Justiça
Conselho Administrativo de Defesa Econômica - CADE

CLÁUSULA OITAVA – DOS DIREITOS AUTORAIS

Os direitos autorais referentes ao conteúdo elaborado no âmbito deste Convênio serão de co-titularidade dos **Convenentes**.

CLÁUSULA NONA – DA UTILIZAÇÃO DO NOME E LOGOMARCA

O nome e a logomarca de quaisquer dos **Convenentes** somente poderão ser utilizados exclusivamente na consecução do objeto deste **Convênio**, sob pena da parte infratora responder pelo uso indevido.

CLÁUSULA DÉCIMA – DA CESSÃO

Os Convenentes não poderão ceder, transferir ou sub-rogar os direitos e ações deste instrumento sem o prévio e expresso consentimento dos demais.

CLÁUSULA DÉCIMA PRIMEIRA – DA TOLERÂNCIA

A não exigência por qualquer dos **Convenentes**, do cumprimento de qualquer Cláusula ou condição estabelecida neste **Convênio** será considerada mera tolerância, não implicando sua revogação, nem constituição de novação, mantendo-se o direito de ser exigido a qualquer momento o seu cumprimento.

CLÁUSULA DÉCIMA SEGUNDA – DA RESCISÃO

O presente **Convênio** poderá ser denunciado por qualquer dos **Convenentes**, mediante comunicação escrita, com antecedência mínima de 30 (trinta) dias ou rescindido por violação das cláusulas compactuadas ou infração de normas legais, cabendo a qualquer dos **Convenentes** o exercício de tal faculdade.

No caso de denúncia ou rescisão, haverá acerto de contas referente aos trabalhos realizados e já pagos, bem como se desobrigará a **FIESP** de efetuar o pagamento de parcelas vincendas, sem qualquer penalidade ou encargo.

CLÁUSULA DÉCIMA TERCEIRA – DA PUBLICAÇÃO DESTE CONVÊNIO

A publicação do presente **Convênio**, em extrato, no Diário Oficial da União, será providenciada pelo **CADE** até o quinto dia útil do mês seguinte ao de sua assinatura, para ocorrer no prazo de 20 (vinte) dias, a contar daquela data.

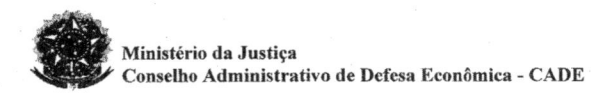

Ministério da Justiça
Conselho Administrativo de Defesa Econômica - CADE

CLÁUSULA DÉCIMA QUARTA - DAS DISPOSIÇÕES GERAIS

Os casos omissos serão solucionados mediante entendimento dos **Convenentes**.

CLÁSULA DÉCIMA QUINTA – DO FORO

Para a solução das controvérsias decorrentes desse **Convênio** que não possam ser resolvidas através de acordo entre os **Convenentes**, elegem como foro a Seção Judiciária do Distrito Federal.

E, por estarem de acordo, lavrou-se o presente termo, em 3 (três) vias de igual teor, valor e forma, as quais foram lidas e assinadas pelas partes e testemunhas abaixo.

Brasília, 30 de outubro de 2009.

ARTHUR SANCHEZ BADIN
Presidente do CADE

CARLOS ARI SUNDFELD
Presidente da SBDP

PAULO ANTONIO SKAF
Presidente da FIESP

TESTEMUNHAS:

1.
Hélcio Honda
RG: 62766775
CPF: 06047088-21

2.
Nome: José Antonio Batista de Moura Ziebarth
RG: 381731-9 SSP/SC
CPF: 004062119-73

APÊNDICE I – Instituição Responsável

A Sociedade Brasileira de Direito Público (SBDP) é uma entidade sem fins lucrativos, sediada em São Paulo, que congrega especialistas na área do direito público. A instituição tem como principal escopo a pesquisa e o estudo multidisciplinar, bem como a divulgação de sua produção científica por meio de cursos, seminários, congressos, publicações e programas de incentivo à pesquisa.

A SBDP foi fundada em 1993 por um grupo de professores de Direito e advogados, com a iniciativa do Prof. Dr. Carlos Ari Sundfeld, atual Presidente da instituição. Durante os primeiros anos, as atividades da SBDP consistiram, principalmente, na promoção de conferências e seminários sobre direito público. Em 1998, como resultado da percepção de que esse campo do Direito se defrontava com dilemas resultantes das mudanças sociais e econômicas pelas quais o país atravessava, a SBDP passou a oferecer cursos com diferentes enfoques, adotando uma abordagem pedagógica que considera interdisciplinar, aplicada e interativa. A SBDP firmou-se como instituição de apoio de pesquisas aplicadas, elaboração de artigos acadêmicos e pesquisas de iniciação científica.

O objetivo central da entidade é promover o desenvolvimento do direito público por meio do estímulo a estudos sistematizados e metodologicamente lastreados. Para alcançar esse objetivo, a SBDP, além de oferecer cursos e publicar livros — 10 até o momento — que abordam questões atuais no âmbito do direito público, desenvolve, desde 1998, um núcleo de estudos e pesquisas chamado Escola de Formação.

Esse projeto tem o objetivo de desenvolver e disseminar uma cultura de reflexão não formalista, interativa e voltada à pesquisa em Direito. Para tanto, reúne alunos de graduação de diferentes instituições, ao longo de um ano, voltados ao estudo da jurisprudência do Supremo Tribunal Federal e produção de pesquisas individuais (monografias) exclusivamente direcionadas a esse tema. Essas pesquisas são publicadas no endereço eletrônico da instituição como forma de difundir informações sobre a jurisprudência da mais alta corte do país.[1]

No intuito de dar continuidade ao trabalho iniciado na Escola de Formação, a SBDP criou o projeto Extramuros, formado por ex-alunos da Escola de Formação, que se dedicam ao desenvolvimento de pesquisas coletivas voltadas à jurisprudência do STF.

Uma das pesquisas em andamento do grupo Extramuros possui o tema "*Accountability* e jurisprudência do Supremo Tribunal Federal: estudo empírico de variáveis institucionais e a estrutura das decisões" e conta com financiamento do

---

[1] Para conferir as monografias produzidas pelos alunos da Escola de Formação, ver http://sbdp.org.br/monografia.php. Cabe ressaltar que, neste ano de 2009, como reflexo da produção científica da Escola de Formação, a sbdp lançou o livro *Jurisprudência constitucional: como decide o STF?*, organizado pelos professores Diogo R. Coutinho e Adriana M. Vojvodic (São Paulo: Malheiros, 2009). O livro contém artigos escritos por ex-alunos da Escola de Formação nos temas interpretação constitucional, controle de constitucionalidade, artigos históricos, direito econômico, direitos sociais, direito administrativo e direitos fundamentais.

CNPq. Esta pesquisa pretende mapear e analisar o modo como decidem os ministros do Supremo Tribunal Federal (STF), com o objetivo de produzir informações sobre o funcionamento do tribunal, permitindo maior *accountability* e maior controle social do processo de interpretação constitucional. O recorte metodológico escolhido para analisar neste trabalho são as variáveis internas à decisão, que correspondem a elementos que podem ser identificados por meio da leitura e análise meticulosa de decisões do tribunal. Supõe-se que tais variáveis interfiram na estruturação dos julgamentos influenciando, por exemplo, a origem dos argumentos utilizados nas decisões (uso de precedentes, recurso à doutrina, estudos científicos, matérias jornalísticas, etc.).

Em 2009, a SBDP venceu um edital do Projeto Pensando o Direito, da Secretaria de Assuntos Legislativos do Ministério da Justiça (SAL/MJ), e desenvolveu a pesquisa "Controle de Constitucionalidade dos atos do Poder Executivo" onde foram identificados todos os atos normativos de iniciativa do Executivo federal, cuja constitucionalidade foi questionada perante o STF por via do controle concentrado.

Além desses grupos permanentes de pesquisa, a SBDP funcionou diversas vezes como centro que congregou professores e pesquisadores para o desenvolvimento de pesquisas aplicadas. Como exemplos desses trabalhos podem ser mencionados: Comunidades Quilombolas: Direito à Terra, Parcerias Público-Privadas, As Leis de Processo Administrativo e Direito Global.

APÊNDICE II – Equipe de Pesquisa

Fabricio Antonio Cardim de Almeida (Coordenador) é bacharel em direito (2005) e mestre em Direito do Estado (2009) pela Universidade de São Paulo. Foi aluno (2002) da Escola de Formação na SBDP e, desde 2006, ministra aulas, orienta alunos, participa em bancas de defesa de monografias de conclusão de curso de alunos da Escola de Formação, e desenvolve atividades de estudo e pesquisa na SBDP. Atua profissionalmente como advogado nas áreas de direito econômico e defesa da concorrência. É membro de diversos grupos representativos do setor e participa ativamente de fóruns nacionais e internacionais de discussão sobre o assunto (Comissão de Estudos da Concorrência e Regulação Econômica da OAB/SP, Grupo de Estudos de Direito Concorrencial da FIESP/CIESP, Comitê de Concorrência e Relações de Consumo do CESA, "Grupo SBDC" da Força Tarefa de "Marcos Regulatórios" da Amcham, *Antitrust Committee* e *Global Forum for Competition and Trade Policy* da *International Bar Association* (IBA), e *non-governmental advisor* da *International Competition Network* (ICN). E-mail: fcardim@pn.com.br. Currículo Lattes: <http://lattes.cnpq.br/5504813636188730>.

Fernanda Elias Zaccarelli Salgueiro, bacharel em Direito pela Pontifícia Universidade Católica de São Paulo (2008). Graduanda em Filosofia pela Universidade de São Paulo. Foi aluna da Escola de Formação junto à SBDP, com a monografia *Os argumentos dos ministros do STF ao analisarem o poder de polícia contra prostitutas* (2008). Estagiou junto ao Ministério Público Federal, na área de Direitos do Consumidor e Ordem Econômica. Realizou pesquisas de iniciação científica e de extensão financiadas pelo CEPE-PIBIC e pelo CNPq. E-mail: fernanda_sal@yahoo.com.br. Currículo Lattes: <http://lattes.cnpq.br/8462633948884863>.

Flávio Beicker Barbosa de Oliveira, bacharel em Direito (2009) e mestrando em Direito do Estado (2010-2012) pela Universidade de São Paulo. Participou de programa de intercâmbio acadêmico na Faculdade de Direito da Universidade de Munique, Alemanha (2006), com financiamento do Serviço Alemão de Intercâmbio Acadêmico (DAAD). Ex-aluno da Escola de Formação (SBDP), com a monografia *O Supremo Tribunal Federal e a dimensão temporal de suas decisões: a modulação de efeitos e a tese da nulidade dos atos normativos inconstitucionais* (2008). Bolsista de iniciação científica junto à FAPESP (2008-2009). E-mail: fbeicker@hotmail.com. Currículo Lattes: <http://lattes.cnpq.br/9405664733963625>.

Ligia Lamana Batochio, bacharel em Direito pela Universidade Presbiteriana Mackenzie (2010). Foi aluna da Escola de Formação junto à Sociedade Brasileira de Direito Público (SBDP), com a monografia *A interpretação do Supremo Tribunal Federal quanto aos efeitos da decisão no mandado de injunção* (2007). Estagiou em escritório de advocacia na área de Direito Regulatório Administrativo e Concorrencial (2008-2009) e no Ministério Público Estadual, na área de Patrimônio Público (2010). Publicou o artigo: "A interpretação do Supremo Tribunal Federal quanto aos efeitos da decisão no mandado de injunção", in: COUTINHO, Diogo R.; VOJVODIC, Adriana M. (Org.). *Jurisprudência constitucional*: como decide o STF?. São Paulo: Malheiros, 2009. E-mail: batochio@gmail.com. Lattes: <http://lattes.cnpq.br/8020631697361466>.

Mariana Ferreira Cardoso da Silva, bacharel em Direito pela Universidade de São Paulo (2010). Participou de programa de intercâmbio do *Center of Transnational Legal Studies*, promovido pela *Georgetown University* (2008/2009), e do programa de intercâmbio do Conselho de Administrativo de Defesa Econômica (PinCADE 2008). Ex-aluna da Escola de Formação da Sociedade Brasileira de Direito Público (2007) com a monografia *O STF como instituição contra-majoritária: uma análise empírica de decisões de Direito Eleitoral*. Desenvolveu pesquisa de iniciação científica com apoio do CNPq/Reitoria-USP. Estagiou junto ao Ministério Público de São Paulo (2007). E-mail: marianafcs@usp.br. Currículo Lattes: <http://lattes.cnpq.br/5579192756306304>.

RECURSOS TRANSITADOS EM JULGADO

(continua)

DADOS DO RECURSO

Número do CASO (Fichas Qualitativas)	Tribunal de origem	Órgão Julgador	Tipo de recurso	Número do Processo	Polo Ativo do recurso	Polo Passivo do recurso	Data de autuação nessa instância	Objeto (questão discutida no recurso)	Resultado final do recurso	Decisão PRÓ ou CONTRA o CADE?	Data da publicação da decisão dessa instância	Observações
1	TRF 1	Oitava Turma	Apelação em Mandado de Segurança	2001.34.00.011540-2	Master Sistemas Automotivos Ltda / TRW Automotive South America S/A	CADE	2/16/2005	mérito processual - momento de incidência do dever de comunicação no prazo de 15 dias	Improvida	Pró	10/19/2007	
2	TRF 1	Sétima Turma	Apelação em Mandado de Segurança	2001.34.00.018763-6	Embraer Empresa Brasileira de aeronáutica AS; Companhia Bozano Simonsen; Fundação Sistel de Seguridade Social; Previ-Caixa de Previdência dos funcionários do Banco do Brasil	CADE	2/14/2003	mérito processual - momento de incidência do dever de comunicação no prazo de 15 dias	Improvida	Pró	5/11/2007	
3	TRF 1	Sexta Turma	Apelação em Mandado de Segurança	2002.34.00.007525-4	CADE	Cia Paulista de Força e Luz e AELO - Associação de Empresas de Loteamento e Desenvolvimento Urbano do Estado de São Paulo	3/1/2004	mérito processual - discricionariedade na celebração de TCC	Improvida	Contra	9/24/2007	

Revisão Judicial das Decisões do Conselho Administrativo de Defesa Econômica (CADE) – Pesquisa Empírica e Aplicada sobre os Casos Julgados pelos Tribunais Regionais Federais (TRFs), Superior Tribunal de Justiça (STJ) e Supremo Tribunal Federal (STF)

DADOS DO RECURSO

Número do CASO (Fichas Qualitativas)	Tribunal de origem	Órgão Julgador	Tipo de recurso	Número do Processo	Polo Ativo do recurso	Polo Passivo do recurso	Data de autuação nessa instância	Objeto (questão discutida no recurso)	Resultado final do recurso	Decisão PRÓ ou CONTRA o CADE?	Data da publicação da decisão dessa instância	Observações
4a	TRF 1	Oitava Turma	Apelação Cível	2002.34.00.004517-6/DF	Sonaeimo Empreendimentos Comerciais Ltda e Enplanta Engenharia Ltda	CADE	2/3/2004	Auto de infração lavrado para cobrar multa aplicada pelo CADE em razão da intempestividade da comunicação da operação de associação entre SONAE e EMPLANTA ENGENHARIA LTDA.	Provido	Contra	28/07/2006	"Interpretação equivocada do CADE quanto à data para início do prazo de intempestividade"
4b	STJ	Primeira Turma	Recurso Especial	984249/DF	CADE	Sonaeimo Empreendimentos Comerciais Ltda e Enplanta Engenharia Ltda	9/5/2007	Reforma do acórdão que julgou tempestiva a comunicação, nos termos da lei, que se sobreporia à regulamentação da questão pelo CADE (hierarquia de normas).	Provido	Pró	6/29/2009	"A intempestividade da comunicação é infração formal, e independe da legitimidade da documentação posteriormente apresentada, ainda que a operação venha a ser aprovada pelo CADE."
5	TRF 1	Oitava Turma	Apelação Cível	2003.34.00.021253-6/DF	CADE	DURR Brasil Ltda e Schenck do Brasil Indústria e Comércio Ltda.	24/02/2006	Multa por intempestividade, aplicada no julgamento de Ato de Concentração	Improvido	Contra	7/13/2007	"Irrazoável e desproporcional a aplicação da multa por comunicação intempestiva quando a operação foi aprovada sem restrições pelo CADE" - "Ato submetido previamente ao CADE, antes do fechamento da operação, não há por que exigir comunicação posterior à celebração do negócio"

Número do CASO (Fichas Qualitativas)	Tribunal de origem	Órgão Julgador	Tipo de recurso	Número do Processo	Polo Ativo do recurso	Polo Passivo do recurso	Data de autuação nessa instância	Objeto (questão discutida no recurso)	Resultado final do recurso	Decisão PRÓ ou CONTRA o CADE?	Data da publicação da decisão dessa instância	Observações
6	TRF 1	Quinta Turma	Apelação em Mandado de Segurança	2003.34.00.022475-3/DF	TELELIS-TAS LTDA / LISTEL - LISTAS TELEFÔNICAS LTDA, Telemar Norte Leste S/A e Telelistas (Região 1) Ltda.	CADE	7/7/2004	Decisão administrativa cautelar, para suspender o uso de marca com exclusividade, por suposta infração à concorrência	Improvido	Pró	9/6/2007	"Presentes os requisitos que autorizam a tutela cautelar administrativa"
7	TRF 1	Sexta Turma	Apelação em Mandado de Segurança	2001.34.00.014888-4/DF	CADE	Total Fina Elf S/A e Petrofina S/A e Elf Aquitaine	6/26/2002	Multa por intempestividade, aplicada no julgamento de Ato de Concentração	Improvido	Contra	12/4/2002	"Interpretação equivocada do CADE quanto à data para início do prazo de intempestividade"
8	TRF 1	Quinta Turma	Apelação em Mandado de Segurança	1999.34.00.029156-5/DF	CADE	AGCO do Brasil Comércio e Ind. Ltda.	3/21/2002	Multa por intempestividade, aplicada no julgamento de Ato de Concentração	Improvido	Contra	12/19/2002	"Interpretação equivocada do CADE quanto à data para início do prazo de intempestividade"
9a	TRF 1	Terceira Turma Suplementar	Apelação em Mandado de Segurança	1999.01.00.059757-6/DF	Sindicato dos Laboratórios de Pesquisa e Análises Clínicas de Brasília	CADE	7/5/1999	Processo administrativo que apurou a prática de infração à ordem econômica (aplicação de tabela de honorários médicos) e aplicou sanções ao administrado (multa).	Provido	Contra	1/28/2002	"A simples recomendação para que se utilize tabela de honorários médicos não constitui prática anticoncorrencial vedada pelo art. 20, prevista no art. 21, II"
9b	STJ	Primeira Turma	Recurso Especial	467222/DF	CADE	Sindicato dos Laboratórios de Pesquisas e Análises Clínicas de Brasília	10/2/2002	Reforma do acórdão do TRF, que refutou a ocorrência de violação à ordem econômica na conduta da parte, que apenas recomenda o uso da tabela unificada de honorários.	Não conhecido	Não Aplicável	8/4/2003	"Fundamentação insuficiente da legislação federal supostamente violada."

(continua)

DADOS DO RECURSO

Número do CASO (Fichas Qualitativas)	Tribunal de origem	Órgão Julgador	Tipo de recurso	Número do Processo	Polo Ativo do recurso	Polo Passivo do recurso	Data de autuação nessa instância	Objeto (questão discutida no recurso)	Resultado final do recurso	Decisão PRÓ ou CONTRA o CADE?	Data da publicação da decisão dessa instância	Observações
10a	TRF 1	Sexta Turma	Apelação em Mandado de Segurança	2005.34.00.032899-7/DF	Companhia Vale do Rio Doce	CADE	18/04/2006	Restrição descrita no item 'a' da conclusão do julgado do CADE, relacionada ao exercício do direito de preferência sobre a comercialização do minério excedente extraído da Mina da Casa de Pedra, relativamente ao mercado internacional. Discussão se deveria prevalecer, no caso, tão somente, a decisão unânime que limitou a restrição em referência às operações do mercado interno; quórum para a imposição daquela medida	Improvido	Pró	30/04/2007	Houve questão de ordem envolvendo a convocação de uma Desembargadora para a composição do quórum da Turma do TRF1; Foi interposto agravo de instrumento no dia 20.06.07 pelo agente econômico
10b	STJ	Segunda Turma	Recurso Especial	966930 / DF	Companhia Vale do Rio Doce	CADE	7/3/2007	Voto de Minerva. Violação ao art. 8°, II, da Lei 8.884/94, sob o argumento de que este dispositivo não autoriza que a Presidência da autarquia cumule o voto vogal com o voto de qualidade.	Improvido	Pró	9/12/2007	
10c	STF	Primeira Turma	Recurso Extraordinário (Agravo Regimental no Agravo de I...	682486/DF	Companhia Vale do Rio Doce	CADE	14/09/2007	Voto de Minerva da Presidente do CADE. Cumulação do voto vogal com o voto de qualidade.	Não conhecido	Não Aplicável	15/02/2008	

DADOS DO RECURSO

Número do CASO (Fichas Qualitativas)	Tribunal de origem	Órgão Julgador	Tipo de recurso	Número do Processo	Polo Ativo do recurso	Polo Passivo do recurso	Data de autuação nessa instância	Objeto (questão discutida no recurso)	Resultado final do recurso	Decisão PRÓ ou CONTRA o CADE?	Data da publicação da decisão dessa instância	Observações
11	TRF 1	Oitava Turma	Apelação em Mandado de Segurança	2000.34.00.007656-9/DF	Unimed – Cooperativas de Trabalho Médico em Criciúma, Blumenau, Chapecó, Unimed Litoral, Unimed do Estado de Santa Catarina (Federação Estadual das Cooperativas Médicas), Jaraguá do Sul. Lages, Joinville, Tubarão e Florianópolis.	CADE	9/28/2001	Legalidade do estabelecimento estatutário de cláusula de exclusividade médica (art. 3º do Estatuto); competência e poder do CADE; discussão constitucional em obrigações entre particulares	Improvido	Pró	3/8/2005	Foram admitidos Resp e Rex.
12	TRF 1	Sexta Turma	Apelação em Mandado de Segurança	2000.34.00.007650-2/DF	UNIMED Santa Catarina/Federação Estadual das Coperativas Médicas	CADE	7/30/2001	Suspensão da multa aplicada em razão da aplicação de cláusula de exclusividade aos médicos cooperados.	Improvido	Pró	12/4/2002	
13	TRF 1	Oitava Turma	Apelação em Mandado de Segurança	2000.34.00.007658-4	Unimed Lages	CADE	3/8/2002	Anulação das multas impostas pelo CADE como decorrência da anulação da própria decisão do CADE por ausência de notificação dos patronos dos agentes econômicos	Improvido	Pró	12/11/2006	

(continua)

DADOS DO RECURSO

Número do CASO (Fichas Qualitativas)	Tribunal de origem	Órgão Julgador	Tipo de recurso	Número do Processo	Polo Ativo do recurso	Polo Passivo do recurso	Data de autuação nessa instância	Objeto (questão discutida no recurso)	Resultado final do recurso	Decisão PRÓ ou CONTRA o CADE?	Data da publicação da decisão dessa instância	Observações
14	TRF 1	Sexta Turma	Apelação em Mandado de Segurança	2000.34.00.007653-0	Unimed Joinville	CADE	6/11/2002	Anulação das multas impostas pelo CADE como decorrência da anulação da própria decisão do CADE por ausência de notificação dos patronos dos agentes econômicos (cerceamento de defesa), bem como pela não caracterização de violação à ordem econômica	Improvido	Pró	4/14/2003	Embargos de declaração denegados por unanimidade em 10/3/2003, acórdão publicado em 24/3/2003
15a	TRF 1	Terceira Turma Suplementar	Apelação em Mandado de Segurança	1998.01.00.014517-7/DF	CADE	Associação Médica de Brasília - AMBR	3/17/1998	Legitimidade ativa do CADE; direito líquido e certo; legalidade e constitucionalidade da tabela de preços mínimos de serviços médicos	Improvido	Contra	1/16/2003	
15b	STJ	Primeira Turma	Recurso Especial	663179/DF	CADE	Associação Médica de Brasília - AMBR	8/23/2004	Reforma do acórdão que julgou ilícita a utilização de tabela de preços de honorários médicos elaborada pelo CFM.	Não conhecido	Não Aplicável	2/28/2005	"Ausência de prequestionamento da matéria. Ainda que prequestionada, o acórdão se manteria por outros fundamentos. Ausência de interesse de recorrer."
16	TRF 1	Sétima Turma	Apelação Cível	1999.34.00.005092-2/DF	CADE	Laboratórios Clínicos de Brasília Vacinas e Imunização S/C	4/12/2002	legalidade e constitucionalidade da tabela de preços mínimos de serviços médicos	Improvido	Contra	3/20/2009	

DADOS DO RECURSO

Número do CASO (Fichas Qualitativas)	Tribunal de origem	Órgão Julgador	Tipo de recurso	Número do Processo	Polo Ativo do recurso	Polo Passivo do recurso	Data de autuação nessa instância	Objeto (questão discutida no recurso)	Resultado final do recurso	Decisão PRÓ ou CONTRA o CADE?	Data da publicação da decisão dessa instância	Observações
17	TRF 1	Terceira Turma Suplementar	Apelação em Mandado de Segurança (Reexame Necessário)	1997.01.00.055315-7/DF	União Federal	Clip & Clipping Publicidade e Produções Ltda.	11/12/1997	Aplicação de multa do art. 24 no momento em que é instaurado o procedimento administrativo. Possibilidade de a empresa contratar com a Administração quando responde a processo no CADE.	Provimento	Pró	5/23/2002	
18	TRF 1	Sétima Turma	Apelação em Mandado de Segurança	2003.34.00.035203-5	Star One S/A e Alcatel	CADE	2/14/2005	Não há dados.	Desistência (Homologada)	Não Aplicável	10/19/2007	A data de julgamento é estipulativa, por falta de um dado preciso
19	TRF 1	Quinta Turma	Apelação em Mandado de Segurança	1999.34.00.030902-1	Unimed Blumenau	CADE	9/22/2000	Anulação da decisão do CADE e manutenção da cláusula de trabalho que veda a "dupla militância"	Improvido	Pró	4/7/2003	Embargos de declaração denegados por unanimidade em 25/08/2003, acórdão publicado em 26/09/2003
20	TRF 1	Quinta Turma	Apelação em Mandado de Segurança	2003.34.00.040126-4	Associação Médica de Londrina–AML e Hospital Infantil e Maternidade Sagrada Família.	CADE	1/28/2008	Anulação das penalidades impostas pelo CADE	Desistência	Não Aplicável	4/28/2009	

DADOS DO RECURSO

Número do CASO (Fichas Qualitativas)	Tribunal de origem	Órgão Julgador	Tipo de recurso	Número do Processo	Polo Ativo do recurso	Polo Passivo do recurso	Data de autuação nessa instância	Objeto (questão discutida no recurso)	Resultado final do recurso	Decisão PRÓ ou CONTRA o CADE?	Data da publicação da decisão dessa instância	Observações
21	TRF 1	Sexta Turma	Apelação em Mandado de Segurança	2002.34.00.015214-0	MICROSOFT INFORMÁTICA LTDA	CADE e SDE	12/9/2004	Garantir o direito à ampla defesa e ao contraditório em processo administrativo instaurado pelos impetrados para investigação de suposta prática de atos irregulares no mercado de produtos de informática.	As partes firmaram acordo extrajudicial que foi homologado em primeira instância. A apelação foi julgada extinta sem julgamento de mérito por perda de objeto.	Não Aplicável	8/10/2007	
22	TRF 1	Quinta Turma	Apelação em Mandado de Segurança	2004.34.00.026664-8	SÓ SOFTWARE INFORMÁTICA LTDA. (TBA INFORMÁTICA LTDA.)	CADE	9/5/2006	Exclusão do processo administrativo nº 08012.008024/98-49 da pauta de julgamento da 328ª Sessão Ordinária do CADE, bem como a suspensão do aludido processo e seus incidentes até a decisão final do presente mandado de segurança	As partes firmaram acordo extrajudicial.	Não Aplicável	1/17/2007	
23a	TRF 4	Quarta Turma	Apelação em Mandado de Segurança	2003.71.05.000040-2/RS	CADE	UNIMED MISSÕES SOC/ COOPERATIVA DE SERVICOS MÉDICOS LTDA	7/24/2006	Auto de infração lavrado para cobrar multa aplicada pelo CADE em razão de....	Improvido (mantida a sentença do MS)	Contra	3/5/2007	"Entendimento assentado do STJ, segundo o qual a cláusula de exclusividade do Cooperado não configura conduta ilícita ou anticoncorrencial."

Revisão Judicial das Decisões do Conselho Administrativo de Defesa Econômica (CADE) – Pesquisa Empírica e Aplicada sobre os Casos Julgados pelos Tribunais Regionais Federais (TRFs), Superior Tribunal de Justiça (STJ) e Supremo Tribunal Federal (STF)

DADOS DO RECURSO

Número do CASO (Fichas Qualitativas)	Tribunal de origem	Órgão Julgador	Tipo de recurso	Número do Processo	Polo Ativo do recurso	Polo Passivo do recurso	Data de autuação nessa instância	Objeto (questão discutida no recurso)	Resultado final do recurso	Decisão PRÓ ou CONTRA o CADE?	Data da publicação da decisão dessa instância	Observações
23b	STJ	Primeira Turma	Recurso Especial	988918/RS	CADE	UNIMED MISSÕES SOC/ COOPERATIVA DE SERVIÇOS MÉDICOS LTDA	9/19/2007	Reforma do acórdão do TRF, que refutou a ilegalidade e se-quer a existência de cláusula de exclusividade em contrato de adesão de cooperado para prestação de ser-viços médicos.	Não conhe-cido	Não Aplicável	8/5/2009	"Ainda que tenha afirmado que não há ilegalidade na cláusula de exclu-sividade, o acórdão recorrido tampouco reconhece a existência dessa cláusula no estatuto da recorrida."
23c	STJ	Primeira Turma	Recurso Especial	997867/RS	CADE	UNIMED MISSÕES SOC/ COOPERATIVA DE SERVIÇOS MÉDICOS LTDA	10/23/2007	Reforma do acórdão do TRF, que refutou a ilegalidade e se-quer a existência de cláusula de exclusividade em contrato de adesão de cooperado para prestação de ser-viços médicos.	Não conhe-cido	Não Aplicável	8/6/2009	"Ainda que tenha afirmado que não há ilegalidade na cláusula de exclu-sividade, o acórdão recorrido tampouco reconhece a existência dessa cláusula no estatuto da recorrida."
24a	TRF 4	Quarta Turma	Apelação Cível	2001.71.04.006654-7/RS	CADE	UNIMED REGIÃO DA PRODUÇÃO COOPERATIVA DE TRABALHO MÉDICO	12/1/2006		Improvida	Contra	7/23/2007	
24b	STJ	Decisão Monocrática do Relator Ministro Humberto Martins	Recurso Especial	1069166 / RS	CADE	UNIMED REGIÃO DA PRODUÇÃO COOPERATIVA DE TRABALHO MÉDICO	6/27/2008	Descabimento de discussão de matéria fática em sede de RESP	Não conhe-cido	Não Aplicável	11/14/2008	Aplicação da Súmula 7 do STJ. CADE pretende rediscussão de matéria fática. Houve apelação julgada no TRF 4 n° 2001.71.04.006654-7/RS
24c	STF	Decisão Monocrática Ministro Ricardo Lewandowisk	Recurso Extra-ordinário	602164-9 / RS	CADE	UNIMED REGIÃO DA PRODUÇÃO COOPERATIVA DE TRABALHO MÉDICO	8/13/2009	Descabimento de discussão de matéria fática em sede de RE	Não conhe-cido	Não Aplicável	2/24/2010	

(continua)

DADOS DO PROCESSO DE ORIGEM

Número do CASO (Fichas Qualitativas)	Vara de origem	Tipo de processo (ex: ação ordinária, MS, MC, etc.)	Número do processo de origem	Polo Ativo do processo de origem	Polo Passivo do processo de origem	Data de autuação na origem	Objeto (Questão discutida no processo. Ex: multa, mérito da condenação administrativa, etc.)	Resultado final na sentença	Decisão PRÓ ou CONTRA CADE?	Data de publicação da decisão na origem	Observação
1	4 VFDF	Mandado de Segurança	2001.34.00.011540-2	Master Sistemas Automotivos Ltda / TRW Automotive South America S/A	União Federal	4/18/2001	multa por intempestividade	Improcedente	Pró	2/26/2004	
2	20 VFDF	Mandado de Segurança	2001.34.00.018763-6	Embraer Empresa Brasileira de aeronáutica AS; Companhia Bozano Simonsen; Fundação Sistel de Seguridade Social; Previ-Caixa de Previdência dos funcionários do Banco do Brasil	União Federal	6/28/2001	multa por intempestividade	Improcedente	Pró	11/10/2002	
3	21 VFDF	Mandado de Segurança	2002.34.00.007525-4	Cia Paulista de Força e Luz	União Federal	3/25/2002	mérito processual - discricionariedade na celebração de TCAC	Procedente	Contra	11/7/2003	
4a	17 VFDF	Procedimento Ordinário	2002.34.00.004517-6/DF	SONAEIMO EMPREENDIMENTOS COMERCIAIS LTDA	CADE	25/02/2002	Auto de infração lavrado para cobrar multa aplicada pelo CADE em razão da intempestividade da comunicação da operação de associação entre SONAE e EMPLANTA ENGENHARIA LTDA.	Improcedente	Pró	27/06/2003	
4b											
5	7 VFDF	Procedimento Ordinário	2003.34.00.021253-6/DF	DURR Brasil Ltda	CADE	25/06/2003	Multa por intempestividade, aplicada no julgamento de Ato de Concentração	Procedente	Contra	8/7/2005	
6	15 VFDF	Mandado de Segurança	2003.34.00.022475-3/DF	TELELISTAS LTDA / LISTEL - LISTAS TELEFÓNICAS LTDA	CADE	2/7/2003	Decisão administrativa cautelar, para suspender o uso da marca com exclusividade, por suposta infração à concorrência	Improcedente	Pró	11/3/2004	Pedido de liminar indeferido
7	5 VFDF	Mandado de Segurança	200134000148884/DF	Total Fina Elf S/A e Petrofina S/A	CADE	5/21/2001	Multa por intempestividade, aplicada no julgamento de Ato de Concentração	Procedente	Contra	2/28/2002	

DADOS DO PROCESSO DE ORIGEM

Número do CASO (Fichas Qualitativas)	Vara de origem	Tipo de processo (ex: ação ordinária, MS, MC, etc.)	Número do processo de origem	Polo Ativo do processo de origem	Polo Passivo do processo de origem	Data de autuação na origem	Objeto (Questão discutida no processo. Ex: multa, mérito da condenação administrativa, etc.)	Resultado final na sentença	Decisão PRÓ ou CONTRA CADE?	Data de publicação da decisão na origem	Observação
8	1 VFDF	Mandado de Segurança	199934000291565/DF	AGCO do Brasil Comércio e Ind. Ltda.	CADE	9/21/1999	Multa por intempestividade, aplicada no julgamento de Ato de Concentração. Aplicada no valor mínimo.	Procedente	Contra	11/20/2001	Fixou o valor da multa no mínimo legal.
9a	2 VFDF	Mandado de Segurança	96.00.20841-7/DF	Sindicato dos Laboratórios de Pesquisa e Análises Clínicas de Brasília	CADE	10/18/1996	Processo administrativo que apurou a prática de infração à ordem econômica (aplicação de tabela de honorários médicos) e aplicou sanções ao administrado (multa).	Improcedente	Pró	1/18/1999	Pedido de liminar indeferido
9b											
10a	20 VFDF	Mandado de Segurança	2005.34.00.032899-7/DF	Companhia Vale do Rio Doce	CADE	7/11/2005	Restrição descrita no item 'a' da conclusão do julgado do CADE, relacionada ao exercício do direito de preferência sobre a comercialização do minério excedente extraído da Mina da Casa de Pedra, relativamente ao mercado internacional Discussão se deveria prevalecer, no caso, tão somente, a decisão unânime que limitou a restrição em referência às operações do mercado interno; quórum para a imposição daquela medida. Violação ao art. 8°, II, da Lei 8.884/94, sob o argumento de que este dispositivo não autoriza que a Presidência da autarquia cumule o voto vogal com o voto de qualidade. Voto de Minerva da Presidente do CADE. Cumulação do voto vogal com o voto de qualidade.	Improcedente	Pró	9/2/2006	
10b											
10c											

(continua)

DADOS DO PROCESSO DE ORIGEM

Número do CASO (Fichas Qualitativas)	Vara de origem	Tipo de processo (ex: ação ordinária, MS, MC, etc.)	Número do processo de origem	Polo Ativo do processo de origem	Polo Passivo do processo de origem	Data de autuação na origem	Objeto (Questão discutida no processo. Ex: multa, mérito da condenação administrativa, etc.)	Resultado final na sentença	Decisão PRÓ ou CONTRA CADE?	Data de publicação da decisão na origem	Observação
11	17 VFDF	Mandado de Segurança	2000340000765-9/DF	Unimed – Cooperativas de Trabalho Médico em Criciúma, Blumenau, Chapecó, Unimed Litoral, Unimed do Estado de Santa Catarina (Federação Estadual das Cooperativas Médicas), Jaraguá do Sul, Lages, Joinville, Tubarão e Florianópolis.	CADE	3/30/2000	Legalidade do estabelecimento de cláusula de exclusividade médica	Improcedente	Pró	4/18/2001	Tem também o Mandado de Segurança, o de n° 1999.34.00.030902-1
12	16 VFDF	Mandado de Segurança	2000340000765502/DF	UNIMED Santa Catarina/Federação Estadual das Cooperativas Médicas	CADE	3/30/2000	Suspensão da multa aplicada em razão da aplicação de cláusula de exclusividade aos médicos cooperados.	Improcendente	Pró	8/22/2005	
13	17 VFDF	Mandado de Segurança	2000.34.00.007658-4	Unimed Lages	CADE	3/30/2000	Anulação das multas impostas pelo CADE como decorrência da anulação da própria decisão do CADE por ausência de notificação dos patronos dos agentes econômicos	Improcedente	Pró	7/17/2001	
14	8 VFDF	Mandado de Segurança	2000.34.00.007653-0	Unimed Joinville	CADE	3/30/2000	Legitimidade ativa do CADE; direito líquido e certo; legalidade e constitucionalidade da tabela de preços mínimos de serviços médicos	Improcedente	Pró	2/13/2001	
15a	4 VFDF	Mandado de Segurança	1997.34.000126385	Associação Médica de Brasília - AMBR	CADE	5/6/1997	Competência do CADE; constitucionalidade e legalidade de tabela de honorários médicos mínimos	Procedente	Contra	5/13/2005	"Provável publicação". - data da decisão de 1ª instância
15b											

DADOS DO PROCESSO DE ORIGEM

Número do CASO (Fichas Qualitativas)	Vara de origem	Tipo de processo (ex: ação ordinária, MS, MC, etc.)	Número do processo de origem	Polo Ativo do processo de origem	Polo Passivo do processo de origem	Data de autuação na origem	Objeto (Questão discutida no processo. Ex: multa, mérito da condenação administrativa, etc.)	Resultado final na sentença	Decisão PRÓ ou CONTRA CADE?	Data de publicação da decisão na origem	Observação
16	19 VFDF	Execução de título extrajudicial	1999.34.00.005092-2/DF	CADE	Laboratórios Clínicos de Brasília Vacinas e Imunização S/C	3/10/1999	legalidade e constitucionalidade da tabela de preços mínimos de serviços médicos	Improcedente	Contra	Não Aplicável	
17	7 VFDF	Procedimento Ordinário	9500166402/DF	Clips & Clipping Publicidade e Produções LTDA	CADE	10/19/1995	Licitude da aplicação das penas do artigo 24, da Lei nº 8.884/94, no ato de instauração do processo administrativo.	Parcialmente Procedente	Contra	7/24/1997	
18	15 VFDF	Mandado de Segurança	2003.34.00.035203-5	Star One S/A e Alcatel	CADE	10/13/2003	Não há dados.	Improcedente	Pró	2/11/2004	
19	21 VFDF	Mandado de Segurança	1999.34.00.030902-1	Unimed Blumenau	CADE	10/7/1999	Anulação da decisão do CADE e manutenção da cláusula de trabalho que veda a "dupla militância"	Improcedente	Pró	6/23/2000	
20	8 VFDF	Mandado de Segurança	2003.34.00.040126-4	Associação Médica de Londrina–AML e Hospital Infantil e Maternidade Sagrada Família.	CADE	11/21/2003	Anulação das penalidades impostas pelo CADE	Improcedente	Pró	12/6/2005	Embargos de Declaração rejeitados (16/05/2006)
21	14 VFDF	Mandado de Segurança	2002.34.00.015214-0	MICROSOFT INFORMÁTICA LTDA	CADE e SDE	5/29/2002	Garantir o direito à ampla defesa e ao contraditório em processo administrativo instaurado pelos impetrados para investigação de suposta prática de atos irregulares no mercado de produtos de informática.	Parcialmente procedente, porém após a sentença as partes firmaram acordo extrajudicial.	Pró	12/3/2003	
22	17 VFDF	Mandado de Segurança	2004.34.00.026664-8	SÓ SOFTWARE INFORMÁTICA LTDA. (TBA INFORMÁTICA LTDA.)	CADE	8/24/2004	Exclusão do processo administrativo nº 08012.008024/98-49 da pauta de julgamento da 328ª Sessão Ordinária do CADE, bem como a suspensão do aludido processo e seus incidentes até a decisão final do presente mandado de segurança	Improcedente	Pró	6/29/2005	

DADOS DO PROCESSO DE ORIGEM

Número do CASO (Fichas Qualitativas)	Vara de origem	Tipo de processo (ex: ação ordinária, MS, MC, etc.)	Número do processo de origem	Polo Ativo do processo de origem	Polo Passivo do processo de origem	Data de autuação na origem	Objeto (Questão discutida no processo. Ex: multa, mérito da condenação administrativa, etc.)	Resultado final na sentença	Decisão PRÓ ou CONTRA CADE?	Data de publicação da decisão na origem	Observação
23a	1 VF de Santo Ângelo	Procedimento Ordinário	2003.71.05.000040-2/RS	UNIMED MISSÕES SOC/ COOPERATIVA DE SERVIÇOS MÉDICOS LTDA	CADE	1/7/2002	Declaração de nulidade do procedimento administrativo, pois a prática não configura ilegalidade. CADE condenado a pagamento de multa por ausência de fundamentação do ato administrativo.	Procedente	Contra	3/30/2006	
23b											
23c											
24a	1 VFRS	Procedimento Ordinário	2001.71.04.006654-7	UNIMED REGIÃO DA PRODUÇÃO COOPERATIVA DE TRABALHO MÉDICO	CADE	12/6/2001	Irregularidades e ilegalidades formais do processo administrativo no CADE	Procedente	Contra	12/13/2005	LINK JFRS: http://www.jfrs.gov.br/processos/acompanhamento/resultado_pesquisa.php?txtValor=20 0171040066547&sel Origem=RS&chkMo strarBaixados=&to dasfases=S&selFo rma=NU&todaspart es=&hdnRefId=&txt PalavraGerada=
24b											
24c											

		DADOS GERAIS							ANÁLISE QUALITATIVA DOS ACÓRDÃOS JUDICIAIS			
Número do CASO (Fichas Qualitativas)	P.A. / A.C.	Nº	Conduta/ Estrutura (especificar com os dados concretos do caso)	Fundamento legal (artigos 54 ou 21/20 e incisos)	Setor econômico - Classificação Geral (Resolução do CADE)	Setor econômico - Subclassificação (se houver)	Observações2		Houve julgamento do mérito judicial?	Houve revisão da decisão do CADE? (S/N)	A revisão foi no mérito ou na forma da decisão do CADE?	Observações3
1	A.C.	08012.003411/1999-89	Multa por intempestividade da comunicação da operação ao CADE	Art. 54	21 - Indústria Automobilística e de Transportes	06 - Freios e Componentes			Sim	Não		
2	A.C.	08012.011548/1999-99	Multa por intempestividade da comunicação da operação ao CADE	Art. 54	21 -Transporte	13 - Aviões e Componentes			Sim	Não		
3	P.A.	08012.008506/1998-90	Não há dado.	Artigo 20, incisos I, II, III e IV c/c artigo 21 incisos IV, V, XII, XIV e XXIV	26 - Serviços essenciais e de Infraestrutura	2- Energia elétrica			Sim	Sim	Mérito e Forma	
4a	A.C.	08012.000250/2000-41	Multa por intempestividade da comunicação da operação ao CADE	Art. 54, § 5ª	22 - Construção civil				Sim	Sim	Mérito	Interpretação equivocada quanto ao início do prazo para comunicação do ato de concentração.
4b									Sim	Não	-	Mantida a aplicação da multa por intempestividade da comunicação do ato de concentração.
5	A.C.	08012.006735/2000-01	Multa por intempestividade da comunicação da operação ao CADE	Art. 54, § 5ª	17 - Indústria mecânica				Sim	Sim	Mérito	Ato comunicado anteriormente à realização da operação. Além disso, operação foi aprovada pelo CADE.
6	P.A.	08700.003431/2001-31	Medida Preventiva Aplicada.	Não Aplicável	26 - Serviços essenciais e de Infraestrutura	05 - Telecomunicações			Sim	Não	-	Presentes os requisitos que autorizam a decisão administrativa cautelar.
7	A.C.	08012.002161/2000-93	Multa por intempestividade da comunicação da operação ao CADE	Art. 54, § 5ª	08 - Combustíveis	23 - Comércio atacadista			Sim	Sim	Mérito	Ato comunicado anteriormente à realização da operação.

DADOS GERAIS								ANÁLISE QUALITATIVA DOS ACÓRDÃOS JUDICIAIS			
Número do CASO (Fichas Qualitativas)	P.A. / A.C.	Nº	Conduta/ Estrutura (especificar com os dados concretos do caso)	Fundamento legal (artigos 54 ou 21/20 e incisos)	Setor econômico - Classificação Geral (Resolução do CADE)	Setor econômico - Subclassificação (se houver)	Observações2	Houve julgamento do mérito judicial?	Houve revisão da decisão do CADE? (S/N)	A revisão foi no mérito ou na forma da decisão do CADE?	Observações3
8	A.C.	117/1997	Multa por intempestividade da comunicação da operação ao CADE	Art. 54, § 5ª	09 - Fumo			Sim	Sim	Mérito	Ato comunicado anteriormente à realização da operação.
9a	P.A.	155/1994	Aplicação de tabela de honorários médicos	Art. 21, II, c/c Art. 20	27 - Serviços Gerais	02 - Serviços Médicos		Sim	Sim	Mérito	Recomendação para uso da tabela de honorários não configura conduta anticoncorrencial.
9b								Não	-	-	
10a	A.C.	08012.005226/2000-88 e 08012.005250/2000-17	"Refere-se à compra, por parte da Listel e da Eletron, da totalidade das ações de emissão da Valepar"	Não disponível	01 - Extração mineral	03 - Minérios ferrosos	Há menções de vários outros procedimentos, inclusive do de número 08012.005250/2000-17, que envolveu o setor de indústrias metalúrgicas e siderúrgicas em processo de conduta.	Sim	Não	-	Manteve a decisão do CADE; Resp também entrou no mérito judicial e administrativo
10b								Sim	Não	-	
10c								Não	-	-	Não analisou.

Número do CASO (Fichas Qualitativas)	P.A. / A.C.	Nº	Conduta/ Estrutura (especificar com os dados concretos do caso)	Fundamento legal (artigos 54 ou 21/20 e incisos)	Setor econômico - Classificação Geral (Resolução do CADE)	Setor econômico - Subclassificação (se houver)	Observações2	Houve julgamento do mérito judicial?	Houve revisão da decisão do CADE? (S/N)	A revisão foi no mérito ou na forma da decisão do CADE?	Observações3
11	P.A.	08000.020239/94-25	Cláusula de exclusividade imposta aos médicos cooperados (unimilitância)	20, I; 21, IV, VI	27 - Serviços Gerais	02 - Serviços Médicos	15.12.99 - O Plenário, por unanimidade, caracterizou a conduta das representadas Unimed - Cooperativas de Trabalho Médico - de Criciúma, Blumenau, Chapecó, Jaraguá do Sul, Lages, Joinville, Tubarão, Florianópolis, Litoral e Unimed do Estado de Santa Catarina (Federação Estadual das Cooperativas Médicas), como infrativa à ordem econômica, nos termos dos artigos 20, incisos I, II e IV e 21, incisos IV, V e VI da Lei 8884/94, determinando: (a) a aplicação, a cada representada, de multa no valor de 60.000 UFIR, equivalente a R$ 58.620,00 (cinquenta e oito mil, seiscentos e vinte reais), (b) a aplicação de multa em dobro, em caso de reincidência da prática infrativa, nos termos do parágrafo único do artigo 23, (c) que cada representada, nos termos do artigo 24, inciso I, divulgue aos seus associados e aos consumidores o teor desta decisão, (d) que cada representada comprove perante o CADE o cumprimento destas determinações, no prazo de trinta dias da publicação do acórdão desta decisão, sob pena de aplicação de multa diária, nos termos do artigo 25 da Lei 8884/94, no valor de 6.000 UFIR, equivalente a R$ 5.820,00 (cinco mil, oitocentos e vinte reais), e (e) o envio de cópia da íntegra dos autos ao Ministério Público do Estado de Santa Catarina. 18.04.01 - O Tribunal, por unanimidade, condenou cada uma das Representadas ao pagamento de multa no valor de R$ 63.846,00, além de outras cominações, nos termos do voto do Relator	Sim	Não	-	Modificou decisão do CADE; O Resp não adentrou o mérito judicial; RE a que se negou seguimento

DADOS GERAIS								ANÁLISE QUALITATIVA DOS ACÓRDÃOS JUDICIAIS			
Número do CASO (Fichas Qualitativas)	P.A. / A.C.	Nº	Conduta/ Estrutura (especificar com os dados concretos do caso)	Fundamento legal (artigos 54 ou 21/20 e incisos)	Setor econômico - Classificação Geral (Resolução do CADE)	Setor econômico - Subclassificação (se houver)	Observações2	Houve julgamento do mérito judicial?	Houve revisão da decisão do CADE? (S/N)	A revisão foi no mérito ou na forma da decisão do CADE?	Observações3
12								Sim	Não	-	Última decisão com mérito está no TRF, mantendo decisão do CADE; AI 572423 do STJ (em razão de interposição inadmitida de REsp): não conhecido por falta de prequestionamento, fundamentos apenas constitucionais, matéria fática; AgReg em AI 520063 do STF (em razão de não admissão de interposição de RE) não conhecido por falta de peças necessárias
13								Não	-	-	Entendeu-se prejudicado o recurso
14								Sim	Não	-	Manteve a decisão do CADE. O Resp não admitido originou o AI 573033, a que o STJ negou seguimento. O TRF não admitiu RE, decisão agravada pelo AI 528924, a que se negou seguimento (AgReg também negado por unanimidade).

DADOS GERAIS								ANÁLISE QUALITATIVA DOS ACÓRDÃOS JUDICIAIS			
Número do CASO (Fichas Qualitativas)	P.A. / A.C.	Nº	Conduta/ Estrutura (especificar com os dados concretos do caso)	Fundamento legal (artigos 54 ou 21/20 e incisos)	Setor econômico - Classificação Geral (Resolução do CADE)	Setor econômico - Subclassificação (se houver)	Observações2	Houve julga- mento do mérito judicial?	Houve revisão da decisão do CADE? (S/N)	A revisão foi no mé- rito ou na forma da decisão do CADE?	Observações3
15a	P.A.	156/94 APENSO 08000.010318/1994-73	Cuida a espécie de denúncia formulada contra entidades que congregam empresas, profis- sionais do ramo de saúde, bem assim empresas prestadoras de serviço do mes- mo segmento, por veementes indícios de violação ao art. 3º, alínea I e XV da lei nº 8.158, de 08 de janeiro de 1991. Adoção de uma tabela única para cobrança de honorários médicos (THM); unimilitância.	art. 3º, I, XV e XVII da Lei 8158/91	27 - Serviços Gerais	02 - Serviços Médicos		Sim	Sim	Mérito	Modificou decisão do CADE; O Resp 663179 foi admitido pelo TRF, mas não recebido pelo STJ
15b								Não	-	-	
16	P.A.	165/94	Negativa de atendimento a usuários de convênios médicos que não adotassem a tabela de hono- rários médicos da Associação Médica Brasileira de 1992	3º, I e XVII da Lei 8158 de 91	27 - Serviços Gerais	02 - Serviços Médicos		Sim	Sim	Mérito	Modificou decisão do CADE.

(continua)

Número do CASO (Fichas Qualitativas)	P.A./A.C.	Nº	Conduta/Estrutura (especificar com os dados concretos do caso)	Fundamento legal (artigos 54 ou 21/20 e incisos)	Setor econômico - Classificação Geral (Resolução do CADE)	Setor econômico - Subclassificação (se houver)	Observações2	Houve julgamento do mérito judicial?	Houve revisão da decisão do CADE? (S/N)	A revisão foi no mérito ou na forma da decisão do CADE?	Observações3
					DADOS GERAIS				**ANÁLISE QUALITATIVA DOS ACÓRDÃOS JUDICIAIS**		
17	P.A.	08000.01347/1995-98	Conduta	Aplicação da penalidade do Art. 24. Irregularidade em processo licitatório por parte da representada em contrato de fornecimento de serviços	11 - Comunicação e entretenimento	99 - Diversos		Sim	Não	·	Houve revisão da decisão do CADE ocorreu em 1ª instância, sendo revisão de mérito.
18	A.C.	53500.006567/2001	Contrato de compra e venda de ações, ou "Stock Purchase Agreement."	art. 6º, Lei 9781/99	26 - Serviços essenciais e de Infraestrutura	05 - Telecomunicações	Operação aprovada sem restrições. Necessidade de complementação da taxa processual, bem como da multa e dos juros de mora	Não	·	·	Prejudicado
19	P.A.	08012.007632/97-28	A SERVMED Saúde Ltda. apresentou nesta Secretaria denúncia contra a UNIMED de Blumenau/SC onde relata que estaria a representada coagindo os seus médicos cooperados a prestarem, com exclusividade, atendimento tão somente aos seus associados, sob pena de exclusão do seu quadro de cooperados, impedindo que os médicos da cidade de exerçam suas atividades junto à Representante, objetivando, assim, obter o monopólio no setor de saúde.	artigo 20, inciso I e 21, incisos IV, V e VI da Lei 8884/94;	27 - Serviços Gerais	02 - Serviços Médicos		Sim	Não		

	DADOS GERAIS							ANÁLISE QUALITATIVA DOS ACÓRDÃOS JUDICIAIS			
Número do CASO (Fichas Qualitativas)	P.A. / A.C.	N°	Conduta/ Estrutura (especificar com os dados concretos do caso)	Fundamento legal (artigos 54 ou 21/20 e incisos)	Setor econômico - Classificação Geral (Resolução do CADE)	Setor econômico - Subclassificação (se houver)	Observações2	Houve julgamento do mérito judicial?	Houve revisão da decisão do CADE? (S/N)	A revisão foi no mérito ou na forma da decisão do CADE?	Observações3
20	P.A.	08000.021976/1997-51	Formação de Cartel, com intuito de dominar o mercado, criando dificuldades à livre concorrência.	art. 20, incisos I e IV, c.c. o art. 21, inciso II	27 - Serviços Gerais	02 - Serviços Médicos		Não	-	-	Prejudicado
21								Não	-	-	Houve acordo
22	P.A.	08012.008024/98-49	Não houve julgamento, em razão de acordo extrajudicial firmado pelas partes.		20 - Indústria de informática e telecomunicações	3 - Programas		Não	-	-	Houve acordo
23a	P.A.	08000.025966/1996-69	Exigência de Exclusividade na prestação de serviços médicos por seus cooperados.	Art. 20, I, II e V, c/c Art. 21, IV, V e XXIII.	27 - Serviços Gerais	02 - Serviços Médicos		Sim	Sim	Mérito	Cláusula de exclusividade em sociedade cooperativa de médicos não configura conduta anticoncorrencial.
23b								Não	-	-	
23c								Não	-	-	
24a	P.A.	0800-025966/96-69	Abuso de poder econômico. Exclusividade na prestação de serviços médicos dos cooperados	Artigos 20, incisos I, II e V, e 21, incisos IV, V e XXIII e 23, III, alteração do estatuto social retirando a exclusividade, art. 24, I e outros pontos	27 - Serviços Gerais	02 - Serviços Médicos		Sim	Sim	Forma	
24b								Não	-	-	
24c								Não	-	-	

Recursos Julgados

DADOS DO RECURSO

Número do CASO (Fichas Qualitativas)	Tribunal de origem	Órgão Julgador	Tipo de recurso	Número do Processo	Polo Ativo do recurso	Polo Passivo do recurso	Data de autuação nessa instância	Objeto (questão discutida no recurso)	Resultado final do recurso	Decisão PRÓ ou CONTRA o CADE?	Data da publicação da decisão dessa instância	Observação
25	STJ	Primeira Turma	Recurso Especial	590960 / DF	UNIMED CAMPINAS COOPERATIVA DE TRABALHO MÉDICO	CADE	9/20/2003	Decisão do CADE como título executivo extrajudicial. Ações desconstitutivas não suspendem a sua execução, nos termos do art. 65 e 60 da lei 8884.	Parcialmente conhecido, e nessa parte, improvido	Pró	9/20/2005	Conheceu parcialmente, e nessa parte, negou-lhe provimento
26	TRF 1	Sétima Turma	Apelação Cível (PO)	2000.34.00.020484-5/DF	CADE	COSIPA	23/01/2002	multa do CADE e seu valor	Provido	Pró	16/04/2004	
27	TRF 1	Oitava Turma	Apelação Cível (PO)	2000.34.00.025257-6/DF	UNIMED Petrópolis-RJ	CADE	26/10/2004	Cláusula de exclusividade UNIMED	Improvida	Pró	05/10/2007	
28	TRF 1	Terceira Seção	Apelação Cível	2002.34.00.039067-2/DF	Sindiposto - Sindicato Varejista de Goiás / José Batista Neto	CADE	10/19/2006	Mérito da condenação administrativa - Discricionariedade ou direito à celebração de TCC	Provido	Contra	09.11.2007	
29	TRF 1	Oitava Turma	Apelação Cível	2000.01.00.019576-5	Vale - Usiminas Participações S/A (VUPSA) e Companhia Paulista de Ferro-Liga-CPFL	CADE	2/25/2000	Anulação da multa aplicada em razão da comunicação intempestiva do ato de concentração.	Improvido	Pró	18/07/2008	Ausência de vícios formais. Multa corretamente aplicada, nos termos do art. 54, da Lei nº 8.884/94.
30	TRF 1	Quinta Turma	Apelação Cível	2005.34.00.015042-8	CADE	Nestlé Brasil Ltda e Chocolates Garoto S/A	10/31/2007	Reforma da decisão de primeira instância que anulou a decisão do CADE.	Provido parcialmente	Contra	02/10/2009	Anulou a decisão do pedido de reapreciação pelo CADE, para que faça novo julgamento. Anulação de voto do pedido de reapreciação, pois anterior à juntada de novos documentos, o que viola o contraditório e a ampla defesa, e determina novo julgamento por parte do CADE.

DADOS DO RECURSO

Número do CASO (Fichas Qualitativas)	Tribunal de origem	Órgão Julgador	Tipo de recurso	Número do Processo	Polo Ativo do recurso	Polo Passivo do recurso	Data de autuação nessa instância	Objeto (questão discutida no recurso)	Resultado final do recurso	Decisão PRÓ ou CONTRA o CADE?	Data da publicação da decisão dessa instância	Observação
31	TRF 1	Sétima Turma	Apelação Cível	2002.34.00.036310-6	Elevadores do Brasil Ltda e Guanato Participações S/A	CADE	10/27/2005	Anulação da taxa processual, exigida pelo CADE para exame de Acs.	Improvido	Pró	4/30/2009	A exigência da taxa não é ilícita, e atende aos requisitos constitucionais que caracterizam a espécie tributária de taxa (serviço singular e divisível, mediante contraprestação).
32	TRF 1	Sétima Turma	Apelação Cível	2003.34.00.024697-1	Elevadores do Brasil Ltda e Elite Comércio, Conservação e Manutenção de Elevadores Ltda.	CADE	12/9/2004	Anulação da taxa processual, exigida pelo CADE para exame de Acs.	Improvido	Pró	30/05/2008	A exigência da taxa não é ilícita, e atende aos requisitos constitucionais que caracterizam a espécie tributária de taxa (serviço singular e divisível, mediante contraprestação).
33	TRF 1	Sétima Turma	Apelação Cível	2002.34.00.000472-9	Elevadores do Brasil Ltda. e Elevadores Sítio Ltda.	CADE	3/24/2006	Anulação da taxa processual, exigida pelo CADE para exame de Acs.	Improvido	Pró	15/08/2008	A exigência da taxa não é ilícita, e atende aos requisitos constitucionais que caracterizam a espécie tributária de taxa (serviço singular e divisível, mediante contraprestação).
34	TRF 1	Sexta Turma	Apelação em Mandado de Segurança	2002.34.00.014122-2/DF	CADE	Associação Médica de Mato Grosso do SUL	26/03/2004	Sentença que concedeu a segurança para anular a decisão administrativa, com todas as suas determinações e penalidades, e permitir o uso de tabela mínima de preços	Improvido	Contra	15/10/2007	Apesar de ao final da decisão negar provimento, no meio do voto o Juiz Federal afirma merecer parcial provimento; Foram opostos embargos de declaração no dia 18.10.2007, pelo CADE, os quais foram indeferidos no dia 12.02.2010

(continua)

DADOS DO RECURSO

Número do CASO (Fichas Qualitativas)	Tribunal de origem	Órgão Julgador	Tipo de recurso	Número do Processo	Polo Ativo do recurso	Polo Passivo do recurso	Data de autuação nessa instância	Objeto (questão discutida no recurso)	Resultado final do recurso	Decisão PRÓ ou CONTRA o CADE?	Data da publicação da decisão dessa instância	Observação
35	TRF 1	Quinta Turma	Apelação em Mandado de Segurança	2002.34.00.033475-0/DF	CADE	Banco BCN S/A e Banco Bradesco S/A	19/11/2003	Competência do CADE a respeito de operações do SFN; consequente competência do CADE para aplicar multas; declaração da validade da sanção administrativa	Improvido	Contra	11/4/2008	A liminar foi confirmada em sentença e depois em acórdão.
36	STJ	Segunda Turma	Recurso Especial	650892/PR	Ministério Público Federal	CADE/AGÊNCIA NACIONAL DO PETRÓLEO GÁS NATURAL E BIOCOMBUSTÍVEIS /UNIÃO/ COMPANHIA BRASILEIRA DE PETRÓLEO IPIRANGA /SHELL BRASIL LTDA E OUTROS/ESSO BRASILEIRA DE PETRÓLEO LTDA /SINDICATO DO COMÉRCIO DE COMBUSTÍVEIS DERIVADOS DE PETRÓLEO E OUTROS/ PETROBRAS DISTRIBUIDORA S/A/ OUTROS	5/17/2004	Ilegitimidade passiva do CADE e a ausência dos requisitos autorizadores da liminar deferida em primeira instância	Parcialmente conhecido, e nessa parte, improvido	Contra	11/13/2009	Resp contra decisão do TRF 4 em agravo de instrumento em que se reconheceu a ilegitimidade passiva do CADE e a ausência dos requisitos caracterizadores da liminar
37	TRF 1	Quinta Turma	Apelação Cível	1998.34.00.013139-7/DF	Laboratório Sabin de Análises Clínicas Ltda.	CADE	12/11/2001	Nulidade do título executivo extrajudicial (decisão do CADE) e se há cartel na utilização da tabela AMB	Provido	Contra	11/23/2007	

(continua)

DADOS DO RECURSO

Número do CASO (Fichas Qualitativas)	Tribunal de origem	Órgão Julgador	Tipo de recurso	Número do Processo	Polo Ativo do recurso	Polo Passivo do recurso	Data de autuação nessa instância	Objeto (questão discutida no recurso)	Resultado final do recurso	Decisão PRÓ ou CONTRA o CADE?	Data da publicação da decisão dessa instância	Observação
38	TRF 4	Quarta Turma	Apelação Cível	2002.72.02.003941-7	UNIMED de Chapecó Cooperativa de Trabalho Médico da Região Oeste Catarinense Ltda.	CADE	9/9/2004	Legalidade da cláusula de exclusividade	Provido	Contra	6/9/2009	
39	TRF 1	Sétima Turma	Apelação Cível	2002.34.00.007351-4	Elevadores do Brasil Ltda e Vertical Manutenção de Elevadores Ltda	CADE	2/22/2005	Anulação da taxa processual, exigida pelo CADE para exame de Acs.	Improvido	Pró	30/04/2009	A exigência da taxa não é ilícita, e atende aos requisitos constitucionais que caracterizam a espécie tributária de taxa (serviço singular e divisível, mediante contraprestação).
40	TRF 1	Oitava Turma	Apelação Cível	2000.01.00.019576-5/DF	Usinas Siderúrgicas de Minas Gerais	CADE	2/25/2000	Direito de defesa; procedimento de cobrança de multa administrativa; titularidade de aplicação e cobrança de multa; prazo de comunicação de operação	Improvido	Pró	7/18/2008	
41	STJ	Segunda Turma, Ministro Humberto Martins	Recurso Especial	1172603	CADE	UNIMED SANTA MARIA SOCIEDADE COOPERATIVA DE SERVIÇOS MÉDICOS LTDA	1/5/2010	Cláusula de exclusividade de cooperativa médica.	Provido	Pró	3/12/2010	
42	STJ	Segunda Turma, Ministro Humberto Martins	Recurso Especial (Agravo Regimental)	947964/PB	UNIMED JOÃO PESSOA COOPERATIVA DE TRABALHO MÉDICO	CADE	5/3/2007	Unimilitância - falta de preparo do recurso com a referência exata do processo	Improvido	Pró	3/12/2010	

(continua)

DADOS DO RECURSO

Número do CASO (Fichas Qualitativas)	Tribunal de origem	Órgão Julgador	Tipo de recurso	Número do Processo	Polo Ativo do recurso	Polo Passivo do recurso	Data de autuação nessa instância	Objeto (questão discutida no recurso)	Resultado final do recurso	Decisão PRÓ ou CONTRA o CADE?	Data da publicação da decisão dessa instância	Observação
43	TRF2	Sexta Turma	Apelação Cível	2004.50.01.011423-4	CADE, SINDICATO DOS TRABALHADORES EM ALIMENTAÇÃO E AFINS e CHOCOLATES GAROTO S/A	SINDICATO DOS TRABALHADORES EM ALIMENTAÇÃO E AFINS, CHOCOLATES GAROTO S/A e CADE	3/12/2007	Possibilidade de venda dos ativos da Garoto, separando-se a produção intelectual da empresa do parque operacional físico da empresa, conforme determinação do CADE.	Provido	Pró	10/3/2007	Provido o recurso do CADE e de Chocolates Garoto e julgado prejudicado o recurso de SINDIALIMENTAÇÃO.

DADOS DO PROCESSO DE ORIGEM

Número do CASO (Fichas Qualitativas)	Vara de origem	Tipo de processo (ex: ação ordinária, MS, MC, etc.)	Número do processo de origem	Polo Ativo do processo de origem	Polo Passivo do processo de origem	Data de autuação na origem	Objeto (Questão discutida no processo. Ex: multa, mérito da condenação administrativa, etc.)	Resultado final na sentença	Decisão PRÓ ou CONTRA CADE?	Data de publicação da decisão na origem	Observações1
25	15 VFDF	Mandado de Segurança e Apelação Cível	20023400011142-5/DF e 2002.01.00.017929-5/DF	UNIMED CAMPINAS COOPERATIVA DE TRABALHO MÉDICO	CADE	24/04/2002 e 29/07/2005	Desconstituição da decisão do CADE que aplicara multa ao agente em razão da restrição imposta aos médicos cooperados de se filiarem a outras cooperativas.	Improcedente	Pró	7/20/2005	
26	2 VFDF	Procedimento Ordinário	2000.34.00.000088-4	COSIPA	CADE	1/7/2000	Suspensão de multa aplicada pelo CADE pela prática de cartel	Improcedente	Pró	8/15/2006	
27	6 VFDF	Procedimento Ordinário	2000.34.00.025257-6/DF	UNIMED Petrópolis -RJ	CADE	7/26/2000	Cláusula de exclusividade UNIMED	Improcedente	Pró	7/22/2004	
28	8 VFDF	Procedimento Ordinário	2002.34.00.039067-2	Sindiposto - Sindicato Varejista de Goiás / José Batista Neto	CADE	12/6/2002	mérito da condenação administrativa - Discricionariedade ou direito à celebração de TCC	Improcedente	Pró	11/11/2005	Dependente ao processo 2002.34.00.032890-3 (MC inominada) com pedido de liminar indeferido. Tem agravo, mas não consta no site. Houve sentença (perdeu objeto - provavelmente por causa do processo principal), já terminou execução (processo nº 2008.34.00.012693-4) --- data da ordenação da publicação da sentença, não há data da publicação)
29	2 VFDF	Procedimento Ordinário	1998.34.00.001835-3	Vale - Usiminas Participações S/A (VUPSA) e Companhia Paulista de Ferro-Liga-CPFL	CADE	1/26/1998	Anulação da multa aplicada em razão da comunicação intempestiva do ato de concentração.	Improcedente	Pró	4/9/1999	Ausência de vícios formais. Multa corretamente aplicada, nos termos do art. 54, da Lei nº 8.884/94.

(continua)

DADOS DO PROCESSO DE ORIGEM

Número do CASO (Fichas Qualitativas)	Vara de origem	Tipo de processo (ex: ação ordinária, MS, MC, etc.)	Número do processo de origem	Polo Ativo do processo de origem	Polo Passivo do processo de origem	Data de autuação na origem	Objeto (Questão discutida no processo. Ex: multa, mérito da condenação administrativa, etc.)	Resultado final na sentença	Decisão PRÓ ou CONTRA CADE?	Data de publicação da decisão na origem	Observações1
30	4 VFDF	Procedimento Ordinário	2005.34.00.015042-8	Nestlé Brasil Ltda e Chocolates Garoto S/A	CADE	5/24/2005	Anulação da decisão do CADE que aprovou com restrições a operação de compra da Garoto pela Nestlé.	Procedente	Contra	3/29/2007	Declara aprovação automática do ato de concentração em virtude do decurso do prazo previsto na Lei nº 8.884/94 para que o CADE rejeite a operação.
31	17 VFDF	Procedimento Ordinário	2002.34.00.036310-6	Elevadores do Brasil Ltda e Guanato Participações S/A	CADE	11/12/2002	Anulação da taxa processual, exigida pelo CADE para exame de Acs.	Improcedente	Pró	1/7/2005	Apelação na Cautelar inominada. 2002.34.00.032892-0. Decisão da ordinária manteve a aplicação da taxa.
32	2 VFDF	Procedimento Ordinário	2003.34.00.024697-1	Elevadores do Brasil Ltda e Elite Comércio, Conservação e Manutenção de Elevadores Ltda.	CADE	10/14/2004	Anulação da taxa processual, exigida pelo CADE para exame de Acs.	Improcedente	Pró	7/22/2003	Decisão da ordinária manteve a exigência da taxa.
33	21 VFDF	Procedimento Ordinário	2002.34.00.004472-9	Elevadores do Brasil Ltda. e Elevadores Sítio Ltda.	CADE	1/9/2002	Anulação da taxa processual, exigida pelo CADE para exame de Acs.	Improcedente	Pró	11/3/2005	Apelação na Cautelar inominada. 2002.34.00.003981-0. Decisão da ordinária manteve a exigência da taxa.
34	13 VFDF	Mandado de Segurança	2002.34.00.014122-2/DF	Associação Médica de Mato Grosso do SUL	CADE	20/05/2002	Anulação da decisão do CADE; permissão para utilização de tabela de preços mínima	Procedente	Contra	2/12/2003	Liminar indeferida em 18.07.2002

DADOS DO PROCESSO DE ORIGEM

Número do CASO (Fichas Qualitativas)	Vara de origem	Tipo de processo (ex: ação ordinária, MS, MC, etc.)	Número do processo de origem	Polo Ativo do processo de origem	Polo Passivo do processo de origem	Data de autuação na origem	Objeto (Questão discutida no processo. Ex: multa, mérito da condenação administrativa, etc.)	Resultado final na sentença	Decisão PRÓ ou CONTRA CADE?	Data de publicação da decisão na origem	Observações1
35	14 VFDF	Mandado de Segurança	2002.34.00.033475-0/DF	Banco BCN S/A e Banco Bradesco S/A	CADE	17/10/2002	Competência do CADE para aplicação de multa de entidade do SFN	Procedente	Contra	17/07/2003	Concedeu a segurança, por considerar que a competência, no caso, é exclusiva do BACEN (especialidade), no mesmo sentido do parecer vinculante da AGU.
36	2 VF Londrina	Ação Civil Pública	2001.70.01.008206-8/ PR	Ministério Público Federal	CADE/AGÊNCIA NACIONAL DO PETRÓLEO GÁS NATURAL E BIOCOMBUSTÍVEIS / UNIÃO/ COMPANHIA BRASILEIRA DE PETRÓLEO IPIRANGA /SHELL BRASIL LTDA E OUTROS/ESSO BRASILEIRA DE PETRÓLEO LTDA / SINDICATO DO COMÉRCIO DE COMBUSTÍVEIS DERIVADOS DE PETRÓLEO E OUTROS/ PETROBRAS DISTRIBUIDORA S/A / OUTROS	9/17/2001	Condenação do CADE a exercer, de maneira regular, seu mister institucional, coibindo abusos dos segmentos, nos termos do que for decidido na presente ação civil pública - formação de cartel e de prática de dumping	Improcedente	Pró	1/8/2010	
37	19 VFDF	Embargos à execução	1998.34.00.013139-7	Laboratório Sabin de Análises Clínicas Ltda.	CADE	5/27/1998	Obrigação de não fazer consistente em não utilizar a tabela AMB	Improcedente	Pró	2/12/2001	
38	1 VF Chapecó	Procedimento Ordinário	2002.72.02.003941-7 (SC)	UNIMED de Chapecó Cooperativa de Trabalho Médico da Região Oeste Catarinense Ltda.	CADE	9/6/2002	Anulação de multa por imposição de cláusula de exclusividade	Improcedente	Pró	6/11/2004	

Revisão Judicial das Decisões do Conselho Administrativo de Defesa Econômica (CADE) – Pesquisa Empírica e Aplicada sobre os Casos Julgados pelos Tribunais Regionais Federais (TRFs), Superior Tribunal de Justiça (STJ) e Supremo Tribunal Federal (STF)

DADOS DO PROCESSO DE ORIGEM

Número do CASO (Fichas Qualitativas)	Vara de origem	Tipo de processo (ex: ação ordinária, MS, MC, etc.)	Número do processo de origem	Polo Ativo do processo de origem	Polo Passivo do processo de origem	Data de autuação na origem	Objeto (Questão discutida no processo. Ex: multa, mérito da condenação administrativa, etc.)	Resultado final na sentença	Decisão PRÓ ou CONTRA CADE?	Data de publicação da decisão na origem	Observações1
39	21 VFDF	Procedimento Ordinário	2002.34.00.007351-4	Elevadores do Brasil Ltda e Vertical Manutenção de Elevadores Ltda	CADE	3/21/2002	Anulação da taxa processual, exigida pelo CADE para exame de Acs.	Improcedente	Pró	9/21/2004	Apelação na Cautelar inominada. 2002.34.00.003981-0. Decisão da ordinária manteve a exigência da taxa.
40	2 VFDF	Procedimento Ordinário	1998.34.00.001835-3	Usinas Siderúrgicas de Minas Gerais	CADE	1/26/1998	Direito de defesa; procedimento de cobrança de multa administrativa; titularidade de aplicação e cobrança de multa; prazo de comunicação de operação	Improcedente	Pró	6/9/1999	
41	Quarta Turma	Apelação Cível	2003.71.02.009633-6	UNIMED SANTA MARIA SOCIEDADE COOPERATIVA DE SERVIÇOS MÉDICOS LTDA	CADE	7/23/2008	Cláusula de exclusividade de cooperativa médica.	Improvido	Pró	7/23/2008	
42	4 Turma, TRF 5	Apelação Cível	2004.82.00.012493-2	UNIMED JOÃO PESSOA COOPERATIVA DE TRABALHO MÉDICO	CADE	12/15/2005	REGULARIDADE PROCEDIMENTAL. CLÁUSULA DE EXCLUSIVIDADE. ILEGALIDADE.	Improvido	Pró	2/13/2006	
43	5 VFES	Ação Cívil Pública	2004.50.01.011423-4	SINDICATO DOS TRABALHADORES EM ALIMENTAÇÃO E AFINS, CHOCOLATES GAROTO S/A e CADE	CADE	11/4/2004	Possibilidade de venda dos ativos da Garoto, separando-se a produção intelectual da empresa do parque operacional físico da empresa, conforme determinação do CADE.	Parcialmente procedente com relação ao pedido da Sindialimentação e extinto sem julgamento de mérito com relação ao pedido da Nestlé por ilegitimidade passiva.	Contra	5/16/2006	

DADOS GERAIS								ANÁLISE QUALITATIVA DOS ACÓRDÃOS JUDICIAIS			
Número do CASO (Fichas Qualitativas)	P.A. / A.C.	Nº	Conduta/Estrutura (especificar com os dados concretos do caso)	Fundamento legal (artigos 54 ou 21/20 e incisos)	Setor econômico - Classificação Geral (Resolução do CADE)	Setor econômico - Subclassificação (se houver)	Observações2	Houve julgamento do mérito judicial?	Houve revisão da decisão do CADE? (S/N)	A revisão foi no mérito ou na forma da decisão do CADE?	Observações3
25	P.A.	08012.007620/97-49	Conduta	abuso de poder econômico em razão de disposição estatutária do agente que impede aos médicos cooperados de, enquanto permanecerem filiados à cooperativa, pertencerem aos quadros de entidades concorrentes.	27 - Serviços Gerais	02 - Serviços Médicos		Sim	Não se aplica	-	
26	P.A.	08000.015337/97-48	Cartel (mercado do aço)	artigos 20, inciso I, 21 inciso I e 26	16 - Indústria Metalúrgica	(aço- ver o tipo)		Sim	Não	-	
27	P.A.	08000.028878/1996-18	Cláusula de exclusividade	artigos 20, incisos I, II e IV e 21, incisos IV, V e VI	27 - Serviços Gerais	02 - Serviços Médicos		Sim	Não	-	
28	P.A.	08012.004712/2000-89	Cartel dos combustíveis	art. 20, I e art. 21, II	23 - Comércio atacadista	08 - Combustíveis		Sim	Sim	Mérito e forma	
29	A.C.	0053/1995	Multa por intempestividade da comunicação da operação ao CADE	Art. 54	16 - Indústria Metalúrgica	06 - Ferros ligas		Sim	Não	-	

DADOS GERAIS								ANÁLISE QUALITATIVA DOS ACÓRDÃOS JUDICIAIS			
Número do CASO (Fichas Qualitativas)	P.A. / A.C.	Nº	Conduta/Estrutura (especificar com os dados concretos do caso)	Fundamento legal (artigos 54 ou 21/20 e incisos)	Setor econômico - Classificação Geral (Resolução do CADE)	Setor econômico - Subclassificação (se houver)	Observações2	Houve julgamento do mérito judicial?	Houve revisão da decisão do CADE? (S/N)	A revisão foi no mérito ou na forma da decisão do CADE?	Observações3
30	A.C.	08012.001697/2002-89	Operação aprovada com restrições: venda de parque industrial para evitar a concentração e o domínio de mercado.	Art. 54, § 9º	07 - Indústria Alimentícia	99 - Diversos		Sim	Sim	Forma	Nulidade do voto e, portanto, da decisão. Voto proferido foi modificado posteriormente pelo relator que assumiu a relatoria de conselheiro que saiu. Audiência pública e juntada de documentos sobre os quais as partes não puderam se manifestar (juntados após o rel. proferir seu voto). CADE não se pronunciou sobre a contraproposta dos administrados, mesmo estando inferior ao patamar de concentração de mercado considerado limite pelo órgão na primeira decisão.
31	A.C.	08012.007584/2002-97	Aquisição pela Elevadores Otis Ltda do negócio de elevadores da Vertical-Manutenção de Elevadores Ltda.	54, par. 3º	17 - Indústria mecânica	02 - Elevadores	TAXA PROCESSUAL - NÃO HÁ DISCUSSÃO DA DECISÃO DO CADE	Sim	Não	-	

(continua)

Número do CASO (Fichas Qualitativas)	P.A. / A.C.	Nº	Conduta/Estrutura (especificar com os dados concretos do caso)	Fundamento legal (artigos 54 ou 21/20 e incisos)	Setor econômico - Classificação Geral (Resolução do CADE)	Setor econômico - Subclassificação (se houver)	Observações2	Houve julgamento do mérito judicial?	Houve revisão da decisão do CADE? (S/N)	A revisão foi no mérito ou na forma da decisão do CADE?	Observações3
			DADOS GERAIS					ANÁLISE QUALITATIVA DOS ACORDÃOS JUDICIAIS			
32	A.C.	08012.005042/2003-61	Aquisição pela Elevadores Otis Ltda do negócio de elevadores da Vertical-Manutenção de Elevadores Ltda.	54, par. 3º	17 - Indústria mecânica	02 - Elevadores	TAXA PROCESSUAL - NÃO HÁ DISCUSSÃO DA DECISÃO DO CADE	Sim	Não	-	
33	A.C.	08012.007666/2001-51	Aquisição pela Elevadores Otis Ltda do negócio de elevadores da Vertical-Manutenção de Elevadores Ltda.	54, par. 3º	17 - Indústria mecânica	02 - Elevadores	TAXA PROCESSUAL - NÃO HÁ DISCUSSÃO DA DECISÃO DO CADE	Sim	Não	-	
34	P.A.	08000.015515/1997-02	A CIEFAS apresentou denúncia em desfavor do Sindicato dos Médicos do Mato Grosso do Sul , Conselho Regional de Medicina do Mato Grosso do Sul e Associação Médica do Mato Grosso do Sul, sob a alegação de que os representados vêm orientando a classe médica a não mais negociar o credenciamento, face ao plano de implementação de uma central médica de convênios, que irá eliminar os intermediadores, determinando as diretrizes e o gerenciamento dos convênios em nome da classe médica	20, I, II, IV; 21, I, II, V	27 - Serviços Gerais	02 - Serviços Médicos		Sim	Sim	Mérito	Não há qualquer ilicitude na recomendação para uso de tabela. Não há qualquer risco concreto de lesão à concorrência.

DADOS GERAIS								ANÁLISE QUALITATIVA DOS ACÓRDÃOS JUDICIAIS			
Número do CASO (Fichas Qualitativas)	P.A. / A.C.	Nº	Conduta/Estrutura (especificar com os dados concretos do caso)	Fundamento legal (artigos 54 ou 21/20 e incisos)	Setor econômico - Classificação Geral (Resolução do CADE)	Setor econômico - Subclassificação (se houver)	Observações2	Houve julgamento do mérito judicial?	Houve revisão da decisão do CADE? (S/N)	A revisão foi no mérito ou na forma da decisão do CADE?	Observações3
35	A.C.	08012.002381/2001-23	Multa por intempestividade - "Trata-se a operação da venda, pela empresa Alliance Capital Management Corporation of Delaware ao Banco de Crédito Nacional, de 1.500.000 ações, representativas de 50% do capital da empresa BCN Alliance Capital Management	27, V	28 - Serviços Gerais	01 - Bancos Comerciais Privados	Não há decisão do CADE no mérito. Determinação da autarquia para que a documentação relativa à fusão dos dois bancos também lhe seja apresentada, e não somente submetida ao BACEN. Teve notícia da operação nos autos deste AC..	Sim	Não	-	
36	A.C.	08012.001483/2002-11	Não disponível	Não disponível	Não disponível	Não disponível	Não disponível	Sim	Não se aplica	-	Não há decisão do CADE
37	P.A.	163/94	Cartel	Artigos 20, inciso I, 21 inciso I e 26	27 - Serviços Gerais	02 - Serviços Médicos	Não há documentos disponíveis no site do CADE nem síntese da decisão	Sim	Sim	Mérito	
38	P.A.	08000.020239/94-25	Cláusula de exclusividade	artigo 20, I e II c/c artigo 21, IV, V e VI e 23, III da lei nº 8.884/94	27 - Serviços Gerais	02 - Serviços Médicos		Sim	Sim	Mérito	
39	A.C.	08012.001228/2002-60	Aquisição pela Elevadores Otis Ltda do negócio de elevadores da Vertical-Manutenção de Elevadores Ltda.	54, par. 3º	17 - Indústria mecânica	02 - Elevadores	TAXA PROCESSUAL - NÃO HÁ DISCUSSÃO DA DECISÃO DO CADE	Sim	Não	-	
40	A.C.	53/95	Multa por intempestividade - Aquisição, pela USIMINAS e CVRD, da Companhia Paulista de Ferro Ligas (CPFL)	54, par. 3º	16 - Indústria Metalúrgica	06 - Ferros ligas		Sim	Não	-	
41	P.A.	08012-010271/98-51	Cláusula de exclusividade	artigos 20, incisos I, II e IV e 21, incisos IV, V e VI	27 - Serviços Gerais	02 - Serviços Médicos		Sim	Não	-	

DADOS GERAIS								ANÁLISE QUALITATIVA DOS ACÓRDÃOS JUDICIAIS			
Número do CASO (Fichas Qualitativas)	P.A. / A.C.	Nº	Conduta/Estrutura (especificar com os dados concretos do caso)	Fundamento legal (artigos 54 ou 21/20 e incisos)	Setor econômico - Classificação Geral (Resolução do CADE)	Setor econômico - Subclassificação (se houver)	Observações2	Houve julgamento do mérito judicial?	Houve revisão da decisão do CADE? (S/N)	A revisão foi no mérito ou na forma da decisão do CADE?	Observações3
42	P.A.	08000.018480/97-28	Impediu os seus médicos cooperados a atenderem usuários de outros planos de saúde, criando, desta forma, dificuldades ao funcionamento e desenvolvimento de empresas concorrentes com a exigência da exclusividade na prestação de serviços dos seus profissionais cooperados.	artigo 20, inciso I.II e IV e 21. Incisos IV< V e Vi	27 - Serviços Gerais	02 - Serviços Médicos		Sim	Não	-	
43	A.C.	08012.001697/2002-89	Operação aprovada com restrição. Venda de parque industrial para evitar concentração de mercado.	art. 54, par. 9	07 - Indústria Alimentícia	99 - Diversos		Sim	Não	-	

APÊNDICE IV – Fichas da Análise Qualitativa

CASO 01: Master Sistemas Auto x CADE – MULTA POR INTEMPESTIVIDADE

Parte I – Identificação do caso

Apelação em Mandado de Segurança 2001.34.00.011540-2/DF

Tribunal, Turma, Relator:

TRF 1, 8ª Turma, Relator Juiz Federal Mark Yshida Brandão.

Assunto: Comunicação de atos de concentração. Prazo. Valor da multa.

Parte II – Resumo do caso

Trata-se de apelação interposta por Master Sistemas Automotivos contra sentença proferida pelo Juízo da 4ª Vara Federal da Seção Judiciária do Distrito Federal, que, nos autos do Mandado de Segurança 2001.34.00011540-2, proposto pela apelante, denegou a segurança em que se pleiteava anulação de multa aplicada pelo CADE em razão de suposta intempestividade na apresentação de contrato celebrado entre empresas dos grupos Meritor e Lucas Varity, intempestividade que alega não ter ocorrido. Pleiteia, em caráter subsidiário, a diminuição da multa, por desatendimento do princípio da razoabilidade e da igualdade.

Fundamentos legais utilizados na decisão do CADE (art. 20, 21 ou 54, e respectivos parágrafos e incisos, da Lei 8.884/94):

Art. 54

Parte III – Decisão judicial

A decisão foi unânime ou por maioria?

Unânime

Houve decisão de "mérito judicial"?

Sim.

Em caso negativo, quais foram as razões pelas quais não houve análise do mérito?

Não aplicável

Em caso positivo, houve revisão da decisão do CADE?

Não.

A revisão foi de mérito e/ou forma?

Não aplicável

Qual o efeito da decisão judicial na decisão do CADE?

Manteve a decisão do CADE.

Fundamentos da decisão: descrição (*ratio decidendi*) – Voto do Relator

1. O curso legal de 15 dias para a comunicação ao CADE passa a contar da celebração do contrato, mesmo que contendo cláusulas suspensivas, desde que já possam alterar o mercado e a livre concorrência: "Da tradução do contrato é possível verificar que este estabelece disposições acerca das *definições, condições precedentes, contraprestação, fechamento, obrigações adicionais, garantias e indenizações, garantias da compradora,* entre outras, em clara definição de praticamente todos os termos da transação comercial, ao que fica óbvia a conclusão de que, a partir de sua assinatura, a avença, se não completamente efetivada, já possuía condições de afetar o mercado concorrente, tanto mais quando se sabe que, em regime de economia globalizada em que vivemos, até mesmo boatos são suficientes a ensejar desvios no direito da concorrência, que dirá contrato nos termos em que destacado."

2. Multa dentro dos limites legais: "Quanto ao valor da multa aplicada, esta atendeu ao disposto no art. 27 da Lei 8.884/1984, que determina sejam observados, entre outros, *a gravidade da infração, a boa-fé do infrator, o grau de lesão, os efeitos econômicos, a situação econômica do infrator*"

Obter dictum

Ausência de boa-fé da recorrente: "não havendo parâmetros para que o Poder Judiciário, neste momento, reveja a punição, tanto mais quando nem mesmo a boa-fé do infrator pode ser razão argumentativa, porquanto a Resolução 15/1998 do CADE prevê que *o momento de realização da operação, para os termos do cumprimento dos pars. 4º e 5º da Lei 8.884/1994 será definido a partir do primeiro documento vinculativo firmado entre as requerentes*, fato de que a impetrante tinha ciência, a teor da manifestação de fl. 20, penúltimo parágrafo, da inicial."

Referências normativas

1. Par. 4º, art. 54, da Lei 8.884/1994; Resolução 15/1998
2. Art. 27, Lei 8884.

Precedentes judiciais:

Não há.

Referências a decisões do CADE

Não há.

Doutrina nacional ou estrangeira:

Não há.

Observações: nenhuma.

CASO 02: Embraer x CADE – MULTA POR INTEMPESTIVIDADE

Parte I – Identificação do caso

Apelação em Mandado de Segurança 2001.34.00.018763-6/DF

Tribunal, Turma, Relator:

TRF 1, 7ª Turma, Relator Dês. Luciano Tolentino Amaral.

Assunto: Multa aplicada por descumprimento do prazo legal de comunicação.

Parte II – Resumo do caso

Trata-se de apelação em mandado de segurança interposta pelos agentes econômicos EMBRAER, PREVI, SISTEL e Cia. Bozano Simonsen de sentença que manteve a decisão administrativa do CADE que os condenou ao pagamento de multa equivalente a 180.000 UFIR, por entender ter ocorrido efetiva intempestividade na comunicação de operação econômica. Pretendem, assim, anular (ou, alternativamente, reduzir) esse valor.

"Nas informações (f. 240/263), a autoridade coatora aduziu, em preliminar, inexistente o direito líquido e certo (porque a imposição da multa decorreu de regular procedimento administrativo); no mérito, que [a] a multa não é exorbitante; [b] a Resolução 15/98 não extrapola sua função regulamentar; [c] o termo *a quo* para a comunicação do ato de concentração econômica é, no caso, a data de celebração do primeiro instrumento vinculativo entre as partes; e [d] "*contratos preliminares 'condicionais'*" findam sendo tentativa de '*burlar a legislação antitruste*'" (Relatório).

Fundamentos legais utilizados na decisão do CADE (art. 20, 21 ou 54, e respectivos parágrafos e incisos, da Lei 8.884/94):

Art. 54

Parte III – Decisão judicial

A decisão foi unânime ou por maioria?

Unânime

Houve decisão de "mérito judicial"?

Sim.

Em caso negativo, quais foram as razões pelas quais não houve análise do mérito?

Não aplicável

Em caso positivo, houve revisão da decisão do CADE?

Não.

A revisão foi de mérito e/ou forma?

Não aplicável

Qual o efeito da decisão judicial na decisão do CADE?

Manteve a decisão do CADE.

Fundamentos da decisão: descrição (*ratio decidendi*) – Voto do Relator

1. A Resolução não extrapola seu poder regulamentar, mas bem o exerce: "No meu sentir, entretanto, a solução do caso não atina com entrechoque entre preceitos da Lei 8.884/94 (art. 54) e da Resolução CADE 15/98 (art. 2°)": a lei fala apenas na necessidade de comunicação da "realização" da operação, sem, todavia, defini-la; a resolução, por seu turno, sem qualquer inovação ou importância, pretendendo interpretar o alcance do preceito legal, sem negar-lhe efeito ou extrapolá-lo, na intenção de interpretar o que seria "realização", define-a como todo e qualquer ato que, em contrato preliminar ou não, importe "ato de concentração. Não vislumbro o alegado vício; não vejo onde a resolução seja ilegal, até porque, em verdade, ela seria (e é) absolutamente dispensável (inferir, interpretando o art. 54 da Lei 8.884/94, o que seria "realização" é atividade usual do aplicador da lei): interpretação, pois, dispensa, de regra (salvas exceções), norma autorizativa ("*Na aplicação da lei, o juiz atenderá aos fins sociais a que ela se dirige e às exigências do bem comum*" [art. 5° da Lei de Introdução ao Código Civil Brasileiro]). O único limite, decorrente da aludida interpretação, seria o de (perseguindo a máxima eficácia da lei em que se funda [vide o "caput" do art. 54 da Lei 8.884/94]) tomar como "realização de ato de concentração" o evento que, preliminar ou não, importasse efetivamente qualquer prejuízo potencial à livre concorrência (contando-se, então, o prazo de 15 dias para a comunicação)".
2. Houve descumprimento do prazo legal de comunicação: "Ao que consta, como bem esclareceu o julgador primário, o 1° instrumento vinculativo demonstra a previsão do ato de concentração havido (a liquidação posterior da oferta pública – evento futuro e certo – é mero exaurimento do contrato já antes plenamente firmado [preço, consenso e partes]); se as impetrantes entenderam por não comunicá-lo ao CADE àquele tempo (e, por tabela, ao mercado), certamente o fizeram por interesses ou conveniências comerciais (prejudiciais, potencialmente [há presunção], à livre concorrência)".
3. Valor da multa não foi exorbitante: "A multa, fixada em patamar muito abaixo da média possível (variação entre os valores máximo e mínimo) não aparenta exorbitância, aqui considerando, como administrativamente se fizera, o tempo entre a realização do ato e sua comunicação e, ainda, a situação econômica das impetrantes. A alegação de que o "lapso temporal" não consta da lei é verdade só aparente, pois o decurso do prazo de quatro meses desde o 1° ato vinculativo é maneira diferente de dizer com outras palavras o que consta do Inciso IV do art. 27 supra: levou-se em conta a "consumação da infração".
4. Discricionariedade administrativa na valoração da multa: "De mais-a-mais, não pode o Poder Judiciário, adentrando nos critérios de conveniência de oportunidade do administrador público (flutuação ponderada da multa dentro das balizas legais), reduzir a multa, aquilatando sua dosagem ao fim administrativo a que se presta a sanção (sendo o pedido alternativo, pois, juridicamente impossível). Demais disso, o pedido alternativo (redução da multa ao mínimo) é admitir sua possibilidade e aceitá-la".
5. Não houve exatamente boa-fé: "Por derradeiro, a alegada boa-fé cede diante da existência da Resolução CADE 15/98 (que as impetrantes conheciam, tanto que a citam no seu comunicado de f. 103/4 ao Presidente do CADE em 29 NOV 1999)".

Obter dictum

Não há.

Referências normativas

1. Art. 54, par. 3°, 4°, 5°, Lei 8884; Art. 2°, Resolução 15/98; Art. 5°, LICC.
3. Art. 27, IV, Lei 8884.

Precedentes judiciais:

1. TRF1, AG 2005.01.00.031387-7/DF, 23 MAI 20005

Referências a decisões do CADE

Não há.

Doutrina nacional ou estrangeira:
Não há.
Observações: *nenhuma*

CASO 03: CADE x Cia. Força e Luz – TCC
Parte I – Identificação do caso
Apelação em Mandado de Segurança 2002.34.00.007525-4/DF
Tribunal, Turma, Relator:
TRF 1, 6ª Turma, Relator Juiz Federal David Wilson de Abreu Pardo.
Assunto: Existência de direito de firmar compromisso de cessação de prática infracional.

Parte II – Resumo do caso

Trata-se de apelação interposta pelo CADE contra sentença que, em mandado de segurança impetrado por Cia. Paulista de Força e Luz (CPFL) em face do CADE, confirmou a liminar anteriormente concedida, deferindo a ordem de segurança para "determinar à autoridade coatora a celebração com a Impetrante do Compromisso de Cessação de Prática, nos termos da legislação pertinente, julgando, em consequência, extinto o processo com julgamento do mérito (CPC, art. 269, I)".

"Em suas razões de apelo (fls. 637/648), alega o Apelante que: o CADE utilizou-se do seu poder discricionário para decidir sobre a conveniência e oportunidade de celebrar ou não compromisso de cessação com a Impetrante, não podendo a Justiça anular atos administrativos oriundos da competência privativa do Executivo; no presente caso, agiu na forma da lei, sendo respeitado o princípio da legalidade, no que diz respeito ao exame da possibilidade de aplicação do art. 53 da Lei 8.884/94; a Secretaria de Direito Econômico – SDE e o Conselho Administrativo de Defesa Econômica – CADE observaram rigorosamente o contraditório e a ampla defesa, no processo administrativo, o qual teria seguido sua instrução no estrito cumprimento dos ditames legais, não havendo qualquer previsão legal que determine ao CADE celebrar Termo de Compromisso de Cessação de Prática (TCCP) com os Administrados investigados, tendo a Administração a faculdade de avaliar a oportunidade e a conveniência do referido termo no caso concreto; caso se admita que "a celebração do TCCP corresponda a um direito subjetivo do representado que a ele recorresse, significaria aceitar a possibilidade de que o acusado de práticas infrativas à ordem econômica pudesse escolher qual o caminho mais brando ou favorável à sua situação, ao deslinde do processo"; não se pode afastar o direito de prevenir e de reprimir e punir do Estado, que, em última análise pertence a toda a coletividade; durante todo o trâmite do processo administrativo foi assegurado à Impetrante o direito à ampla defesa, portanto, uma vez instruído o processo administrativo, a conseqüência natural seria o seu julgamento pelo Plenário do CADE; já tendo sido restaurada a concorrência, com a suspensão ou cessação da conduta por parte da Representada, não caberia mais falar em celebração de TCCP, que, neste caso, não teria mais objeto a perseguir; o presente caso não deve ser sujeito ao Compromisso de Cessação de Prática, uma vez que já haviam sido colhidas provas suficientes das condutas anticoncorrenciais por parte da Representada" (Relatório).

Fundamentos legais utilizados na decisão do CADE (art. 20, 21 ou 54, e respectivos parágrafos e incisos, da Lei 8.884/94):
Artigo 20, incisos I, II, III e IV c/c artigo 21 incisos IV, V, XII, XIV e XXIV

Parte III – Decisão judicial

A decisão foi unânime ou por maioria?

Maioria (Vencida a Des. Selene de Almeida (voto que não consta do *site*)

Houve decisão de "mérito judicial"?

Sim.

Em caso negativo, quais foram as razões pelas quais não houve análise do mérito?

Não aplicável

Em caso positivo, houve revisão da decisão do CADE?

Sim.

A revisão foi de mérito e/ou forma?

Mérito e forma.

Qual o efeito da decisão judicial na decisão do CADE?

Antes de proferir decisão, o CADE fica obrigado a propor acordo.

Fundamentos da decisão: descrição (*ratio decidendi*) – Voto do Relator (acompanhado pelo Juiz Federal Moacir Ferreira Ramos).

1. Há direito subjetivo de firmar TCC: "Com efeito, entendo que embora a letra do artigo 53 da Lei 8.884/94 contenha o vocábulo "poderá", ao regulamentar o compromisso de cessação de prática sob investigação, o dispositivo não pode ser interpretado no sentido de negar ao interessado o direito à obtenção desse compromisso. Ao contrário, a melhor interpretação é a que vislumbra no instituto um verdadeiro direito de todo aquele representado por prática de dominação de mercado, eliminação da concorrência ou abuso do poder econômico".

2. Analogia com o direito penal: "Na medida em que as práticas investigadas são consideradas infrações, é possível fazer uma analogia de sua regulamentação com aquela própria dos demais ilícitos. Cediço que as vantagens estabelecidas nos outros sistemas jurídicos repressivos para os seus "representados" são geralmente interpretadas como obrigatórias, e não como meras possibilidades. Considere, apenas, para efeito de ilustração, os benefícios que pela letra do Código Penal "podem" ser concedidos aos acusados, mas que segundo entendimento consolidado são de observância obrigatória para os aplicadores do direito".

3. Na imposição de sanções é preciso considerar a razoabilidade, que existe na firmação de TCC: "De acordo com o artigo 2°, parágrafo único, VI, da Lei 9.784/99 (regula o processo administrativo no âmbito da Administração Pública Federal), a Administração Pública deve obedecer aos princípios da razoabilidade e proporcionalidade, observando, ainda, o critério da "adequação entre meios e fins, vedada a imposição de obrigações, restrições e sanções em medida superior àquelas estritamente necessárias ao atendimento do interesse público".

4. "Somente no caso de a empresa interessada não atender aos requisitos legais e aqueles estabelecidos pela Administração Pública é que não poderia usufruir a prerrogativa concernente ao compromisso de cessação de prática sob investigação. Mas não se pode obstar, *ab initio*, a pretensão da empresa representada de invocar o direito em seu favor".

5. Não há perda de interesse em firmar TCC com o fim da prática: "Por outro lado, o fato de a Apelada haver dito que já fez cessar as práticas investigadas, independentemente do desfecho do processo administrativo e da assinatura do termo de compromisso pretendido, não acarreta a ausência de interesse da Administração em celebrar o TCCP".

6. A instrução do processo administrativo não pode ilidir imediatamente o interesse em firmar TCC: "Quando a lei prescreve a possibilidade de o compromisso ser feito em qualquer fase do processo administrativo, assegura à empresa interessada exatamente esse direito, não tendo cabimento a alegação do Apelante de que, depois de dispendido tantos recursos públicos para a instrução do feito, não seria mais de seu interesse a celebração do termo de compromisso de cessação de prática sob investigação".

7. "Também não pode prevalecer o argumento de que as provas colhidas são suficientes para a aplicação de sanção à empresa recorrida, pois essa conclusão somente tem validade quando proferida em julgamento, que, no caso, não ocorreu, em virtude da decisão liminar mantida pela sentença impugnada".

Obter dictum

"Na hipótese de o representado se comprometer a cessar a prática investigada e apresentar relatórios periódicos sobre sua atuação no mercado, bem como aceitar a regulamentação de outras questões, como eventuais efeitos que as condutas porventura já haviam produzido no ambiente de consumo e de concorrência, certamente a supremacia do interesse público resta assegurada. Em casos assim, não se concretiza apenas o direito do investigado ao termo de compromisso, mas o próprio ajuste faz com que a finalidade do sistema de prevenção e repressão de suposta infração à ordem econômica seja alcançada."

Referências normativas

1. Art. 53, par. 1°, Lei 8884
3. Art. 2°, p.ú., VI, Lei 9784/99

Precedentes judiciais:

1. TRF 1ª Região, Quinta Turma, AG200201000267906, Rel. Des. Federal Fagundes de Deus, DJ 16.10.2003

Referências a decisões do CADE

Não há.

Doutrina nacional ou estrangeira:

Não há.

Observações: *Nenhuma*

CASO 04a: Sonaeimo X CADE – MULTA POR INTEMPESTIVIDADE

Parte I – Identificação do caso

Apelação Cível 2002.34.00.004517-6/DF

Tribunal, Turma, Relator:

TRF 1, 8ª Turma, Relator Desembargador Carlos Fernando Mathias.

Assunto: Aplicação de multa.

Parte II – Resumo do caso

Trata-se de apelação cível interposta contra sentença prolatada pela Juíza Federal Substituta da 17ª Vara da Seção Judiciária do Distrito Federal, que julgou improcedente o pedido do autor de declaração da nulidade da decisão do CADE, que condenou o agente econômico ao pagamento de multa no valor de 180.000 UFIR, por suposta apresentação intempestiva de operação de associação entre a SONAE e a Emplanta Engenharia Ltda., bem como para anular o Auto de Infração 08012.000250/00-41, relativamente à cobrança desta multa, à medida que a aplicação do art. 2º da Resolução 15/98, que estabeleceu "*o momento da realização da operação*" como o termo *a quo* para contagem do prazo de 15 dias úteis para a submissão aos Órgãos de Defesa da Concorrência, viola o princípio da segurança jurídica, violando o disposto no art. 54, §4º, da Lei 8884/94. Subsidiariamente, requer a redução da multa ao mínimo legal.

Fundamentos legais utilizados na decisão do CADE (art. 20, 21 ou 54, e respectivos parágrafos e incisos, da Lei 8.884/94):

54, §5º

Parte III – Decisão judicial

A decisão foi unânime ou por maioria?

Unânime

Houve decisão de "mérito judicial"?

Sim.

Em caso negativo, quais foram as razões pelas quais não houve análise do mérito?

Não aplicável

Em caso positivo, houve revisão da decisão do CADE?

Sim.

A revisão foi de mérito e/ou forma?

Mérito.

Qual o efeito da decisão judicial na decisão do CADE?

Anulou a condenação do CADE.

Fundamentos da decisão: descrição (*ratio decidendi*) – Voto do Rel. Des. Carlos Fernando Mathias

1. "(...) ao editar a referida resolução [Res. 15/98], o CADE desrespeitou o limite de sua competência normativa, quando definiu que o momento da realização da operação seria a partir do primeiro documento vinculativo firmado entre as requerentes, alterando, dessa forma, o art. 54 da Lei 8.884/94, que estabelece o prazo máximo de quinze dias úteis de sua realização, violando, desta forma, o princípio constitucional da legalidade, que não permite que regulamentos alterem ou inovem o texto legal".

Obter dictum

Não há.

Referências normativas

1. Art. 54, Lei 8884.
1. Resolução 15 de 1998 do CADE.

Precedentes judiciais:

1. AMS 2001.34.00.014888-4/DF; APELAÇÃO EM MANDADO DE SEGURANÇA Órgão Julgador: SEXTA TURMA – Publicação: 04/12/2002 DJ Data da Decisão: 25/10/2002

Referências a decisões do CADE

Referência à própria decisão do CADE no caso, ao(s) voto(s) vencido(s).
"(...) e vejo, também, pelo memorial que recebi do douto advogado, que foi, inclusive, por maioria esta decisão [CADE], demonstrando que até entre eles há um problema de interpretação da lei".

Doutrina nacional ou estrangeira:

Não há.

Fundamentos da decisão: descrição (ratio decidendi) – Voto da Des. Maria do Carmo Cardoso.

"E, neste caso, vislumbro que o Cade, ao editar a Resolução 15, de 1998, extrapolou o dispositivo legal. Não há nada que justifique a aplicação desta multa"
"(...) e vejo, também, pelo memorial que recebi do douto advogado, que foi, inclusive, por maioria esta decisão [CADE], demonstrando que até entre eles há um problema de interpretação da lei".

Obter dictum

-

Referências normativas

Resolução 15 de 1998 do CADE.

Precedentes judiciais:

Menção a agravo (sem especificação).

Referências a decisões do CADE

Referência à própria decisão do CADE no caso, ao(s) voto(s) vencido(s).

Doutrina nacional ou estrangeira:

Não há.

CASO 04b: CADE X SONAIEMO – MULTA POR INTEMPESTIVIDADE

Parte I – Identificação do caso

Recurso Especial 984.249 – DF (2007/0210919-6)

Tribunal, Turma, Relator:

STJ, 1ª Turma, Relator Min. José Delgado (Relator para Acórdão Min. Teori Albino Zavascki).

Assunto: Termo inicial para a contagem do prazo legal de comunicação. Legalidade da Resolução nº 15/98.

Parte II – Resumo do caso

Em apelação, o TRF1 anulou a decisão do CADE no bojo da qual foi cominada multa à Recorrida, por entender que o art. 2º da Resolução 15/98, que fundamentou a condenação, ultrapassa os limites regulamentares. Assim, recorreu o CADE, alegando, em suma: "a) que o acórdão violou o disposto no §4º do art. 54 da Lei 8.884, de 1994; b) que tem legítima competência para exercer poder regulamentar; c) ter sido legal a decisão que tomou a atacada pela parte recorrida" (Relatório).

Fundamentos legais utilizados na decisão do CADE (art. 20, 21 ou 54, e respectivos parágrafos e incisos, da Lei nº 8.884/94):

Art. 54, §5º.

Parte III – Decisão judicial

A decisão foi unânime ou por maioria?

Maioria.

Houve decisão de "mérito judicial"?

Sim.

Em caso negativo, quais foram as razões pelas quais não houve análise do mérito?

Não aplicável

Em caso positivo, houve revisão da decisão do CADE?

Não.

A revisão foi de mérito e/ou forma?

Mérito.

Qual o efeito da decisão judicial na decisão do CADE?

Anulação da condenação do CADE.

Fundamentos da decisão: descrição (ratio decidendi) – Voto do Des. José Delgado

1. Ilegalidade da Resolução 15/98: "Dessa forma, ao editar a referida resolução, o CADE desrespeitou o limite de sua competência normativa, quando definiu que o momento da realização da operação seria a partir do primeiro documento vinculativo firmado entre as requerentes, alterando, dessa forma, o art. 54 da Lei 8.884/94, que estabelece o prazo máximo de quinze dias úteis de sua realização, violando, desta forma, o princípio constitucional da legalidade, que não permite que regulamentos alterem ou inovem o texto legal" (acórdão do TRF1, tomado como razão de decidir).

2. Ilegalidade da Resolução 15/98: "No respeitoso entendimento da SONAE, o CADE, ao editar tal Resolução, violou o seu poder regulamentar, na medida em que fixou prazo para apresentação de operação diferente daquele constante do §4, do artigo 54, da Lei 8.884/94 (...) Ora, se a lei prevê a realização da operação como *dies a quo* do prazo para apresentação, não pode o CADE, pela via de resolução administrativa, elastecer esse conceito, para nele incluir uma ressalva não constante da lei. 28. Mas foi o que fez o CADE ao ilegalmente, data venia, estabelecer que o termo inicial do prazo é a data do primeiro documento vinculativo, — "salvo quando alteração nas relações de concorrência entre as requerentes ou entre pelo menos uma delas e terceiro agente ocorrer em momento diverso." — 29. Apesar de ilegal tal ressalva, foi com base nela que o plenário do CADE, por maioria de votos, aplicou multa à SONAE, ao considerar que um simples instrumento de promessa seria suficiente para deflagrar o prazo para apresentação de operação que efetivamente só veio a se realizar com a posterior assinatura de seu respectivo memorando de fechamento" (defesa da empresa, tomada como razão de decidir).

3. Considerando apenas o que consigna o par. 4º do art. 54 da Lei 8884, não houve comunicação intempestiva.

Obter dictum

Não há.

Referências normativas

1, 2 e 3. Art. 54 da Lei 8.884/94.
2. Art. 37, *caput* e *cânon* 52, CF.

Precedentes judiciais:

1. AMS 2001.34.00.014888-4/DF; APELAÇÃO EM MANDADO DE SEGURANÇA Órgão Julgador: SEXTA TURMA Publicação: 04/12/2002 DJ Data da Decisão:
25/10/2002.
2. AMS 2000.34.00.009970-9/DF Rel. J. Conv. Urbano Leal Berquó Neto; 5ª T, j. 31.3.2003, DJ 30.6.2003; AMS 2001.34.00.014888-4/DF, Rel. J. Souza Prudente, j. 25.10.2002, DJ 4.12.2002, p. 29.

Referências a decisões do CADE

Não. Mencionou trechos da defesa da Recorrida e do acórdão do TRF1.

Doutrina nacional ou estrangeira:

Não há.

Fundamentos da decisão: descrição (ratio decidendi) – Voto do Des. Luiz Fux

1. "Deveras, o Conselho Administrativo de Defesa Econômica – CADE, em razão de suas atribuições institucionais, deve analisar os atos, sob qualquer forma manifestados, que possam limitar ou de qualquer forma prejudicar a livre concorrência."

2. "A ratio essendi do artigo 54, §4º, da Lei 8.884, de 11 de junho de 1994, é privilegiar a cautela e a prevenção com relação a efeitos possivelmente advindos de operações que venham a prejudicar o princípio constitucional da livre concorrência. Observa-se, assim, que o prazo estipulado no referido dispositivo legal decorre da necessidade de se analisar as operações em tempo hábil, ou seja, ante que eventualmente possam causar efeitos negativos no mercado".

3. "É que o controle [da Resolução 15/98] é preventivo e o ato vinculativo é obligativo desde logo, máxime quando irretratável e irrevogável, o que conjura qualquer eiva de ilegalidade do ato normativo secundário".

4. "O escopo preventivo conduz-nos a concluir que:
a) ao contrário do entendimento expresso no referido acórdão, observa-se que os artigos 7º, inciso XIX, e 51, da Lei 8.884/94, autorizam a edição da Resolução CADE nº 15/98, a qual somente explicitou o teor do artigo 54, §4º, da Lei 8.884/94, bem como foi elaborada em estrita observância dos limites do poder regulamentar;
b) o artigo 2º da Resolução CADE nº 15/98 apenas conferiu interpretação ao vocábulo "realização", insculpido no artigo 54, §4º, da Lei 8.884/94, como sendo "o primeiro documento vinculativo entre as requerentes", não havendo, portanto, criação de novo prazo, tento a Resolução in foco apenas ofertado parâmetro para a segura interpretação da Lei 8.884/94;
c) desde o primeiro ato vinculado já se constata a realização de atos que produzem efeitos nas condições concorrenciais do mercado, possibilidade a ocorrência de abuso do poder econômico e de um possível prejuízo para inúmeros consumidores, de sorte que, se o ato passou a produzir efeitos imediatos no mercado, não se pode considerar data posterior para marcar o início do prazo do artigo 54, §4º, da Lei 8.884/94."

5. "6. É importante o caráter preventivo das decisões do CADE, vinculado com a necessidade em se decidir em tempo econômico, sob pena de estas decisões tornaram-se (sic) obsoletas ou inócuas. 7. A efetiva atuação do CADE depende da cooperação dos agentes econômicos em notificar suas operações de fusão e aquisição no tempo mais próximo possível ao momento em que tiver ocorrido a alteração nas relações entre as partes.(...)" (trecho do voto do Conselheiro-Relator do caso no CADE;

6. Entre outras cláusulas vinculativas deste primeiro documento firmado pelas empresas, que já alteram o mercado da concorrência por si sós, encontra-se o "Item 14.1 O caráter irrevogável e irretratável do Instrumento, vedado o arrependimento, obrigando herdeiros e sucessores das Partes e a qualquer título"

Obter dictum

Não há.

Referências normativas

2. artigo 54, §4º, da Lei nº 8.884
3. Resolução nº 15/98
4. artigos 7º, inciso XIX, e 51, da Lei 8.884/94; artigo 54, §4º, da Lei 8.884/94

Precedentes judiciais:

Não há.

Referências a decisões do CADE

Referências às peças do CADE e ao parecer do Ministério Público.

Doutrina nacional ou estrangeira:

Não há.

Fundamentos da decisão: descrição (ratio decidendi) – Voto do Des. Teori Albino Zavascki

1. O art. 2º da Res. 15/98 é compatível com o texto da lei que ele regulamenta: ""Realização", aqui [art. 54, par. 4º, Lei 8884], tem o evidente significado de concretização jurídica, não de efetivação do resultado material do negócio. É que, independentemente do pleno exaurimento material (ou seja, da integral execução do ato negocial no plano da realidade), o só aperfeiçoamento jurídico do negócio produz (ou, pelo menos, tem aptidão para produzir) desde logo efeitos nas relações concorrenciais. Ora, a finalidade do controle desses negócios pelo CADE é, justamente, a de prevenir possíveis efeitos negativos nesse específico plano da concorrência. Assim, é inquestionável que a Resolução 15/98 andou bem quando adotou como momento da "realização" o da eficácia jurídica do negócio de concentração, ou seja, quando considerou realizado o negócio no momento em que há celebração de um ato juridicamente vinculativo. Nisso a Resolução não produziu qualquer inovação no mundo jurídico, nem houve, nesse ponto, extrapolação de limites entre norma regulamentadora e norma regulamentada."

2. A configuração da intempestividade independe da aprovação ou não da operação de fundo: "Por outro lado, é preciso considerar que o desatendimento do prazo previsto no §4º do art. 54 da Lei 8.884/94 constitui infração administrativa de natureza formal (de mera conduta, segundo a linguagem do direito penal). Sua tipicidade e sua consumação, portanto, não guardam qualquer relação de dependência com a legitimidade ou não dos documentos apresentados, ou com a aprovação ou não, pelo CADE, do negócio de concentração neles ajustado".

3. "Se, por um lado, tem o CADE o poder/dever de, em nome do princípio constitucional da livre concorrência (CF, art. 170, IV), velar pela legitimidade das operações de concentração, tem, por outro lado, o dever jurídico de não protrair, nem prolongar mais do que pelo tempo necessário, sua intervenção no livre exercício da atividade econômica das empresas, o que também é um predicado explícito nas normas constitucionais (CF, art. 170, caput e parágrafo único)."

4. "Quanto ao valor da multa, fixada em 180.000 UFIR, a autoridade administrativa o fixou em consideração à graduação legal (mínimo de 60.000 e máximo de 6.000.000), bem como a circunstância de estar consumada a infração e das condições econômicas dos infratores. Bem justificada a imposição, que se mostra razoável, não há ofensa a disposição legal a justificar a sua modificação. Também nesse ponto é de se restabelecer a sentença de primeiro grau".

Obter dictum

"Realmente, no momento em que duas empresas estabelecem um concerto de vontade de caráter vinculativo, é evidente que ficam criadas as condições para que os efeitos desse negócio se façam sentir imediatamente, inclusive no que se refere à limitação ou à eliminação de concorrência nas relações de mercado."

Referências normativas

1. art. 2º da Res. 15/98; art. 54, par. 4º, Lei 8884
3. CF, art. 170, caput, parágrafo único, IV.

Precedentes judiciais:

Não há.

Referências a decisões do CADE

Não há.

Doutrina nacional ou estrangeira:

Não há. Observações: *não há.*

CASO 05: CADE X Durr Brasil – MULTA POR INTEMPESTIVIDADE

Parte I – Identificação do caso

Apelação Cível 2003.34.00.021253-6/DF

Tribunal, Turma, Relator:

TRF 1, 8ª Turma, Relator Juiz Federal Roberto Veloso.

Assunto: Aplicação de multa por intempestividade. Data de início da contagem do tempo. Montante da multa.

Parte II – Resumo do caso

Trata-se de apelação interposta pelo CADE em face de sentença que julgou procedente a ação de conhecimento, para anular a multa de 60.000 UFIRs imposta no julgamento de ato de concentração, por entender não configurada efetiva intempestividade na comunicação da operação.

Fundamentos legais utilizados na decisão do CADE (art. 20, 21 ou 54, e respectivos parágrafos e incisos, da Lei 8.884/94):

Art. 54,§5º.

Parte III – Decisão judicial

A decisão foi unânime ou por maioria?

Unânime

Houve decisão de "mérito judicial"?
Sim.

Em caso negativo, quais foram as razões pelas quais não houve análise do mérito?
Não aplicável

Em caso positivo, houve revisão da decisão do CADE?
Sim.

A revisão foi de mérito e/ou forma?
Mérito.

Qual o efeito da decisão judicial na decisão do CADE?
Anulação da condenação de pagamento de multa.

Fundamentos da decisão: descrição (*ratio decidendi*) – Voto do Relator

1. Termo de início da contagem do prazo de comunicação: "O termo inicial do prazo de quinze dias úteis para a comunicação do "ato de concentração" (aquisição de 76,432% das ações da Caril Schenck), com fundamento no art. 54, §3°, da Lei 8.884/94, conta-se a partir da prática de algum ato no Brasil, e não da celebração do respectivo contrato em28/1 0/1 999 na Alemanha (fls. 27-30) ou do "fechamento da operação" ocorrido em 12/05/2000" (*).
2. Jurisprudência do CADE, no sentido de que o contrato só deve ser considerado quando firmado no Brasil: "Como bem lembrou a autora (fl. 8), "há diversos precedentes do próprio CADE nos quais, diante de uma hipótese como a presente, em que operações de concentração entre agentes que não mantém relações de concorrência, mas que alcançam o critério de faturamento do §30 do ad. 54, o Conselho considera que elas devem ser notificadas até 15 dias úteis a partir de seu fechamento jurídico, não do fechamento da operação no exterior" (*)
3. Mesmo que intempestiva a comunicação, o valor da multa é inconstitucional ("Ainda que se considere intempestiva a comunicação do "ato de concentração", viola o princípio constitucional do "devido processo legal substantivo" a multa de 60 mil UFIR prevista na Lei 8.884/94"), porque "nenhum ato que pudesse, de qualquer modo, prejudicar a concorrência foi praticado no Brasil, já que a aquisição, pela Dürr, dos 76,432% das ações da Carl Schenck não se refletiu em alteração alguma aqui. A comunicação do ato ao CADE foi, como já foi dito, preventiva. Em segundo lugar, porque, ainda que essa operação produzisse reflexos em nosso país, esse reflexos não prejudicariam a livre concorrência, como o próprio CADE acabou por concluir ao julgar o Ato de Concentração n° 080 12.006735/00-01. Assim, a operação foi informada meramente em virtude do critério do faturamento das empresas envolvidas, critério esse que, dado que evidentemente não há efeitos prejudiciais à concorrência no caso concreto, deveria ser atenuado" (*).
4. O contrato não gerou, nem poderia gerar, efeitos ao mercado até a avaliação de sua legalidade pelo CADE: "o contrato ficou suspenso até o pronunciamento do CADE, ou seja, não produziu nenhum efeito até o julgamento na via administrativa do ato de concorrência". Por isso, "Ora, pendente o contrato de condição suspensiva, não se poderia contar prazo para efeito de imposição de multa, como se aquele estivesse pronto e acabado".
5."No caso, ao contrário do que alega o CADE, a apelada cumpriu o que disciplina o §4°, do art. 54, da Lei 8.884/94, quando previamente submeteu o ato de concentração"
(*) Citações da sentença *a quo*.

Obter dictum
Não há.

Referências normativas
1. Art. 54, §3°, da Lei 8.884/94 3. Art. 54, par. 5°, Lei 8.884/94

Precedentes judiciais:
Não há.

Referências a decisões do CADE
Não há.

Doutrina nacional ou estrangeira:
Não há.

Observações: Nenhuma.

CASO 06: TELELISTAS X CADE – SUSPENSÃO DE USO DE MARCA

Parte I – Identificação do caso

Apelação Cível 2003.34.00.022475-3/DF

Tribunal, Turma, Relator:

TRF 1, 5ª Turma, Relator Juiz Federal Cesar Augusto Bearsi.

Assunto: Cautelar administrativa do CADE para suspensão de uso de marca com exclusividade

Parte II – Resumo do caso

Trata-se de apelação contra sentença que denegou a segurança, mantendo a validade de cautelar administrativa determinada pelo CADE para a suspensão do uso de marca com exclusividade. "Alega a Apelante que a liminar do CADE inviabiliza a concorrência, foi dada em ofensa à coisa julgada administrativa, não preenche os requisitos do art. 52 da Lei 8884/94 e suas determinações tem caráter irreversível. Nas contrarrazões os Apelados se filiaram à sentença para defender a legalidade do ato do CADE" (Relatório).

Fundamentos legais utilizados na decisão do CADE (art. 20, 21 ou 54, e respectivos parágrafos e incisos, da Lei 8.884/94):

Não aplicável

Parte III – Decisão judicial

A decisão foi unânime ou por maioria?

Unânime

Houve decisão de "mérito judicial"?

Sim.

Em caso negativo, quais foram as razões pelas quais não houve análise do mérito?

Não aplicável

Em caso positivo, houve revisão da decisão do CADE?

Não.

A revisão foi de mérito e/ou forma?

Não aplicável

Qual o efeito da decisão judicial na decisão do CADE?

Mantida.

Fundamentos da decisão: descrição (*ratio decidendi*) – Voto do Relator

1. O julgamento anterior acerca de outra cautelar não gera preclusão: "Inexiste preclusão em matéria cautelar, seja na via judicial, seja na administrativa. (...) O juiz ou o julgador administrativo podem deferir, modificar ou revogar a cautela em qualquer ponto do processo não se aplicando e sendo mesmo incompatível com a natureza das cautelares a idéia de preclusão".

2. Cautelares administrativas não são irreversíveis, nem causadoras irreparáveis de danos: "A determinação cautelar de mudança de cláusulas contratuais para que não mais prevejam direito de exclusividade no uso do nome Telemar não é irreversível, ao contrário, a exclusividade pode ser prontamente restabelecida em qualquer momento no qual venha a ser cassada a liminar". E "se a liminar deferida e depois revogada causar danos é responsabilidade de quem pediu a cautela indenizar e para isso o julgador pode até exigir previamente caução, conforme os arts. 804 e 811 do CPC".

3. "No confronto entre o valor jurídico constitucional concorrência, entronizado em nível superior pelo art. 170, IV da Constituição, e danos meramente econômicos a uma empresa particular não há dúvida sobre a prevalência do primeiro".

4. Quanto à presença dos requisitos do art. 52, da Lei 8884, e dos requisitos genéricos da cautelar, estão presentes: "Entendo presente entre esses requisitos o perigo de ineficácia do processo administrativo, pois é óbvio que se não fosse obstado o uso exclusivo do nome da TELEMAR a empresa Apelante teria anos até a solução da questão jurídica para formar clientela em detrimento das demais empresas que também produzem listas, gerando um dano aí sim irreparável e irreversível à valor jurídico concorrência. (...) No mais, entenda-se que a medida cautelar se contenta com a aparência de um bom direito e, no caso, tal aparência é, como falado, a de que o uso exclusivo do nome da TELEMAR por uma empresa que produz

listas telefônicas desequilibra injustamente a concorrência por fazer o consumidor acreditar que aquela é a única lista de telefones válida, oficial, confiável. Isto perturba a livre concorrência e gera um risco que precisava ser evitado pelo CADE, vindo em boa hora a cautelar administrativa".

5. "Imoralidade" da formação de monopólio: "O serviço de telefonia, mesmo delegado, continua sendo público e, ainda que seja em relação a um mero serviço acessório e complementar, com o fornecimento de listas telef ônicas, tem-se por imoral a criação de monopólio por uma empresa delegado em favor de uma empresa particular".

6. "A exclusividade que a Apelante quer defender como impulso à concorrência é nitidamente um atentado contra a concorrência, sendo totalmente plausível a liminar cautelar dada no processo administrativo até que a situação seja definitivamente julgada pelo CADE"

7. "O Judiciário em mandado de segurança pode nulificar atos ilegais ou abusivos do Poder Executivo, mas no caso o que se tem é uma cautelar plausível, dentro dos pressupostos legais de sua emissão (art. 52 da Lei 8.884/94), pelo que não merece reparo".

Obter dictum

Não há.

Referências normativas

2. Arts. 804 e 811 do CPC.
3. Art. 170, IV da Constituição.
4. Art. 52, da Lei 8884

Precedentes judiciais:

1. AG 1999.01.00.005923-8/DF, Rel. Juiz Lincoln Rodrigues de Faria (conv), Segunda Turma, DJ de 10/02/2000, p. 91.

Referências a decisões do CADE

Não há.

Doutrina nacional ou estrangeira:

1. Humberto Theodoro Júnior. *Curso de Direito Processual Civil.* 41. ed. Forense, 2007.

Observações: Nenhuma.

CASO 07: CADE x Total Fina – MULTA POR INTEMPESTIVIDADE

Parte I – Identificação do caso

Apelação no Mandado de Segurança 2001.34.00.014888-4/DF

Tribunal, Turma, Relator:

TRF 1, 6ª Turma, Relator Des. Souza Prudente.

Assunto: Início da contagem do prazo legal de comunicação.

Parte II – Resumo do caso

Trata-se de apelação interposta contra sentença do juízo da 5ª Vara Federal da Seção Judiciária do Distrito Federal, que, nos autos do mandado de segurança impetrado por Total Final Elf S/A e outros buscaram a anulação da decisão que lhes impôs multa por suposta violação ao artigo 54, parágrafos 4º e 5º, da Lei 8.884/94, assim concedendo a segurança, sob o fundamento de que a comunicação relativa aos atos de coligação das empresas impetrantes àquele Conselho fora efetivada tempestivamente. O CADE alegou, em suma, "(...) que o prazo de 15 (quinze) dias, previsto para essa finalidade, deve ser contado a partir do primeiro documento vinculativo firmado entre as requerentes, no caso, o "Protocolo de Acordo Geral" e a "Convenção de Contribuições em Espécie", ocorridos em 1º de dezembro de 1998, conforme disposto no art. 2º da Resolução 15/1998-CADE. Alega, ainda, que não merece prevalecer o entendimento adotado pelo julgado recorrido, no sentido de que a aludida Resolução teria alterado o disposto no §4º do art. 54 da Lei 8.884/94, posto que a aludida norma apenas emprestou interpretação ao dispositivo legal em referência, no tocante ao termo inicial do prazo ali estipulado" (Relatório).

Fundamentos legais utilizados na decisão do CADE (art. 20, 21 ou 54, e respectivos parágrafos e incisos, da Lei 8.884/94):

Art. 54, §5ª

Parte III – Decisão judicial
A decisão foi unânime ou por maioria?
Unânime
Houve decisão de "mérito judicial"?
Sim
Em caso negativo, quais foram as razões pelas quais não houve análise do mérito?
Não aplicável
Em caso positivo, houve revisão da decisão do CADE?
Sim
A revisão foi de mérito e/ou forma?
Mérito
Qual o efeito da decisão judicial na decisão do CADE?
Anulação da condenação do CADE.
Fundamentos da decisão: descrição (*ratio decidendi*) – Voto do Relator
1. A Resolução 15/98, utilizada como baliza para a aplicação da multa, é ilegal por ter ultrapassado seu poder regulamentar: "Ao contrário do que entende o CADE, a Resolução 15/98, ao emprestar interpretação ao §4º do art. 54 da Lei 8.884/94, alterou-lhe o conteúdo, na medida em que o termo inicial do prazo, ali, estabelecido, como sendo a partir da "realização" do ato, passou a ser a partir do "primeiro documento vinculativo firmado entre as requerentes". 2. A partir da interpretação correta do termo inicial para a contagem do prazo de comunicação, nota-se que a empresa não agiu intempestivamente: "Assim, não resta a menor dúvida de que o prazo previsto no aludido §4º do art. 54 da Lei 8.884/94 terá início a partir da conclusão do ato de concentração descrito na inicial, assim entendido o dia 04 de junho de 1999, quando finalizou-se a "Oferta de Troca" de ações entre as empresas envolvidas na transação de concentração do poder econômico. Postas estas considerações e tendo em vista que as impetrantes submeteram o ato de concentração em referência à apreciação do Conselho de Defesa Econômica – CADE no dia 08 de junho de 1999, conclui-se que essa comunicação se deu dentro do prazo legalmente previsto (Lei 8.884/90, art. 54, §4º), afigurando-se, em conseqüência, indevida a aplicação da multa questionada nestes autos".
Obter dictum
Não há.
Referências normativas
1. Resolução 15/98; §4º do art. 54 da Lei 8.884/94
Precedentes judiciais:
Não há.
Referências a decisões do CADE
Não há.
Doutrina nacional ou estrangeira:
Não há.

CASO 08: CADE x AGCO – MULTA POR INTEMPESTIVIDADE
Parte I – Identificação do caso
Apelação em Mandado de Segurança 1999 34 00 029156-5/DF
Tribunal, Turma, Relator:
TRF 1, 5ª Turma, Relator Juiz Federal Lindoval Marques de Brito.
Assunto: Valor da multa aplicada.

Parte II – Resumo do caso

De sentença do MM. Juízo Federal da 1ª Vara da Seção Judiciária do Distrito Federal que, em mandado de segurança, julgou procedente o pedido de AGCO do Brasil Comércio e Indústria Ltda., para reformar "a decisão do CADE e fixar o valor da multa imposta à empresa impetrante no mínimo legal (60.000 UFIR), nos termos do disposto no art. 54, §5º da Lei 8.884/94", multa esta antes estabelecida em 180.000, o CADE interpôs apelação.

Fundamentos legais utilizados na decisão do CADE (art. 20, 21 ou 54, e respectivos parágrafos e incisos, da Lei 8.884/94):

Art. 54, §5ª

Parte III – Decisão judicial

A decisão foi unânime ou por maioria?

Unânime

Houve decisão de "mérito judicial"?

Sim.

Em caso negativo, quais foram as razões pelas quais não houve análise do mérito?

Não aplicável

Em caso positivo, houve revisão da decisão do CADE?

Sim.

A revisão foi de mérito e/ou forma?

Mérito.

Qual o efeito da decisão judicial na decisão do CADE?

Modificação do valor da multa.

Fundamentos da decisão: descrição (*ratio decidendi*) – Rel. Juiz Federal Lindoval Marques de Brito

1. "Conquanto certo que a Administração Pública possa usar de discricionariedade na fixação da multa, no tocante ao *quantum*, não precisará de declinar justificativa para impor o limite mínimo previsto na legislação. Contudo, a apenação em patamar superior ao mínimo deverá ser plenamente motivada e com a adoção dos critérios preconizados na Lei 8.884/94, cujo art. 27 estipula:
"Art. 27. Na aplicação das penas estabelecidas nesta lei serão levados em consideração:
I – a gravidade da infração;
II – a boa-fé do infrator;
III – a vantagem auferida ou pretendida pelo infrator;
IV – a consumação ou não da infração;
V – grande lesão, ou perigo de lesão, à livre concorrência, à economia nacional, aos consumidores, ou a terceiros;
VI – os efeitos econômicos negativos produzidos no mercado;
VII – a situação econômica do infrator;
VIII – a reincidência"
Ainda que a decisão tenha se pautado em algum deles, seria preciso explicitá-lo.
2. "Pelo que observo do parecer jurídico de fls. 55-63, exarado de conformidade com o art. 42 da Lei 8.884/94, não há respaldo para a majoração da penalidade, consoante entendeu o ilustre parecerista (...)".
3. "No citado parecer, foi transcrito parte do voto do Conselheiro-Relator Ruy Santacruz, vencido na ocasião da apreciação do Ato de Concentração 117, por entender pela não aplicação da multa", em razão da indecisão do CADE quanto aos critérios para a aplicação do art. 54. Transcrição de trecho de manifestação da ProCADE no mesmo sentido (de assumir indecisão à época dos fatos quanto ao artigo de aplicação de multas).
4. Fixação do valor acima do mínimo deveria ter sido motivado: "Nada melhor do que as próprias fundamentações do CADE, por intermédio de sua Procuradoria-Geral, para se mostrar ter sido excessiva a quantidade na aplicação da sanção administrativa, a qual, no meu entender, se superior ao mínimo legal, passa a ser ato de cunho inafastavelmente vinculado, devendo ser plenamente motivado."

Obter dictum

"Tira-se daí a conclusão de que é necessário se fazer a submissão à apreciação do CADE dos atos "que possam limitar ou de qualquer forma prejudicar a livre concorrência, ou resultar na dominação de mercados relevantes de bens ou serviços", como estipula o art. 54, devendo ser considerado de tal natureza o ingresso de empresa estrangeira no mercado brasileiro, mediante a constituição de subsidiária nacional, para o fim de comprar outra indústria sediada no Brasil".

Referências normativas

1. Art. 27, Lei 8884.
2. Art. 42 da Lei 8.884/94
3. Art. 54, Lei 8884.

Precedentes judiciais:

Não há.

Referências a decisões do CADE

Há menção ao voto vencido.

Doutrina nacional ou estrangeira:

Não há.

Fundamentos da decisão: descrição (ratio decidendi) – Voto do Des. Antonio Ezequiel

1. "A mim me parece que, em princípio, não restou devidamente justificada a razão de não ter a agravada apresentado o primeiro instrumento de concentração e ter se sentido na obrigação de apresentar o segundo, que, acredito, são atos semelhantes. (...) Entretanto, pelas manifestações que Vossa Excelência leu nos autos, de parecerista interno do CADE (o procurador), ele revela (e ele está lá, no dia-a-dia das atividades do órgão), que havia essa incerteza sobre se esse ato deveria ter sido ou não comunicado na época."
2. "Aqui, também participo do entendimento de Vossa Excelência, de que seria necessário, para elevar a multa acima do mínimo, não digo numa quantia irrisória, mas numa quantia substancial, – porque ela foi multiplicada por três, – alguma justificativa, dentro desses critérios estabelecidos no art. 27"

Obter dictum

"Aí não poderíamos discutir se foi mais ou se foi menos, desde que se explicasse, de alguma forma, por que se deu essa elevação, o que está de acordo com o princípio consagrado na Constituição da necessidade de fundamentação dos atos, não apenas do Judiciário, mas, também, dos atos administrativos."

Referências normativas

2. Art. 27, Lei 8884.

Precedentes judiciais:

Não há.

Referências a decisões do CADE

Não há.

Doutrina nacional ou estrangeira:

Não há.

Fundamentos da decisão: descrição (ratio decidendi) – Voto do Des. Selene de Almeida

1. "1º. Não é da competência das empresas, mas sim competência exclusiva do CADE, dizer se um determinado ato de concentração representa ou não prejuízo à livre concorrência ou pode resultar de dominação de mercados relevantes de bens e serviços"
2. "2º. Entendeu-se também, à unanimidade, que, independentemente do resultado da apreciação pelo CADE, dos efeitos do ato de concentração, se nefastos ou não, persistia a obrigação acessória, pode-se dizer, de fazer a apresentação do ato de concentração, nos termos do art. 54, em seu §3º".
3. "(...) a deliberação do CADE a respeito da regularidade da operação, e mesmo que essa operação tenha sido realizada em favor de forma benéfica ao mercado, não isenta as empresas da apresentação do ato de concentração. Isto porque, como bem salientou o douto representante da Procuradoria Regional nesta assentada, essa providência de apresentação de ato de concentração tem uma natureza cautelar."
4. "A jurisprudência dos Tribunais hodiernamente se pauta no sentido de que, para a exacerbação de penalidades, seja de Direito Penal ou Direito Administrativo, o juiz e o administrador devem arrolar suas razões."

Obter dictum
"Também entendo como o Sr. Presidente, Desembargador Federal Antônio Ezequiel, que a letra clara do §3° do art. 54 não dá margem a nenhuma dúvida, a nenhuma elucubração a respeito de que qualquer ato de fusão, incorporação, compra, venda, etc., pudesse significar a necessidade da apresentação do ato de concentração. Todavia, pelo que dos autos consta, e pelas próprias declarações do Doutor Procurador do CADE em sua sustentação oral, a dúvida persistia (...)".
Referências normativas
2. Art. 54, par. 3°, Lei 8884.
Precedentes judiciais:
Menção a um caso da "semana passada"
Referências a decisões do CADE
Não há.
Doutrina nacional ou estrangeira:
Não há.
Observações: Nenhuma.

CASO 09a: Sindicato dos Laboratórios de Pesquisas e Análises Clínicas de Brasília x CADE – TABELA DE HONORÁRIOS MÉDICOS
Parte I – Identificação do caso
Apelação em Mandado de Segurança 1999.01.00.059757-6/DF
Tribunal, Turma, Relator:
TRF 1, 3ª Turma, Relator Juiz Convocado Julier Sebastião da Silva.
Assunto: CARTEL. PROCESSO ADMINISTRATIVO. Aplicação de tabela de honorários médicos.
Parte II – Resumo do caso
Trata-se de mandado de segurança impetrado objetivando a anulação da multa imposta pelo CADE por infração à ordem econômica (prática de cartel), mediante a imposição de utilização da tabela de honorários médicos aos seus associados. Segurança denegada em primeira instância. Sindicato interpôs apelação, que foi provida, anulando a decisão do CADE.
Fundamentos legais utilizados na decisão do CADE (art. 20, 21 ou 54, e respectivos parágrafos e incisos, da Lei 8.884/94):
Lei 8.884/94, Art. 20, I, II e IV e Art. 21, I, II e V.
Parte III – Decisão judicial
A decisão foi unânime ou por maioria?
Maioria.
Houve decisão de "mérito judicial"?
Sim.
Em caso negativo, quais foram as razões pelas quais não houve análise do mérito?
Não aplicável
Em caso positivo, houve revisão da decisão do CADE?
Sim.
A revisão foi de mérito e/ou forma?
Mérito.

Qual o efeito da decisão judicial na decisão do CADE?

Anulou decisão do CADE

**Fundamentos da decisão: descrição da *ratio decidendi*
Voto Vencedor – (Voto Vista – Juiz Daniel Paes Ribeiro)**

1. Não configura infração à ordem econômica a simples recomendação para utilização da Tabela de Honorários Médicos (não compulsória). Apenas sugere aos profissionais os valores mínimos de honorários capazes de remunerar os serviços prestados. Não contém norma de conduta, nem conduz a "conduta comercial uniforme ou concertada entre concorrentes" (cartel, nos termos do Art. 20 e Art. 21, inc. II, da Lei 8.884/94).

Obter dictum

Críticas ao Art. 20, que dispensa o exame de culpa para ver configurada a infração à ordem econômica. Está-se aí definindo tipologicamente certas ações como ilícitos. Ilícitos civis, naturalmente. Ora, o ilícito civil no princípio básico da lei brasileira (art. 159 do CC) assenta-se na culpa, naquele dispositivo definida.

Referências normativas:

1. Lei 8.884/94, Art. 20 e Art. 21, inc. II

Precedentes judiciais:

1. Cita voto do Min. Humberto Gomes de Barros, constante dos autos e transcrito no memorial: "a Tabela de Honorários Médicos resulta de um ato com o escopo de sugerir aos profissionais da Medicina, honorários mínimos, capazes de remunerar dignamente os serviços prestados".

Referências a decisões do CADE

Nenhuma.

Doutrina nacional ou estrangeira:

1. João Luiz Coelho da Rocha, *in Alguns Aspectos Heréticos da Lei Antitruste (Lei 8.884/94)*, Revista de Direito Mercantil, n. 97, Janeiro-Março/1995, p. 109/113. (*Obter dictum*).

Observações:

Nenhuma.

**Fundamentos do voto vencido:
Voto Vencido – (Voto Relator – Juiz Julier Sebastião da Silva)**

Alega a Apelante que orientou a utilização da tabela mencionada apenas como referencial para os médicos, não havendo qualquer tentativa de fixação de preços uniformes. Assertiva do Apelante é contrariada, no entanto, pelos convênios, que informam que somente serão atendidos aqueles que adotarem a tabela de honorários médicos da AMB. Mencionado documento foi subscrito por vários laboratórios filiados ao Impetrante. Como se nota, foi imposta a uniformização dos preços médicos, importando, destarte, em informação à ordem econômica e ao direito de escolher do consumidor.

**CASO 09b:
CADE x Sindicato dos Laboratórios de Pesquisas e Análises Clínicas de Brasília – TABELA DE HONORÁRIOS MÉDICOS**

Parte I – Identificação do caso

Agravo Regimental no REsp 467222/DF

Tribunal, Turma, Relator:

STJ, 1ª Turma, Relator Min. Luiz Fux.

Assunto: CARTEL. PROCESSO ADMINISTRATIVO. Aplicação de tabela de honorários médicos.

Parte II – Resumo do caso

Trata-se de mandado de segurança impetrado objetivando a anulação da multa imposta pelo CADE por infração à ordem econômica (prática de cartel), mediante a imposição de utilização da tabela de honorários médicos aos seus associados. Segurança denegada em primeira instância. Sindicato interpôs apelação, que foi provida, anulando a decisão do CADE. CADE interpôs REsp, ao qual foi negado seguimento (não conhecido). Mesmo resultado obteve o Agravo Regimental interposto.

Fundamentos legais utilizados na decisão do CADE (art. 20, 21 ou 54, e respectivos parágrafos e incisos, da Lei 8.884/94):

Lei 8.884/94, Art. 20, I, II e IV e Art. 21, I, II e V.

Parte III – Decisão judicial

A decisão foi unânime ou por maioria?

Unânime.

Houve decisão de "mérito judicial"?

Não.

Em caso negativo, quais foram as razões pelas quais não houve análise do mérito?

Ausência de indicação dos fundamentos da decisão que são atacados, bem como dos dispositivos da legislação federal violados.

Em caso positivo, houve revisão da decisão do CADE?

Não aplicável.

A revisão foi de mérito e/ou forma?

Não aplicável.

Qual o efeito da decisão judicial da decisão do CADE?

Anulou decisão do CADE.

Fundamentos da decisão: descrição da *ratio decidendi*
Voto Vencedor

Não aplicável.

Obter dictum

Não há.

Referências normativas:

Não há.

Precedentes judiciais:

Não há.

Referências a decisões do CADE

Não há.

Doutrina nacional ou estrangeira:

Não há.

Observações:

Nenhuma.

CASO 10a:
Companhia do Vale do Rio Doce x CADE – VOTO DE QUALIDADE (MINERVA)

Parte I – Identificação do caso

Apelação em Mandado de Segurança 2005.34.00.032899-7/DF

Tribunal, Turma, Relator:

TRF 1, 6ª Turma, Relator Des. Souza Prudente (Des. Rel. para acórdão Maria do Carmo Cardoso).

Assunto: ATO DE CONCENTRAÇÃO. Aprovação com restrição. Voto de qualidade (minerva).

Parte II – Resumo do caso

Trata-se de mandado de segurança impetrado objetivando a anulação das restrições impostas pelo CADE no AC, em razão da suposta nulidade da maioria atingida na votação (empate com voto de qualidade da presidente). Segurança denegada em primeira instância. Sindicato interpôs apelação, que foi improvida, mantendo a decisão do CADE.

Fundamentos legais utilizados na decisão do CADE (art. 20, 21 ou 54, e respectivos parágrafos e incisos, da Lei 8.884/94):

Lei 8.884/94, Art. 20, I, II e IV e Art. 21, I, II e V.

Parte III – Decisão judicial

A decisão foi unânime ou por maioria?

Maioria.

Houve decisão de "mérito judicial"?

Sim.

Em caso negativo, quais foram as razões pelas quais não houve análise do mérito?

Não aplicável.

Em caso positivo, houve revisão da decisão do CADE?

Não.

A revisão foi de mérito e/ou forma?

Não aplicável.

Qual efeito da decisão judicial na decisão do CADE?

Manteve a decisão do CADE.

Fundamentos da decisão: descrição da *ratio decidendi*
Voto Vencedor – (Voto Vogal – Des. Maria do Carmo Cardoso)

1. A apelante se apoia em dois vértices: (*i*) a falta de *quorum* para concluir-se pela restrição também ao mercado internacional, e (*ii*) a votação da Senhora Presidente, com voto de qualidade, e, aí, alcançando *quorum* de quatro votos para se dar validade àquela restrição.
2. A votação se deu nos termos da Lei 8.884/1994, art. 8º, II, uma vez que não tem a presidência daquele conselho faculdade, mas, obrigação, decorrente da atividade publica, cujo exercício é regulado pelo direito público. Portanto, o voto regular e o de qualidade não se confundem e podem ser cumulados no mesmo julgamento.
3. A alegação da aplicação do art. 18, *b*, do Regimento Interno, poderia levar à conclusão de que a votação deveria ser renovada e, havendo empate, o presidente da autarquia votaria pelo desempate. Ter-se-ia, então, a colisão das normas. Há de se interpretar a vontade do legislador, no inciso II do art. 8º, da Lei 8.884/1994, como norma imperativa que dispensa interpretação, ou seja, quando houver empate na votação a presidência do Conselho, cumprindo sua obrigação, lança seu voto de qualidade.

Obter dictum

-

Referências normativas:

Lei 8.884/94, Art. 8º, inc. II (Argumento 2).
Regimento Interno do CADE, Art. 18, *b* (Argumento 3).

Precedentes judiciais:

Não há.

Referências a decisões do CADE

Não há.

Doutrina nacional ou estrangeira:

Não há.

Observações:

Não há.

Fundamentos do voto vencido:
Voto Vencido – (Voto Relator – Des. Souza Prudente)

Arquivo em separado (18 páginas).

CASO 10b: CVRD X CADE – VOTO DE MINERVA

Parte I – Identificação do caso

Recurso Especial 966.930

Tribunal, Turma, Relator:

STJ, 1ª Turma, Relatora Ministra Eliana Calmon

Assunto: Voto de Minerva

Parte II – Resumo do caso

Recurso Especial interposto pela CVRD para reforma do acórdão do TRF da 1ª Região que manteve a decisão do CADE, onde se alegava pela parte a nulidade na decisão do colegiado em que a Presidente participou da decisão emitindo voto como integrante do Conselho e, depois, com voto de qualidade para o desempate, e que foi decidido pela restrição ao direito de preferência de compra do minério da Mina da Casa da Pedra estendida ao mercado externo, de forma mais gravosa a recorrente.

Fundamentos legais utilizados na decisão do CADE (art. 20, 21 ou 54, e respectivos parágrafos e incisos, da Lei 8.884/94):

Não disponível.

Parte III – Decisão judicial

A decisão foi unânime ou por maioria?

Unânime

Houve decisão de "mérito judicial"?

Sim.

Em caso negativo, quais foram as razões pelas quais não houve análise do mérito?

Não aplicável.

Em caso positivo, houve revisão da decisão do CADE?

Não.

A revisão foi de mérito e/ou forma?

Não aplicável.

Qual efeito da decisão judicial na decisão do CADE?

Manteve decisão do CADE.

Fundamentos da decisão: voto da Ministra Eliana Calmon:

1. Previsão legal expressa para a cumulação do voto nominal da presidente com o voto de desempate: "*A celeuma em torno da interpretação que se dá ao dispositivo é de absoluta desnecessidade, na medida em que sabemos ser possível a duplicidade de votos quando a lei assim permite, embora constitua-se como regra o só voto do presidente de um colegiado como voto de desempate, conclusão a que se chega quando assim está explicitado ou no silêncio da legislação (sic)"*.
2. Inexistência de conflito entre o art. 8º, II da lei 8.884 e o art. 18-B do Regimento do CADE, que determina necessidade de aprovação de restrição por quatro conselheiros quando o quórum seja de seis: "*Entendo que não destoa a norma regimental da regra legal, na medida em que o regimento trata, no dispositivo em destaque, da composição do quorum, e não da regra em caso de empate*".

3. Mesmo em havendo conflito, deveria prevalecer o disposto no art. 8, II, que permite a cumulação de votos da Presidente: *"Ademais, como bem ponderou a relatora, cujo voto acabou por conduzir o julgamento, caso colisão houvesse, haveria de prevalecer a norma da lei formal e não a disciplina regimental".*

4. Aplicação ao caso do princípio da legalidade determina a possibilidade de cumulação de votos nos termos do art. 8°, II: *"não posso deixar de aplicar o princípio da legalidade e, segundo a norma, como já analisado, não há como afastar-se o voto de qualidade da presidente do CADE, mesmo depois de ter sido por ela proferido voto como integrante do colegiado".*

Referências normativas

2. Lei 8.884 artigos 8°, II, 49, 51, 54, §§6° e 7°.
2. Art. 18-B do Regimento Interno do CADE.
2. Antigo Regimento do TRF da 1ª Região.

Precedentes judiciais:

Não há.

Referências a decisões do CADE

Não há.

Doutrina nacional ou estrangeira:

Não há.

Fundamentos do voto do Ministro João Otávio de Noronha:

1. A interpretação literal da lei 8884, em seu art. 8, II, permite a utilização do voto de desempate da Presidente quando também houver votado para atingir o quórum mínimo de votação do art. 49: *a cumulação do voto ordinário com o voto de qualidade não representa nenhuma irregularidade. Fazendo-se uma análise meramente literal da norma em questão, vê-se que o advérbio "inclusive" poder-se-ia ser interpretado como "até mesmo" ou "também".*

2. Inutilidade do voto de "minerva" se sempre que fosse necessário o desempate tivesse de ser renovado o julgamento: "Sem o voto de qualidade, o julgamento teria de ser renovado. E, se a opção fosse pela renovação, então o voto de qualidade poderia ser tido como complemento inútil, e a letra da lei conteria uma previsão inútil". (grifos no original).

3. O voto de qualidade não é uma inovação jurídica, mas prática já assentada em diversos outros órgão das Administração (cita lei da ANAC) e mesmo nos Regimentos Internos de alguns tribunais (cita o antigo do TRF da 1ª Região). *"Cabe observar que voto de qualidade não constitui nenhuma inovação, é prática segmentada no âmbito do Cade. A Lei n. 4.137/62, que regulava a repressão ao abuso do poder econômico antes da Lei n. 8.884/90, previa, em seu artigo 23, "c", a possibilidade de tal espécie de voto pelo Presidente, e nela estava consignado expressamente a hipótese de voto cumulativo. Inclusive o Cade, por meio da Resolução n. 45, de 28 de março de 2007, aprovou seu novo Regimento Interno, cuja redação do artigo 83 dissipa quaisquer dúvidas acerca do assunto, prevendo expressamente a possibilidade de voto cumulativo: prática do voto cumulativo é comum em diversos órgãos da Administração Pública, além de constar no Regimento Interno de alguns tribunais".*

Referências normativas

1. Lei 8.884, art. 8, II e 49.
3. Lei 4137/62, art. 23.

Precedentes judiciais:

Não há.

Referências a decisões do CADE

Não há.

Doutrina nacional ou estrangeira:

Não há.

CASO 10c: CVRD X CADE – Voto de Minerva

Parte I – Identificação do caso

Agravo Regimental no Agravo de Instrumento 682.486/DF

Tribunal, Turma, Relator:

STF, 1ª Turma, Relator Ministro Ricardo Lewandowski.

Assunto: Voto de Minerva

Parte II – Resumo do caso

Agravo Regimental interposto pela CVRD contra decisão que negou seguimento ao agravo de instrumento sob o fundamento de que as questões constitucionais suscitadas no Recurso Extraordinário não foram prequestionadas e que a ofensa à Constituição seria reflexa.

Fundamentos legais utilizados na decisão do CADE (art. 20, 21 ou 54, e respectivos parágrafos e incisos, da Lei 8.884/94):

Não disponível.

Parte III – Decisão judicial

A decisão foi unânime ou por maioria?

Unânime.

Houve decisão de "mérito judicial"?

Não.

Em caso negativo, quais foram as razões pelas quais não houve análise do mérito?

Ausência de prequestionamento, pois a tese constitucional apenas teria sido debatida no voto vencido.

Em caso positivo, houve revisão da decisão do CADE?

Não.

A revisão foi de mérito e/ou forma?

Não aplicável.

Qual efeito da decisão judicial na decisão do CADE?

Não aplicável.

Fundamentos da decisão: voto da Ministra Eliana Calmon:

Apesar de ter se discutido a questão da possibilidade de cumulação de votos pela Presidente do CADE no caso CVRD, o Tribunal entendeu não ter sido prequestionado os fundamentos constitucionais em que se baseava o Recurso Extraordinário não admitido no TRF da 1ª Região. Isso porque a tese constitucional apenas foi debatida no voto vencido, tendo sido a decisão do colegiado baseada em normas infraconstitucionais.

Dessa forma a discussão da questão de fundo desse caso se deu apenas em *obter dictum,* tendo sido improvido o Agravo Regimental no Agravo de Instrumento cujo objeto seria a admissão do Recurso Extraordinário.

Observações: Nenhuma.

CASO 11:
Unimed de Blumenau – Cooperativa de Trabalho Médico x CADE– CLÁUSULA DE UNIMILITÂNCIA

Parte I – Identificação do caso

Apelação em MS – 2000.34.00.007656-9/DF

Tribunal, Turma, Relator:

TRF 1, 5ª Turma, Relator Des. Fagundes de Deus.

Assunto: PRESTAÇÃO DE SERVIÇOS. CLÁUSULA DE EXCLUSIVIDADE. Domínio de mercado. Princípio da livre concorrência.

Parte II – Resumo do caso

Trata-se de mandado de segurança impetrado objetivando a anulação da multa imposta pelo CADE por infração à ordem econômica (cláusula da unimilitância), em prejuízo da livre concorrência, reforçando o domínio de mercado e propiciando o exercício abusivo de posição dominante. Segurança denegada em primeira instância. Cooperativa interpôs apelação, que foi improvida, mantendo a decisão do CADE.

Fundamentos legais utilizados na decisão do CADE (art. 20, 21 ou 54, e respectivos parágrafos e incisos, da Lei 8.884/94):

Art. 20, inc. I, e 21, inc. IV, V e VI, da Lei 8.884/94.

Parte III – Decisão judicial

A decisão foi unânime ou por maioria?

Unânime.

Houve decisão de "mérito judicial"?

Sim.

Em caso negativo, quais foram as razões pelas quais não houve análise do mérito?

Não aplicável.

Em caso positivo, houve revisão da decisão do CADE?

Não.

A revisão foi de mérito e/ou forma?

Não aplicável.

Qual efeito da decisão judicial na decisão do CADE?

Manteve decisão do CADE;

Fundamentos da decisão: descrição da *ratio decidendi*
Voto Vencedor – (Relator)

1. Unimilitância – Subsunção: a cláusula de exclusividade na prestação de serviços, prevista em estatutos de cooperativas médicas, afronta a norma prevista no art. 18, inciso III, da Lei 9.656/98, que veda a imposição de "contratos de exclusividade ou de restrição à atividade profissional" na área da saúde.
2. Precedente do STJ: em recente julgado do STJ, consolidou-se o entendimento de que o médico associado está obrigado a obedecer ao seu estatuto, devendo abster-se de prestar serviços em entidade congênere, se existir cláusula que prevê a exclusividade de prestação de serviços. A situação submetida àquela corte diz respeito à insatisfação de certos cooperados que, por não observarem a cláusula de exclusividade, foram excluídos do quadro associativo, não havendo qualquer interferência do CADE, como ocorre no âmbito deste processo. Ademais, aquele tribunal não apreciou a questão sob o ângulo da aplicabilidade do art. 18, inciso III, da Lei 9.656/98.
3. Conflito de leis: a Lei 5.764/71, que admite a cláusula de exclusividade (art. 29 §4º), é anterior à CF/88 e à Lei 9.656/98 e, por isso mesmo, a questão da dupla militância deve ser apreciada e dirimida tendo presente o óbice inscrito na norma legal, bem como o princípio constitucional da livre concorrência

Obter dictum

A referida cláusula de exclusividade gera uma situação em que a relação privada atingiu o interesse coletivo, ocasionando, por isso mesmo, situação que se qualifica como de domínio do mercado relativo à prestação de serviços médicos.

Referências normativas:

1. Lei 8.884/94, Art. 20, inc. I, e Art. 21, inc. IV, V e VI
3. Lei 5.764/71
1. Lei 9.656/98, Art. 18, inc. III.
3. Constituição Federal, Art. 170, inciso IV.

Precedentes judiciais:

3. *AG 2002.01.00.030647-0/DF, Rel. Desembargadora Federal Maria Isabel Galloti Rodrigues, DJ de 26.05.2003, p. 182.*
2. REsp 367.627/SP, Rel. Ministra Nancy Andrighi, Terceira Turma, DJ de 24.06.2002.

Referências a decisões do CADE

No tocante a esse ponto, ressalto que, conforme apuração do CADE (fls.175/177), em algumas cidades em que a Apelante atua, constata-se um controle de 100% das áreas de cardiologia, oftalmologia, ginecologia e pediatria. Desse modo, o paciente que se filiar a outro plano de saúde torna-se impedido de ter acesso a profissionais que atuam em determinadas especialidades médicas.

Doutrina nacional ou estrangeira:

Não há.

Observações:

Não há.

CASO 13:
Unimed Lages – Cooperativa de Trabalho Médico do Planalto Serrano Ltda. x CADE– CLÁUSULA DE UNIMILITÂNCIA

Parte I – Identificação do caso

Apelação em Mandado de Segurança – 2000.34.00.007658-4/DF

Tribunal, Turma, Relator:

TRF 1, 8ª Turma, Relator Juiz Convocado Mark Yshida Brandão.

Assunto: PRESTAÇÃO DE SERVIÇOS. CLÁUSULA DE EXCLUSIVIDADE. Domínio de mercado. Princípio da livre concorrência.

Parte II – Resumo do caso

Trata-se de mandado de segurança impetrado objetivando a anulação da multa imposta pelo CADE por infração à ordem econômica (cláusula da unimilitância), em prejuízo da livre concorrência, reforçando o domínio de mercado e propiciando o exercício abusivo de posição dominante. Segurança denegada em primeira instância. Cooperativa interpôs apelação, sustentando que as cooperativas são diferentes das demais sociedades, por ter como finalidade servir aos associados, sem intuito de lucro, sem haver subordinação de uns em proveito de outros, razão pela qual não haveria qualquer cerceamento ao livre exercício profissional. Apelação foi julgada prejudicada, mantendo a decisão do CADE.

Fundamentos legais utilizados na decisão do CADE (art. 20, 21 ou 54, e respectivos parágrafos e incisos, da Lei 8.884/94):

Art. 20, inc. I, e 21, inc. IV, V e VI, da Lei 8.884/94.

Parte III – Decisão judicial

A decisão foi unânime ou por maioria?

Unânime.

Houve decisão de "mérito judicial"?

Não.

Em caso negativo, quais foram as razões pelas quais não houve análise do mérito?

A decisão questionada nos autos foi anulada pelo Plenário do CADE, em razão do que ocorreu a perda do objeto (e perda do interesse de agir). MS prejudicado.

Em caso positivo, houve revisão da decisão do CADE?

Não.

A revisão foi de mérito e/ou forma?

Não aplicável.

Qual o efeito da decisão judicial na decisão do CADE?

Não aplicável.

Fundamentos da decisão: descrição da *ratio decidendi*
Voto Vencedor – (Relator)
Não houve análise de mérito judicial. A decisão questionada nos autos foi anulada pelo Plenário do CADE, em razão do que ocorreu a perda do objeto (e perda do interesse de agir). MS prejudicado.

Obter dictum
Não há.

Referências normativas:
Não há.

Precedentes judiciais:
Não há.

Referências a decisões do CADE
Não há.

Doutrina nacional ou estrangeira:
Não há.

Observações:
Nenhuma.

CASO 14:
Unimed Joinville – Cooperativa de Trabalho Médico do Planaito Serrano Ltda. x CADE– CLÁUSULA DE UNIMILITÂNCIA

Parte I – Identificação do caso
Apelação em Mandado de Segurança 2000.34.00.007653-0/DF

Tribunal, Turma, Relator:
TRF 1, 6ª Turma, Relator Juiz Convocado Mark Yshida Brandão.
Assunto: PRESTAÇÃO DE SERVIÇOS. CLÁUSULA DE EXCLUSIVIDADE. Domínio de mercado. Princípio da livre concorrência.

Parte II – Resumo do caso
Trata-se de mandado de segurança impetrado objetivando a anulação da multa imposta pelo CADE por infração à ordem econômica (cláusula da unimilitância), em prejuízo da livre concorrência, reforçando o domínio de mercado e propiciando o exercício abusivo de posição dominante. Segurança denegada em primeira instância. Cooperativa interpôs apelação, sustentando que as cooperativas são diferentes das demais sociedades, por ter como finalidade servir aos associados, sem intuito de lucro, sem haver subordinação de uns em proveito de outros, razão pela qual não haveria qualquer cerceamento ao livre exercício profissional. Apelação foi julgada prejudicada, mantendo a decisão do CADE.

Fundamentos legais utilizados na decisão do CADE (art. 20, 21 ou 54, e respectivos parágrafos e incisos, da Lei 8.884/94):
Art. 20, inc. I, e 21, inc. IV, V e VI, da Lei 8.884/94.

Parte III – Decisão judicial
A decisão foi unânime ou por maioria?
Unânime.
Houve decisão de "mérito judicial"?
Sim.
Em caso negativo, quais foram as razões pelas quais não houve análise do mérito?
Não aplicável.

Em caso positivo, houve revisão da decisão do CADE?

Não.

A revisão foi de mérito e/ou forma?

Não aplicável.

Qual efeito da decisão judicial na decisão do CADE?

Manteve decisão do CADE.

Fundamentos da decisão: descrição da *ratio decidendi*
Voto Vencedor – (Relator)

1. Unimilitância – Subsunção: a cláusula de exclusividade na prestação de serviços, prevista em estatutos de cooperativas médicas, afronta a norma prevista no art. 18, inciso III, da Lei 9.656/98, que veda a imposição de "contratos de exclusividade ou de restrição à atividade profissional" na área da saúde.

2. Âmbito da legislação das cooperativas e prevalência de princípios constitucionais (conflito aparente): a impetração não contra-argumenta nenhum dos Juízos do CADE. A impetrante baseia seu "writ" na alegação de que a lei de cooperativas lhe impõe cláusula de exclusividade e que a Constituição resguarda a liberdade de associação (Art. 30, §7º, e art. 35, IV, da Lei 5.764/71). Todavia, ainda que a impetrante se organizasse na exata dicção do dispositivo, a decisão do CADE mesmo assim subsistiria. A esses fundamentos, acrescento que o viés dessa exclusividade, pretendida pela impetrante, nada mais é do que o domínio do interesse financeiro em prejuízo do interesse coletivo e social, ainda que não comungue da expressão ministerial de que "é discutível se a impetrante não é empresa disfarçada de cooperativa".

3. Princípios constitucionais e defesa da concorrência: Essa prática, porém, encontra obstáculos em garantias fundamentais, asseguradas em nossa Carta Magna. Com efeito, e não obstante seja função do Estado apoiar e estimular o cooperativismo e outras formas de associativismo (CF, art. 174, §2º), essa função deve observar o princípio maior da livre concorrência, insculpido no art. 170, inciso IV, do Texto Constitucional em vigor, devendo a lei, inclusive, reprimir o "abuso do poder econômico que vise à dominação dos mercados, à eliminação da concorrência e ao aumento arbitrário dos lucros" (CF, art, 173, §4º), punindo os infratores da ordem econômica e financeira e da economia popular (CF, art, 173, §5º). Não se deve perder de vista, também, a garantia fundamental de uma ordem social voltada para o bem-estar e a justiça sociais (CF, art, 193), incluindo-se, aí, a proteção à saúde, bem coletivo e merecedor de tratamento privilegiado, a sobrepor-se a interesses privados, sendo "direito de todos e dever do Estado, garantido mediante políticas sociais e econômicas que visem à redução do risco de doença e de outros agravos e ao *acesso universal e igualitário às ações e serviços para sua promoção, proteção e recuperação*" (CF, art. 196). Nesta perspectiva constitucional, incluem-se os valores sociais do trabalho e da livre iniciativa, bem assim, a dignidade da pessoa humana, como fundamentos do Estado Democrático de Direito (CF, art. 1º, incisos III e IV), com vistas na construção de uma sociedade livre, justa e solidária (CF, art. 3º, I).

4. Defesa da concorrência e proteção ao consumidor: o CDC determina que "a Política Nacional de Relações de Consumo tem por objetivo o atendimento das necessidades dos consumidores, o respeito à sua dignidade, saúde e segurança, a proteção de seus interesses econômicos, a melhoria de sua qualidade de vida, bem como a transparência e harmonia das relações de consumo, reconhecendo, sobretudo, o princípio da vulnerabilidade do consumidor no mercado de consumo" (art. 4º, I). Portanto, a questão não deve ser tratada apenas sob o prisma da legalidade, nas alturas da constitucionalidade, para excluir-se, de vez, qualquer tentativa de estabelecer-se exclusividade ao serviço médico cooperado, como se pretende, na espécie dos autos.

Obter dictum

-

Referências normativas:

1. Lei 9.656/98, Art. 18, inc. III.
2. Lei 5.764/71, Art. 30, §7º, e Art. 35, IV
3. CDC, Art. 4º, inc. I
4. Constituição Federal, Art. 170, inc. IV, 193 e 196.

Precedentes judiciais:

2. AMS 2000.01.00.027915-0/MT, Rel. Juiz SOUZA PRUDENTE. Unânime. Julg. em 30.03.2001

Referências a decisões do CADE

Não há

Doutrina nacional ou estrangeira:
Não há

Observações:
Nenhuma

CASO 15a: CADE X Associação Médica de Brasília – TABELA AMB

Parte I – Identificação do caso

Apelação em Mandado de Segurança 1998.01.00.014517-7/DF

Tribunal, Turma, Relator:

TRF 1, Terceira Turma Suplementar, Relator Juiz Wilson Alves de Souza (convocado)

Assunto: UTILIZAÇÃO DA TABELA AMB. Tabelamento de preço. Anulação da decisão do CADE. Legalidade da utilização da tabela de honorários médicos da AMB.

Parte II – Resumo do caso

Trata-se de apelação interposta pelo CADE em face da decisão de procedência em MS, com pedido de liminar (deferida), impetrado pela ASSOCIAÇÃO MÉDICA DE BRASÍLIA. A apelação foi provida, anulou integralmente a decisão do CADE em P.A. e a multa dele decorrente, e decidiu pela legalidade da utilização da tabela da AMB.

Fundamentos legais utilizados na decisão do CADE (art. 20, 21 ou 54, e respectivos parágrafos e incisos, da Lei 8.884/94):

Art. 21, II e XIV (à época, art. 3º, I e XVII, da Lei 8158, de 1991, recepcionados pela lei 8.884/94).
Art. 23, III.

Parte III – Decisão judicial

A decisão foi unânime ou por maioria?

Unânime

Houve decisão de "mérito judicial"?

Sim.

Em caso negativo, quais foram as razões pelas quais não houve análise do mérito?

Não aplicável.

Em caso positivo, houve revisão da decisão do CADE?

Sim.

A revisão foi de mérito e/ou forma?

Mérito.

Qual o efeito da decisão judicial na decisão do CADE?

Alunou o P.A. 156/94 (apenso ao 08000.010318/1994-73)

Fundamentos da decisão: descrição (*ratio decidendi*)
Voto Vencedor (Relator) – Juiz Wilson Alves de Souza

1. Inexistência de tabelamento de preço – mera recomendação:
Não entendo que a simples recomendação dada pela Apelada a seus filiados para que utilizassem a Tabela de Honorários Médicos da AMB como parâmetro mínimo para remuneração dos serviços prestados possa ser considerada como prática limitadora da livre concorrência".
Não há poder de vinculação ou imposição, não pode obrigar seus filiados à pratica da conduta, nem cominar qualquer tipo de sanção pelo seu descumprimento.
2. A tabela AMB reforça a competitividade do setor e resguarda a dignidade profissional:
Acredito mesmo que a Tabela da AMB, por vezes, "empurra" os preços para baixo, forçando a competitividade no setor, resguardando, por outro lado, a dignidade dos profissionais da área médica. Não fosse assim, não seria ela de ampla utilização, como é notório. Boa parte das profissões regulamentadas utiliza do mesmo

mecanismo de "tarifação" de honorários como forma de evitar a volatilidade dos preços, sendo certo também que os próprios conselhos de fiscalização profissional se encarregam de sua elaboração e divulgação, a exemplo do que ocorre com a Ordem dos Advogados, dentre outros.
3. Relação entre exigibilidade da tabela AMB e cumprimento de Resolução de órgão governamental (Resolução 089/89 do Conselho Regional de Medicina do Distrito Federal):
Ora, se é o próprio órgão governamental descentralizado, responsável pela fiscalização da profissão médica, que exige a utilização da Tabela da AMB, onde está a ilegalidade da conduta da Apelada? Em conclamar seus associados ao cumprimento da norma? Certamente que não.

Obter dictum

4. Utilização reiterada e incorporada no mercado
Na verdade, tais tabelas de há muito se encontram incorporadas ao mercado como balizadoras dos preços praticados no setor médico. Aliás, os próprios planos de saúde, por vezes definem os valores dos procedimentos com base em tais estimativas, dada a seriedade com que são feitas, e por contarem com o aval do próprio Conselho Federal de Medicina. Note-se que até mesmo os órgãos da Administração Pública, vinculados à exigência de contratação pelo menor preço, utilizam-se do mencionado indicativo para pagamento de fornecedores, em face dos valores firmados serem bastante inferiores aos praticados em geral pelo mercado.

Referências normativas

1. Art. 3º, XV, da Lei 8.158/91
1. Arts. 20 e 21 da Lei 8.884/1994
3. Resolução 089/89 do Conselho Regional de Medicina do Distrito Federal

Precedentes judiciais:

3. MAS 1999.01.00.059757-6 /DF, julgado por esta Turma, da lavra do ilustre Juiz DANIEL PAES RIBEIRO

Referências a decisões do CADE

Não há.

Doutrina nacional ou estrangeira:

2. "Quando a Lei alude a direito líquido e certo, está exigindo que esse direito se apresente com todos os requisitos para seu reconhecimento e exercício no momento da impetração. em última análise, direito líquido e certo é direito comprovado de plano. Se depender de comprovação posterior, não é líquido nem certo, para fins de segurança. Evidentemente, o conceito de liquidez e certeza adotado pelo legislador do mandado de segurança não é o mesmo do legislador civil (CC, art. 1533). É um conceito impróprio – e mal-expresso – alusivo à precisão e comprovação do direito quando deveria aludir a precisão e comprovação dos fatos e situações que ensejam o exercício desse direito" (Hely Lopes Meyreles. In *Mandado de Segurança*. 22 Edição, p.36).

Observações: Nenhuma.

CASO 15b: CADE X Associação Médica de Brasília – TABELA AMB

Parte I – Identificação do caso

Agravo Regimental no Recurso Especial 663.179/DF

Tribunal, Turma, Relator:

STJ, Primeira Turma, Relator Ministro Francisco Falcão

Assunto: UTILIZAÇÃO DA TABELA AMB. Prequestionamento. Tabelamento de preço. Legalidade da tabela AMB

Parte II – Resumo do caso

Trata-se de Agravo Regimental no Recurso Especial 663.179/DF contra decisão monocrática do Relator que negou seguimento ao RESP por ausência de prequestionamento dos dispositivos infraconstitucionais mencionados na decisão da Apelação em Mandado de Segurança 1998.01.00.014517-7/DF. O recurso foi improvido por não estar presente o requisito do prequestionamento e por inexistir limitação à concorrência na mera recomendação de utilização da tabela AMB.

Fundamentos legais utilizados na decisão do CADE (art. 20, 21 ou 54, e respectivos parágrafos e incisos, da Lei 8.884/94):
Art. 21, II e XIV (à época, art. 3º, I e XVII da Lei 8158 de 1991, recepcionados pela lei 8.884/94). Art. 23, III.

Parte III – Decisão judicial
A decisão foi unânime ou por maioria?
Unânime
Houve decisão de "mérito judicial"?
Não
Em caso negativo, quais foram as razões pelas quais não houve análise do mérito?
Ausência de prequestionamento.
Em caso positivo, houve revisão da decisão do CADE?
Não aplicável.
A revisão foi de mérito e/ou forma?
Não aplicável.
Qual o efeito da decisão judicial na decisão do CADE?
Alunou o P.A. 156/94 (apenso ao 08000.010318/1994-73).
Fundamentos da decisão: descrição (*ratio decidendi*) Voto Vencedor: Relator Ministro Francisco Falcão
1. Prequestionamento *"A simples menção, no acórdão recorrido, de determinados dispositivos legais sem, contudo, o necessário proceder à sua valoração jurídica não satisfazem o pressuposto específico do prequestionamento."*
Obter dictum
2. LEGALIDADE DA UTILIZAÇÃO DA TABELA AMB *"Demais disso, conforme relevado na decisão ora agravada, "em verdade, o aresto baseou-se na Resolução n. 89/89 do Conselho Regional de Medicina do Distrito Federal para afirmar que a Tabela da AMB pode ser utilizada como 'parâmetro mínimo para remuneração dos serviços prestados', não se consubstanciando a simples recomendação de sua observância em prática limitadora da livre concorrência. Assim sendo, ainda que se pudesse entender prequestionado o art. 20 da Lei n. 8884/94, pela transcrição do voto condutor da AMS n. 1999.01.00.059757-6/DF, no acórdão recorrido, fundamento suficiente à sua mantença permaneceria incólume, o que redunda na conclusão de que ausente interesse recursal, in casu, ante a inutilidade do recurso para os fins almejados."*
Referências normativas
2. Arts. 20 da Lei 8.884/1994 2. Resolução 089/89 do Conselho Regional de Medicina do Distrito Federal
Precedentes judiciais
Não há.
Referências a decisões do CADE
Não há
Doutrina nacional ou estrangeira
Não há
Observações: Nenhuma.

CASO 16: CADE x Laboratórios Clínicos de Brasília Vacinas Imunizações – LACLIB S/C – TABELA AMB
Parte I – Identificação do caso
Apelação Cível 1999.34.00.005092-2/DF.

Tribunal, Turma, Relator:

TRF 1, Sétima Turma, Relator Juiz Federal Francisco Renato Codevila Pinheiro Filho (Convocado):

Assunto: UTILIZAÇÃO DA TABELA AMB. Tabelamento de preço. Legalidade e utilização da tabela de honorários médicos da AMB.

Parte II – Resumo do caso

Trata-se de Apelação Cível 1999.34.00.005092-2/DF contra decisão que julgou procedente os embargos à execução de título extrajudicial (decisão do CADE), consistente em impor à embargante a obrigação de não utilizar a tabela AMB ou outro instrumento equivalente de uniformização de preços como parâmetro para a retribuição de serviços, sob pena de aplicação de multa. Apelação improvida para permitir a utilização da Lista de Procedimentos Médicos da AMB.

Fundamentos legais utilizados na decisão do CADE (art. 20, 21 ou 54, e respectivos parágrafos e incisos, da Lei 8.884/94):

Art. 21, II e XIV (3º, I e XVII, da Lei 8158 de 1991, recepcionados pela Lei 8.884/94).

Parte III – Decisão judicial

A decisão foi unânime ou por maioria?

Unânime.

Houve decisão de "mérito judicial"?

Sim.

Em caso negativo, quais foram as razões pelas quais não houve análise do mérito?

Não aplicável.

Em caso positivo, houve revisão da decisão do CADE?

Sim.

A revisão foi de mérito e/ou forma?

Mérito.

Qual o efeito da decisão judicial na decisão do CADE?

Permitiu a utilização da Lista de Procedimentos Médicos. Não anulou a decisão do CADE.

Fundamentos da decisão: descrição (*ratio decidendi*)
Voto Vencedor (Relator) – Juiz Federal Francisco Renato Codevila Pinheiro Filho

1. Inexistência de tabelamento de preço – mera recomendação:
"Não há qualquer evidência nos autos no sentido de que os valores previstos na Lista de Procedimentos Médicos da AMB tenham sido utilizados com o objetivo de fraudar a concorrência no setor da prestação de serviços privados médico-hospitalares.
2. A tabela AMB reforça a competitividade do setor e resguarda a dignidade profissional:
De acordo com a embargante os aludidos valores refletem, não um padrão resultante de conluio dos profissionais e empresas do setor de saúde, mas o mínimo aceitável pela prestação do serviço, o que, aliás, digo eu, resguarda a qualidade dos serviços prestados, em garantia do próprio usuário.

Obter dictum

3. Legitimidade dos valores cobrados:
Ademais, do que se extrai dos autos (fls. 913/939), os valores aplicados aos planos de saúde são livremente pactuados entre as partes (médicos, hospitais e laboratórios, de um lado, e planos de saúde, de outro).
É importante destacar, ainda, não ser razoável supor que toda a classe médica, e empresas privadas prestadoras de serviços de saúde (hospitais, clínicas e laboratórios) tenham se juntado para, de forma expressa e flagrante, mediante a elaboração de uma tabela de preços, fraudar a livre concorrência e o direito de escolha dos usuários. Tal hipótese não me parece crível."
4. Inexistência de provas de efetiva cartelização (Voto Vogal – Juiz Federal Guilherme Doehler):
Caso haja algo que insinua o CADE a essa cartelização, deveriam então comprovar que essa tabela esteja efetivamente sendo utilizada de maneira uniforme por todos os profissionais do ramo. Parece-me que não há evidência disso, apenas alegação.

Referências normativas
Não há.

Precedentes judiciais:
1. *MAS 1999.01.00.059757-6/DF, Rel. Juiz Daniel Paes Ribeiro, Rel.Acor. Juiz Daniel Paes Ribeiro, Terceira Turma Suplementar, DJ de 28/01/2002* 1. *AC 1998.34.00.013139-7/DF – Rel. Juiz Federal César Augusto Bearsi – DJ de 23.11.2007* 1. *AMS nº 2002.34.00.014122-2/DF – Rel. Juiz Federal Carlos Augusto Pires Brandão – DJ de 15.10.2007* 1. *AMS 1998.01.00.014517-7/DF – Rel. Juiz Federal Wilson Alves de Souza – DJ de 16.01.2003*

Referências a decisões do CADE
Não há.

Doutrina nacional ou estrangeira:
Não há.

Observações: Nenhuma.

CASO 17: União x Clip & Clipping Publicidade e Produções Ltda. – APLICAÇÃO DE MULTA DO ART. 24 NO MOMENTO DA INSTAURAÇÃO DO PROCEDIMENTO ADMINISTRATIVO

Parte I – Identificação do caso

Apelação em Mandado de Segurança 1997.01.00.055315-7/DF

Tribunal, Turma, Relator:
TRF 1, 3ª Turma, Relator Juiz Evandro Reimão dos Reis

Assunto: Aplicação de multa do art. 24 no momento em que é instaurado o procedimento administrativo. Possibilidade da empresa contratar com a Administração quando responde a processo no CADE.

Parte II – Resumo do caso

Trata-se de apelação interposta pela União contra sentença que acolheu o pedido, em parte, formulado pela empresa Clips & Clipping Publicidade e Produções LTDA. O magistrado decidiu ser ilícita a aplicação das penas do artigo 24, da Lei 8.884/94, no ato de instauração do processo administrativo. Por isso, acolheu o pedido da empresa para anular ou impedir tal aplicação. Apelação provida.

Fundamentos legais utilizados na decisão do CADE (art. 20, 21 ou 54, e respectivos parágrafos e incisos, da Lei 8.884/94):

Art. 24

Parte III – Decisão judicial

A decisão foi unânime ou por maioria?

Unânime

Houve decisão de "mérito judicial"?

Sim.

Em caso negativo, quais foram as razões pelas quais não houve análise do mérito?

Não aplicável.

Em caso positivo, houve revisão da decisão do CADE?

Não.

A revisão foi de mérito e/ou forma?

Não aplicável.

Qual efeito da decisão judicial na decisão do CADE?

Manteve a decisão do CADE.

| Fundamentos da decisão: descrição (*ratio decidendi*) |
| Voto Vencedor (Relator) – Juiz Evandro Reimão dos Reis |

1. "Em qualquer fase do processo administrativo poderá o Secretário da SDE ou o Conselheiro-Relator, por iniciativa própria ou mediante provocação do Procurador-Geral, adotar medida preventiva, quando houver indício ou fundado receio de que o representado, direta ou indiretamente, cause ou possa causar ao mercado lesão irreparável ou de difícil reparação, ou torne ineficaz o resultado final do processo." Assim, a mera comunicação pelo preposto da apelante quanto à inidoneidade – comprovada – da recorrida, configura verdadeira atividade de cautela, expressamente prevista no transcrito dispositivo, no equivalente do processo judicial consubstancia o *periculum in mora* (receio de contratar firma que frauda licitação inclusive com combinação de preços) e *fumus boni iuris*. Trata-se pois, de procedimento que não malfere o inciso LV, do artigo 5º, da Lei Maior.

| *Obter dictum* |

Não há.

| Referências normativas |

1. CF, art. 5º, inc. LV.

| Precedentes judiciais: |

Não há.

| Referências a decisões do CADE |

Não há.

| Doutrina nacional ou estrangeira: |

Não há.

| Observações: Nenhuma. |

| CASO 18: Star One S/A e Alcatel x CADE |

| Parte I – Identificação do caso |

Apelação Cível 2003.34.00.035203-5.

| Tribunal, Turma, Relator: |

TRF 1, Sétima Turma, Desembargador Federal Antônio Ezequiel

Assunto: Homologação de desistência de recurso

| Parte II – Resumo do caso |

As apelantes desistiram do recurso. Não há outras descrições.

| Fundamentos legais utilizados na decisão do CADE (art. 20, 21 ou 54, e respectivos parágrafos e incisos, da Lei 8.884/94): |

Art. 6º, Lei 9781/99

| Parte III – Decisão judicial |

| A decisão foi unânime ou por maioria? |

| Não aplicável (Homologação da desistência pelo Relator). |

Houve decisão de "mérito judicial"?

Não.

Em caso negativo, quais foram as razões pelas quais não houve análise do mérito?

As apelantes desistiram do recurso.

| Em caso positivo, houve revisão da decisão do CADE? |

Não aplicável.

A revisão foi de mérito e/ou forma?

Não aplicável.

Qual o efeito da decisão judicial na decisão do CADE?

Não aplicável.

Fundamentos da decisão: descrição (*ratio decidendi*)

Não há.

Referências normativas

Não há.

Precedentes judiciais:

Não há.

Referências a decisões do CADE

Não há.

Doutrina nacional ou estrangeira:

Não há.

Observações: Nenhuma.

CASO 19: Unimed Blumenau x CADE – UNIMILITÂNCIA

Parte I – Identificação do caso

Apelação em Mandado de Segurança 1999.34.00.030902-1

Tribunal, Turma, Relator:

TRF 1, 5ª Turma, Relatora Juíza Federal Daniele Maranhão Costa Calixto (Convocada)

Assunto: UNIMILITÂNCIA. Anulação da decisão do CADE. Manutenção da cláusula estatutária que veda a chamada "dupla militância".

Parte II – Resumo do caso

Trata-se de Apelação interposta pela UNIMED BLUMENAU em face da decisão de improcedência em Mandado de Segurança 1999.34.00.030902-1, em que se pedia a anulação da decisão do CADE e a manutenção da cláusula estatutária que veda a chamada "dupla militância". Apelação improvida. Ilegalidade da cláusula de exclusividade.

Fundamentos legais utilizados na decisão do CADE (art. 20, 21 ou 54, e respectivos parágrafos e incisos, da Lei 8.884/94):

Art. 20, inciso I;
Art. 21, incisos IV, V e VI

Parte III – Decisão judicial

A decisão foi unânime ou por maioria?

Unânime

Houve decisão de "mérito judicial"?

Sim.

Em caso negativo, quais foram as razões pelas quais não houve análise do mérito?

Não aplicável.

Em caso positivo, houve revisão da decisão do CADE?

Não.

A revisão foi de mérito e/ou forma?
Não aplicável.

Qual o efeito da decisão judicial na decisão do CADE?
Manteve a decisão do CADE.

Fundamentos da decisão: descrição (*ratio decidendi*)
Voto Vencedor (Relator) – Juíza Federal Daniele Maranhão Costa Calixto

1. Ilegalidade da cláusula que veda duplamilitância. Desrespeito ao princípio da livre concorrência.
2. Cláusula de exclusividade extrapola relação privada – aplicação do princípio da prevalência do interesse público pelo privado:
Natureza privada da relação entre cooperativa e o profissional, regulamentada pelos seus estatutos, que contêm normas fundamentais sobre organização, direitos e deveres das partes, impostas àqueles que se filiam à cooperativa. É possível que a cooperativa, visando à concorrência, estipule, em seus estatutos, a exclusividade do profissional em relação a outras entidades concorrentes, como decorrência dos direitos contratuais.
Todavia, a partir do momento em que o CADE, exercendo sua função de repressor do abuso econômico, verifica que a relação privada está atingindo o interesse público, a situação se inverte.(...) Assim sendo, há que se aplicar, à hipótese, o princípio segundo o qual o interesse privado não pode se sobrepor ao interesse público. Há que se manter as relações privadas como tal, sem ingerência externa, até que suas ações atinjam o interesse público, quando então devem ser limitadas pelo órgão competente.
3. Caracterização de domínio de mercado relevante:
A cláusula em debate, que se caracteriza como liberdade de organização, levou ao domínio de mercado relevante, impedindo que o paciente, por meio de outro plano de saúde, possa ter acesso ao profissional escolhido. O profissional não pode ficar obrigado a deixar de atender a pacientes que o procurem, mas a não se associar a outra entidade congênere. O quadro de fls. 394 mostra, à saciedade, que o domínio de mercado chega, em alguns casos, v.g. nas áreas de oftalmologia, hematologia e oncologia, a 100%, não havendo qualquer dúvida quanto ao desrespeito ao princípio constitucional da livre concorrência.
4. Aplicação relativa da Lei 5.764/71:
Apesar de ser formalmente uma cooperativa, é público e notório que a Apelante pratica atos de comércio e, por conseguinte, não lhe podem ser aplicados, sem reservas, os termos da Lei 5.764/71, já que tem por objetivo maior a regulamentação de outras espécies de cooperativas.

Obter dictum
Não Há.

Referências normativas
4. Lei 5.764/71 Lei 8.884/94, arts 7°, incisos II e V; 20, inciso I, e 21, incisos IV e V.

Precedentes judiciais:
Não há.

Referências a decisões do CADE
Não há.

Doutrina nacional ou estrangeira:
Não aplicável

Observações: Nenhuma.

Fundamentos da decisão: descrição (*ratio decidendi*)
Voto Vista Desembargador Federal Antônio Ezequiel (Acompanhou o voto da Relatora)

1. As sociedades cooperativas, apesar de terem legislação específica, estão sujeitas à lei antitruste:
A sentença indeferiu a segurança, por considerar maculado o princípio da livre concorrência, e por considerar que o fato de as sociedades cooperativas possuírem legislação específica não lhes retira a obrigatoriedade de cumprirem os dispositivos da Lei 8.884/94 e da Lei 9.656/98, estando, também, sujeitas à fiscalização exercida pelo CADE (fl. 480).
2. Diálogo com os Acórdãos do STJ:
Esse entendimento foi mantido no voto da eminente Relatora, ao qual ora empresto a minha adesão, ressaltando, para logo, que os dois primeiros acórdãos acima referidos, do STJ, não examinaram a matéria de fundo, porque ambos os recursos não foram conhecidos, ao passo que o último deles apreciou o mérito, restando assim ementado:

"COMERCIAL – COOPERATIVA (UNIMED) – ATO DA ASSEMBLÉIA – ESTATUTOS.

I – No direito cooperativo, assentou a doutrina que os estatutos contém as normas fundamentais sobre a organização, a atividade dos órgãos e os direitos e deveres dos associados frente à associação. São disposições que valem para todos os partícipes (cooperados) por isso que de natureza geral e abstrata, tal como a constituição reguladora da vida do estado rege o comportamento das sociedades personificadas. Tais normas não assumem uma característica contratual, mas regulamentar ou institucional.

II – O associado que adere a Cooperativa Médica sujeita-se ao seu estatuto. Não está obrigado a não atuar livremente no atendimento a pacientes que o procurem. Todavia não pode vincular-se a outra entidade congênere, provocando concorrência à cooperativa e desvirtuando a finalidade com que instituída.

III – recurso conhecido e provido."

(fl. 101)

Vê-se, pois, que esse último decisório conferiu validade à cláusula estatutária que veda ao cooperado a dupla militância, cláusula essa que encontra supedâneo no art. 29, §4°, da Lei 5.764/71, que assim dispõe: "Não poderão ingressar no quadro das cooperativas os agentes de comércio e empresários que operem no mesmo campo econômico da sociedade"

Se bem que o profissional médico não possa ser considerado "agente de comércio", ou "empresário", enquanto exercendo, individualmente, a sua profissão liberal, contudo, admitida como legítima a organização de cooperativa de médicos, para prestação de serviços médicos, com base na lei citada (Lei 5.764/71), legitima-se, também, em princípio, a adoção de cláusula que estabeleça, para os seus associados, a mesma proibição de que trata a aludida disposição legal.

3. Diferenciação entre legalidade da vedação à dupla militância e demonstração concreta de ofensa à livre concorrência:

Isso não obstante, a validade de tal restrição não legitima a atuação da cooperativa em ofensa à livre concorrência, sendo esse o fato motivador da punição contra qual se insurge a apelante nestes autos, destacando-se, na decisão hostilizada, os seguintes trechos:

"Quanto à análise do setor, acentua-se que ficou demonstrado que o mercado relevante no caso é o de serviços médicos através de planos de seguros de saúde, sendo que, no plano geográfico, exerce nítida posição relevante.

Entretanto, o ponto nos parece fulcral é que, em exigir o cumprimento da supra citada cláusula de lealdade exclusiva, impede o acesso de concorrentes às fontes de insumo (serviços médicos profissionais). Nesse passo, basta uma passada de olhos no quadro elaborado às fls. 168, para que se tenha noção de que em algumas especialidades a concentração de médicos cooperados à Reclamada chega a 100% (cem por cento)." (fl. 412)

4. Limites da relação privada entre médico e cooperativa:

Daí afirmar, em seu voto, a eminente Relatora:

"Não há qualquer dúvida de que a relação entre a cooperativa e o profissional que a ela se filia é regulamentada pelos seus estatutos, que contêm normas fundamentais sobre organização, direitos e deveres das partes, impostas àqueles que se filiam à cooperativa.

Trata-se, pois, de uma relação privada entre cooperativa profissional, que somente se mantém filiado enquanto aderir às suas normas, podendo, por conseguinte, desvincular-se a qualquer tempo.

Da mesma forma, plenamente possível que a cooperativa, visando à concorrência, estipule, em seus estatutos, a exclusividade do profissional em relação a outras entidades concorrentes.

Dentro desse aspecto, somente se verificam questões privadas entre partes capazes e legítimas, exercentes de seus direitos oriundos de contrato.

Todavia, a partir do momento em que o CADE, exercendo sua função de repressor do abuso econômico, verifica que a relação privada está atingindo o interesse público, a situação se inverte." (fl. 542)

Verifica-se, pois, que a sentença apelada não anulou o dispositivo estatutário que veda a dupla militância do cooperado, mas apenas decidiu que não pode a cooperativa, com base em tal cláusula, praticar o domínio do mercado. Tanto que a sentença registra, ao seu final, que "a não aplicação (pelo CADE) das sanções em outras congêneres da impetrante deve-se ao fato da não comprovação de domínio do mercado." (fl. 481)

Desse modo, ainda quando se reconheça que a disposição constante do inciso III do art. 18 da Lei 9.656/98 (que veda ao prestador de serviços ou profissional de saúde que houver aceito a condição de contratado ou credenciado de uma operadora de planos ou seguros privados de assistência à saúde "impor contrato de exclusividade ou de restrição à atividade profissional"), não se dirige aos cooperados, mas, sim, às empresas ou profissionais de saúde credenciados de outras entidades operadoras de planos ou seguros privados de assistência à saúde, isso não libera a sociedade cooperativa para, através do uso da cláusula vedatória da "dupla militância", exercer o domínio do mercado, porque a tanto se opõe o art. 170, inciso IV, da Constituição Federal, que assegura o princípio da livre concorrência.

Obter dictum
Não há.

Referências normativas

1. Lei 8.884/94, artigos 20, incisos I, e 21, incisos IV, V e VI.
1. Lei 9.656/98, art. 18, inciso III.
2. Lei 5.764/71, art. 29, §4º
4. Lei 9.656/98, art. 18, inciso III.
4. CF, art. 170, inciso, IV

Precedentes judiciais:

2. STJ nos REsps 36.189-3/RS (4ª Turma) e 83713-RS (3ª Turma) e REsp 126.391-SP (3ª Turma)

Referências a decisões do CADE

"E, de fato, como registrado na sentença apelada, apurou o CADE (v. quadro de fl. 394) que a apelante controla, através de seus cooperados, na sua área de atuação geográfica, 100% da Oftalmologia, da Hematologia, da Oncologia, da Alergologia, da Psiquiatria e da Anestesiologia; 88,8% da Otorrinolaringologia e 84,2% da Pediatria, o que, sem dúvida, configura absoluto domínio de mercado, em detrimento não apenas dos interesses de outras empresas do gênero, mas de grande parte da população local, que, em se associando a outro plano de saúde, fica impedida de recorrer, através dele, a todos os profissionais cooperados da apelante."

Doutrina nacional ou estrangeira:

Não há.

Fundamentos da decisão: descrição (*ratio decidendi*)
Voto-Vogal Juiz Urbano Leal Berquó Neto

"Acompanho o voto do Desembargador Antônio Ezequiel".

Obter dictum

"Apenas aduzindo que a saúde é um direito público, de acordo com os arts. 196 e 197 da Constituição Federal. Então, por maior que seja a possibilidade de existir alguma cláusula legal, como há, a vedar que haja essa dupla militância, isso deve ser tomado com certo tempero, porque acima disso está o interesse da sociedade, o interesse público da comunidade.
Assim, apenas acrescentando esses pequenos dados, acompanho o Desembargador Antônio Ezequiel e a Juíza-Relatora."

Referências normativas

Não há.

Precedentes judiciais:

Não há.

Referências a decisões do CADE

Não há.

Doutrina nacional ou estrangeira:

Não há.

Observações: Nenhuma.

CASO 20: Associação Médica de Londrina – AML e Hospital Infantil e Maternidade Sagrada Família. x CADE

Parte I – Identificação do caso

Apelação Cível 2003.34.00.040126-4.

Tribunal, Turma, Relator:

TRF 1, Quinta Turma, Juiz Federal Pedro Francisco da Silva (convocado)

Assunto: Anulação da multa do CADE.

Parte II – Resumo do caso

Recurso de apelação prejudicado. O CADE comunicou o pagamento da dívida pela apelante.

Fundamentos legais utilizados na decisão do CADE (art. 20, 21 ou 54, e respectivos parágrafos e incisos, da Lei 8.884/94):

Art. 20, incisos I e IV, c.c. o art. 21, inciso II

Parte III – Decisão judicial

A decisão foi unânime ou por maioria?

Não aplicável.

Houve decisão de "mérito judicial"?

Não.

Em caso negativo, quais foram as razões pelas quais não houve análise do mérito?

O CADE comunicou o pagamento da dívida pela apelante.

Em caso positivo, houve revisão da decisão do CADE?

Não aplicável.

A revisão foi de mérito e/ou forma?

Não aplicável.

Qual o efeito da decisão judicial na decisão do CADE?

Mantida. Parte pagou a dívida.

Fundamentos da decisão: descrição (*ratio decidendi*)

Não aplicável.

Referências normativas

Não há.

Precedentes judiciais:

Não há.

Referências a decisões do CADE

Não há.

Doutrina nacional ou estrangeira:

Não há.

Observações: Nenhuma

CASO 21: Microsoft informática ltda X CADE – AMPLA DEFESA / ACORDO

Parte I – Identificação do caso

Apelação em Mandado de Segurança 2002.34.00015214-0.

Tribunal, Turma, Relator:

TRF da 1ª Região, Sexta Turma, Relator Desembargador Daniel Paes Ribeiro (decisão monocrática).

Assunto: Ampla defesa e contraditório no procedimento administrativo. Realização de acordo.

Parte II – Resumo do caso

Cuida-se de apelação em mandado de segurança impetrado por MICROSOFT INFORMÁTICA LTDA. contra ato do Departamento de Proteção e Defesa Econômica, da Secretaria de Direito Econômico do Ministério da Justiça e do seu respectivo Secretário. A impetrante visava garantir o direito à ampla defesa e ao contraditório em processo administrativo instaurado pelos impetrados para investigação de suposta prática de atos irregulares no mercado de produtos de informática.

Fundamentos legais utilizados na decisão do CADE (art. 20, 21 ou 54, e respectivos parágrafos e incisos, da Lei 8.884/94):

Não houve.

Parte III – Decisão judicial

A decisão foi unânime ou por maioria?

Não aplicável.

Houve decisão de "mérito judicial"?

Não.

Em caso negativo, quais foram as razões pelas quais não houve análise do mérito?

Foi realizado acordo entre as partes.

Em caso positivo, houve revisão da decisão do CADE?

Não aplicável.

A revisão foi de mérito e/ou forma?

Não aplicável.

Qual efeito da decisão judicial na decisão do CADE?

Não aplicável.

Fundamentos da decisão: descrição (*ratio decidendi*)

Com a realização do acordo, homologado em primeira instância, *restou sem objeto a presente demanda, razão pela qual extingo o processo, sem julgamento do mérito, com fulcro no art. 267, inciso VI, do Código de Processo Civil.*

Referências normativas

Art. 267, VI do CPC.

Precedentes judiciais:

Não há.

Referências a decisões do CADE

Não há.

Doutrina nacional ou estrangeira:

Não há.

Observações: Nenhuma.

CASO 22: TBA informatica e Só software ltda X CADE – SUSPENSÃO DE PA E DESISTÊNCIA DO RECURSO.

Parte I – Identificação do caso

Apelação em Mandado de Segurança 2004.34.000266648.

Tribunal, Turma, Relator:

TRF da 1ª Região, Quinta Turma, Relatora Desembargadora Selene Maria de Almeida.

Assunto: Suspensão de Processo Administrativo. Desistência do recurso pela parte.

Parte II – Resumo do caso

A parte requeria a exclusão do processo administrativo 08012.008024/98-49 da pauta de julgamento da 328ª Sessão Ordinária do CADE, bem como a suspensão do aludido processo e seus incidentes até a decisão final do mandado de segurança preventivo que teria ajuizado.

Fundamentos legais utilizados na decisão do CADE (art. 20, 21 ou 54, e respectivos parágrafos e incisos, da Lei 8.884/94):

Não há dado.

Parte III – Decisão judicial

A decisão foi unânime ou por maioria?

Não aplicável.

Houve decisão de "mérito judicial"?

Não.

Em caso negativo, quais foram as razões pelas quais não houve análise do mérito?

Não aplicável.

Em caso positivo, houve revisão da decisão do CADE?

Não aplicável.

A revisão foi de mérito e/ou forma?

Não aplicável.

Qual efeito da decisão judicial na decisão do CADE?

Não aplicável.

Fundamentos da decisão: descrição (*ratio decidendi*) – Voto do Relator

Instada a manifestar-se sobre o pedido de homologação de desistência recursal, a apelante veio a juízo (fl. 853) confirmando as informações prestadas na petição de fls. 835/851, requerendo, assim, a extinção do feito com a baixa dos autos à origem.

Referências normativas

Art. 501 do CPC c/c o art. 30, inciso, VII, do RI/TRF/1ª Região

Precedentes judiciais:

Não há.

Referências a decisões do CADE

Não há.

Doutrina nacional ou estrangeira:

Não há.

Observações: Nenhuma

CASO 23a: CADE X Unimed missões – UNIMILITÂNCIA

Parte I – Identificação do caso

Apelação Cível 2003.71.05.000040-2/RS.

Tribunal, Turma, Relator:

TRF 4, Quarta Turma, Relator Desembargador Federal Edgard Antônio Lippmann Júnior.

Assunto: UNIMILITÂNCIA. Nulidade do título executivo extrajudicial (decisão do CADE). Embargos à execução.

Parte II – Resumo do caso.

Trata-se de embargos à execução de título extrajudicial opostos pela UNIMED MISSÕES – contra o CADE. Aduziu a Parte Embargante, inicialmente, a conexão do presente feito com a ação anulatória de procedimento administrativo ajuizada antecedentemente, reportando-se, quanto ao mérito, aos argumentos aduzidos naquele feito. Ainda referiu excesso de execução pela utilização da Selic como critério de correção monetária e pela aplicação do encargo legal, ante a ausência de previsão legal. Recebidos os embargos e

suspensa a execução. Reconhecida a conexão e determinado o apensamento dos autos à ação ordinária 2003.71.05.000040-2
apelação cível interposta pelo CADE em face de decisão de procedência de embargos à execução que desconstituiu a CDA que ampara a execução, tendo sido julgado extinto os embargos, na forma do art. 269, I, do CPC, e a execução, na forma do art. 618, I, do CPC. Recorreu o CADE, postulando a reforma da sentença, sob o argumento de ser legal a decisão administrativa que considerou como abuso do poder econômico a conduta praticada pela UNIMED MISSÕES – consistente na vedação aos médicos cooperados de prestar serviços a outros planos de saúde – denominada cláusula de exclusividade. Apelação improvida.

Fundamentos legais utilizados na decisão do CADE (art. 20, 21 ou 54, e respectivos parágrafos e incisos, da Lei 8.884/94):
Art. 20, incisos I, II e IV c/c Art. 21, incisos IV, V e XXIII. Art. 23, III. Art. 24, I. Art. 26

Parte III – Decisão judicial
A decisão foi unânime ou por maioria?
Unânime
Houve decisão de "mérito judicial"?
Sim.
Em caso negativo, quais foram as razões pelas quais não houve análise do mérito?
Não aplicável.
Em caso positivo, houve revisão da decisão do CADE?
Sim.
A revisão foi de mérito e/ou forma?
Mérito
Qual o efeito da decisão judicial na decisão do CADE?
A decisão foi anulada.
Fundamentos da decisão: descrição (*ratio decidendi*) – Voto do Relator
1. "Esclareço que a matéria não comporta maiores digressões, à medida que há posição recente firmada junto ao Colendo Superior Tribunal de Justiça que vai de encontro à tese defendida pela Parte Apelante (...) inexistem elementos nos autos que permitam concluir pela existência de cláusula de exclusividade ou de monopólio no Estatuto da Cooperativa, objeto do questionamento. No que diz respeito ao pedido de tutela antecipada em sede recursal, visando ao depósito judicial do valor integral da multa, rejeito-o por não vislumbrar perigo de lesão grave ou de difícil reparação a justificar a medida."
Obter dictum
Não há.
Referências normativas
Não há.
Precedentes judiciais:
1. REsp 431.106/SP, Rel. Ministro FERNANDO GONÇALVES, QUARTA TURMA, julgado em 07.10.2004, DJ 14.02.2005 1. AgRg no Resp 685.327/RS, Rel. Ministro CASTRO FILHO, TERCEIRA TURMA, julgado em 27.09.2005, DJ 17.10.2005
Referências a decisões do CADE
Não há.
Doutrina nacional ou estrangeira:
Não há.
Observações: Nenhuma.

CASO 23b: CADE X Unimed missões cooperativa de trabalho médico – UNIMILITÂNCIA

Parte I – Identificação do caso

Agravo Regimental no Resp 988918/RS

Tribunal, Turma, Relator:

STJ, 1ª Turma, Relatora Ministra Denise Arruda.

Assunto: Cláusula de exclusividade

Parte II – Resumo do caso

Trata-se de recurso especial interposto com fundamento no art. 105, III, a e c, da Constituição Federal, em face de acórdão do Tribunal Regional Federal da 4ª Região proferido em embargos à execução fiscal, no qual se decidiu pela nulidade do procedimento administrativo que deu origem ao débito, e por consequência da CDA que amparava a execução embargada.

Fundamentos legais utilizados na decisão do CADE (art. 20, 21 ou 54, e respectivos parágrafos e incisos, da Lei 8.884/94):

Art. 20, I, II e V, c/c Art. 21, IV, V e XXIII.

Parte III – Decisão judicial

A decisão foi unânime ou por maioria?

Unânime

Houve decisão de "mérito judicial"?

Não.

Em caso negativo, quais foram as razões pelas quais não houve análise do mérito?

Existência de dois fundamentos suficientes na decisão recorrida, sendo que o recurso versa apenas sobre um deles. Aplicação da súmula 283 do STF.

Em caso positivo, houve revisão da decisão do CADE?

Não aplicável.

A revisão foi de mérito e/ou forma?

Não aplicável.

Qual efeito da decisão judicial na decisão do CADE?

Não aplicável.

Fundamentos da decisão: descrição (*ratio decidendi*) – Voto Relator

1. REsp: O recorrente limitou-se a defender a ilegalidade da cláusula de exclusividade.
Deixou de impugnar, no entanto, o segundo fundamento do acórdão recorrido, relacionado à inexistência da referida cláusula nos estatutos da ora recorrente.
Aplica-se, desse modo, o princípio consolidado na Súmula 283/STF:
"*É inadmissível o recurso extraordinário, quando a decisão recorrida assenta em mais de um fundamento suficiente e o recurso não abrange todos eles*".
2. AgRg no Resp: Inadmissibilidade do recurso especial quando a decisão recorrida assenta em mais de um fundamento suficiente e o recurso não abrange todos eles. Incidência, por analogia, da Súmula 283/STF

Referências normativas

1. Resp: arts. 20, I, II e IV, e 21, IV e V, da Lei 8.884/94, e art. 18, III, da Lei 9.656/98
art. 557, caput, do CPC.
2. AgRg no Resp: Súmula 7 do STJ e Súmula 283 do STF.

Precedentes judiciais:

1. Resp: Resp 851.016/RS, AgRg no Resp 748.793/DF.
2. AgRg: Resp 851.016, AgRg no Resp 748.793/DF, Resp 815.038/PI.

Referências a decisões do CADE

Não há.

Doutrina nacional ou estrangeira:

Não há.

Observações: Nenhuma.

CASO 23c: CADE X Unimed missões cooperativa de trabalho médico – UNIMILITÂNCIA

Parte I – Identificação do caso

REsp 997.867 e Agravo Regimental 997.867.

Tribunal, Turma, Relator:

STJ, 1ª Turma, Relatora Ministra Denise Arruda.

Assunto: Cláusula de exclusividade

Parte II – Resumo do caso

Trata-se de recurso especial interposto com fundamento no art. 105, III, a e c, da Constituição Federal, em face de acórdão do Tribunal Regional Federal da 4ª Região proferido em embargos à execução fiscal, no qual se decidiu pela nulidade do procedimento administrativo que deu origem ao débito, e por consequência da CDA que amparava a execução embargada.

Fundamentos legais utilizados na decisão do CADE (art. 20, 21 ou 54, e respectivos parágrafos e incisos, da Lei 8.884/94):

Art. 20, I, II e V, c/c Art. 21, IV, V e XXIII.

Parte III – Decisão judicial

A decisão foi unânime ou por maioria?

Unânime

Houve decisão de "mérito judicial"?

Não.

Em caso negativo, quais foram as razões pelas quais não houve análise do mérito?

Existência de dois fundamentos suficientes na decisão recorrida, sendo que o recurso versa apenas sobre um deles. Aplicação da súmula 283 do STF.

Em caso positivo, houve revisão da decisão do CADE?

Não aplicável.

A revisão foi de mérito e/ou forma?

Não aplicável.

Qual efeito da decisão judicial na decisão do CADE?

Não aplicável.

Fundamentos da decisão: descrição (ratio decidendi) – Voto do Relator

1. REsp: O recorrente limitou-se a defender a ilegalidade da cláusula de exclusividade.
Deixou de impugnar, no entanto, o segundo fundamento do acórdão recorrido, relacionado à inexistência da referida cláusula nos estatutos da ora recorrida.
Aplica-se, desse modo, o princípio consolidado na Súmula 283/STF:
"É inadmissível o recurso extraordinário, quando a decisão recorrida assenta em mais de um fundamento suficiente e o recurso não abrange todos eles".
2. AgRg no REsp: Inadmissibilidade do recurso especial quando a decisão recorrida assenta em mais de um fundamento suficiente e o recurso não abrange todos eles. Incidência, por analogia, da Súmula 283/STF

Referências normativas

1. REsp: arts. 20, I, II e IV, e 21, IV e V, da Lei 8.884/94, e art. 18, III, da Lei 9.656/98 art. 557, caput, do CPC.
2. AgRg no REsp: Súmula 7 do STJ e Súmula 283 do STF.

Precedentes judiciais:
1. REsp: REsp 851.016/RS, AgRg no REsp 748.793/DF. 2. AgRg: REsp 851.016, AgRg no REsp 748.793/DF, REsp 815.038/PI.
Referências a decisões do CADE
Não há.
Doutrina nacional ou estrangeira:
Não há.
Observações: Nenhuma.

CASO 24a: CADE X Unimed região da produção cooperativa de trabalho médico– AMPLA DEFESA E UNIMILITÂNCIA

Parte I – Identificação do caso

Apelação Cível 2001.71.04.006654-7/RS

Tribunal, Turma, Relator:

TRF 4ª Região, Relator Desembargador Valdemar Capeletti.

Assunto: Irregularidades que determinaram a anulação do procedimento administrativo. Ampla defesa do administrado. Provas juntadas que não foram contraditadas pela parte. Unimilitância.

Parte II – Resumo do caso

Trata-se de ação ordinária anulatória de processo administrativo em que decidida a cominação das seguintes penalidades: multa de R$63.846,00; retirada do estatuto social da exigência de exclusividade na prestação de serviços médicos dos cooperados; divulgação da decisão a todos os associados, cooperados e consumidores por meios de comunicação interna e em jornal de grande circulação do Estado e do local da sede; abstenção de criar, inaugurar ou colocar em funcionamento empresas coligadas; e baixa das empresas existentes ou transferência de ativos a terceiros.

Foi julgada procedente a ação em primeira instância, para anular o processo administrativo em relação à autora, ante a inobservância do devido processo legal. O recurso de apelação foi interposto pelo CADE.

Fundamentos legais utilizados na decisão do CADE (art. 20, 21 ou 54, e respectivos parágrafos e incisos, da Lei 8.884/94):

Art. 20, I e II, art. 21, IV, V e VI.

Parte III – Decisão judicial

A decisão foi unânime ou por maioria?

Maioria

Houve decisão de "mérito judicial"?

Sim.

Em caso negativo, quais foram as razões pelas quais não houve análise do mérito?

Não aplicável.

Em caso positivo, houve revisão da decisão do CADE?

Sim.

A revisão foi de mérito e/ou forma?

Forma.

Qual o efeito da decisão judicial na decisão do CADE?

Houve anulação do procedimento administrativo.

Fundamentos da decisão: descrição (*ratio decidendi*) – VOTO DO RELATOR VALDEMAR CAPELETTI

1. Rejeitada a apelação dos assistentes em razão da inexistência de interesse jurídico, mas apenas de interesse econômico na demanda.
2. *As cláusulas contratuais impugnadas não reúnem, realmente, as imprescindíveis condições de validade perante o ordenamento legal. Os dispositivos estatutários transcritos ferem, sem dúvida, o disposto no art. 18, inc. III, da Lei 9.656/98, que dispõe sobre os planos e seguros privados de assistência à saúde, na medida em que o prestador de serviço ou profissional da saúde, contratado ou credenciado por operadora de planos privados de assistência à saúde – definidas como toda e qualquer pessoa jurídica de direito privado, independente da forma jurídica de sua constituição, que ofereça tais planos, pelo art. 1º, §1º, inc. I – tem como direito e obrigação a manutenção de relacionamento de contratação ou credenciamento com quantas operadoras de planos ou seguros privados de assistência à saúde desejar, sendo expressamente vedado impor contratos de exclusividade ou de restrição à atividade profissional.*
3. *A apelante reveste-se da forma jurídica de sociedade cooperativa, mas, materialmente, é uma empresa operadora de planos privados de assistência à saúde, de cujo estatuto jurídico não pode esquivar-se sob escusas meramente formais.*

Referências normativas

2. Lei 8884/94, art. 1.006 e 1030, do CC/02, Lei 9.656/98, Lei 5.764/71, art. 21, inc. II, art. 20, §§3º e 4º e 21, parágrafo único do CPC.

Precedentes judiciais:

Não há.

Referências a decisões do CADE

Não há.

Doutrina nacional ou estrangeira:

Não há.

Fundamentos da decisão: descrição (*ratio decidendi*) – VOTO VENCEDOR Desembargadora MARGA INGE BARTH TESSLER

1. Rejeitada a apelação dos assistentes em razão da inexistência de interesse jurídico, mas apenas de interesse econômico na demanda.

2. Inúmeros documentos foram juntados sem que a Cooperativa pudesse sobre eles se manifestar, por exemplo, manifestação da Associação dos Farmacêuticos e Bioquímicos de Carazinho, documentos da Univida. A garantia da plena defesa implica na observância mínima de um rito, às comunicações e cientificações imprescindíveis, à oportunidade de contraditar a acusação, de oferecer defesa, juntar documentos, produzir prova. Nada disto aqui no caso concreto ocorreu. Não há como manter hígida a condenação imposta pelo Cade, com tão graves vícios e ausência do devido processo legal.
3. A apelada Unimed Carazinho, Unimed Região da Produção não exige exclusividade de seus sócios, como se percebe do Estatuto (*obter dictum*).

Referências normativas

Artigo 20, incisos I, II e IV, combinado com o artigo 21, incisos IV, V, XXIII, da Lei 8.884/1994

Precedentes judiciais:

Não há.

Referências a decisões do CADE

Não há.

Doutrina nacional ou estrangeira:

Não há.

Observações: Nenhuma.

CASO 24b: CADE X Unimed região da produção cooperativa de trabalho médico – AMPLA DEFESA

Parte I – Identificação do caso

Resp 1.069.166 e Agravo Regimental no REsp 1.069.166

Tribunal, Turma, Relator:

STJ, Primeira Turma, Relator Ministro Humberto Martins.

Assunto: regularidade formal do processo administrativo. Multa por infração ao art. 18, inciso III, da Lei 9.656/98.

Parte II – Resumo do caso

Cuida-se de recurso especial interposto pelo CADE, com fundamento no art. 105, inciso III, alínea "a", da Constituição Federal de 1988, em face de acórdão do Tribunal Regional Federal da 4ª Região que determinou a anulação do procedimento administrativo, em razão da existência de irregularidades formais que causaram sérios prejuízos a ampla defesa da parte.

Fundamentos legais utilizados na decisão do CADE (art. 20, 21 ou 54, e respectivos parágrafos e incisos, da Lei 8.884/94):

Art. 18, III da lei 9656/98.
Artigos 20, incisos I, II e V, e 21, incisos IV, V e XXIII e 23, III, alteração do estatuto social retirando a exclusividade, art. 24, I.

Parte III – Decisão judicial

A decisão foi unânime ou por maioria?

Unânime

Houve decisão de "mérito judicial"?

Não.

Em caso negativo, quais foram as razões pelas quais não houve análise do mérito?

Não aplicável.

Em caso positivo, houve revisão da decisão do CADE?

Não aplicável.

A revisão foi de mérito e/ou forma?

Não aplicável.

Qual o efeito da decisão judicial na decisão do CADE?

Não aplicável.

Fundamentos da decisão: descrição (*ratio decidendi*)

Impossibilidade de aferição da regularidade formal, em razão de sua intrínseca relação com matéria de fato. Incidência da Súmula 7 do STJ (em ambos os recursos).

Referências normativas

Art. 557, caput, do CPC e Súmula 7 do STJ.

Precedentes judiciais:

AgRg no Ag 795.442/SP, AgRg no REsp 903.972/SP (citados no Agravo Regimental).

Referências a decisões do CADE

Não há.

Doutrina nacional ou estrangeira:

ROSA, Roberto. Direito Sumular – Comentários às Súmulas do Supremo Tribunal Federal e do Superior Tribunal de Justiça, 6ª Edição ampliada e revista, Editora Revista dos Tribunais, p. 305.)

Observações: Nenhuma.

CASO 24c: CADE X Unimed região da produção cooperativa de trabalho médico– AMPLA DEFESA E UNIMILITÂNCIA

Parte I – Identificação do caso

Recurso Extraordinário 602164-9.

Tribunal, Turma, Relator:

STF, 1ª Turma, Relator Ministro Ricardo Lewandowski

Assunto: UNIMILITÂNCIA. Ampla Defesa.

Parte II – Resumo do cwaso

Recurso Especial interposto pelo CADE para reforma de acórdão que determinou a anulação de procedimento administrativo em razão de irregularidades formais que prejudicaram a ampla defesa da parte. O recurso não foi conhecido.

Fundamentos legais utilizados na decisão do CADE (art. 20, 21 ou 54, e respectivos parágrafos e incisos, da Lei 8.884/94):

Artigos 20, incisos I, II e V, e 21, incisos IV, V e XXIII e 23, III, alteração do estatuto social retirando a exclusividade, art. 24, I e outros

Parte III – Decisão judicial

A decisão foi unânime ou por maioria?

Unânime

Houve decisão de "mérito judicial"?

Não.

Em caso negativo, quais foram as razões pelas quais não houve análise do mérito?

Impossibilidade de revisão de matéria de fato em sede de RE e impossibilidade de apreciação de violação reflexa à Constituição em RE.

Em caso positivo, houve revisão da decisão do CADE?

Não aplicável.

A revisão foi de mérito e/ou forma?

Não aplicável.

Qual efeito da decisão judicial na decisão do CADE?

Não aplicável.

Fundamentos da decisão: descrição (*ratio decidendi*)

1. Impossibilidade de aferição da regularidade formal, em razão de sua intrínseca relação com matéria de fato. Incidência da Súmula 7 do STJ (em ambos os recursos).
Bem examinados os autos, verifico que o acórdão recorrido decidiu a questão com base no conjunto fático-probatório constante nos autos. (...) Assim, a apreciação do Recurso Extraordinário demandaria o reexame de provas, o que atrai a incidência da Súmula 279 do STF.
2. Impossibilidade de apreciação de Recurso Extraordinário fundado em violação reflexa a constituição, quando alegada violação ao art. 5º, LIV e LV:
Ainda que superado tal óbice, o recurso não prosperaria. É que, como tem consignado o Tribunal, por meio de remansosa jurisprudência, a alegada violação ao art. 5º, LIV e LV, da Constituição, configura, em regra, situação de ofensa meramente reflexa ao texto constitucional, por demandar a análise de legislação processual ordinária, o que inviabiliza o conhecimento do recurso extraordinário. Nesse sentido, menciono as seguintes decisões, entre outras: AI 556.364-AgR/RJ, Rel. Min. Sepúlveda Pertence; AI 589.240-AgR/RS, Rel. Min. Joaquim Barbosa; RE 450.137-AgR/SP, Rel. Min. Carlos Velloso; AI 563.516-AgR/SP, Rel. Min. Cezar Peluso; AI 450.519-AgR/SP, Rel. Min. Celso de Mello.

Referências normativas

2. Constituição, Art. 5º, LIV e LV, e Art. 102, III, a.

Precedentes judiciais:
1. Súmula 7 do STJ, Súmula 279 do STF. 2. AI 556.364-AgR/RJ, Rel. Min. Sepúlveda Pertence; AI 589.240-AgR/RS, Rel. Min. Joaquim Barbosa; RE 450.137-AgR/SP, Rel. Min. Carlos Velloso; AI 563.516-AgR/SP, Rel. Min. Cezar Peluso; AI 450.519-AgR/SP, Rel. Min. Celso de Mello.
Referências a decisões do CADE
Não há.
Doutrina nacional ou estrangeira:
Não há.
Observações: Nenhuma.

CASO 25: Unimed campinas x CADE – EXECUTIVIDADE DA DECISÃO DO CADE
Parte I – Identificação do caso
REsp 590.960 – DF (2003/0169770-6)
Tribunal, Turma, Relator:
STJ, 1ª Turma, Relator Min. Luiz Fux
Assunto: Executividade da decisão do CADE.
Parte II – Resumo do caso
"(...) a recorrente impetrou mandado de segurança, com pedido de liminar, contra decisão do Conselho Administrativo de Defesa Econômica – CADE, que determinou a exclusão dos estatutos da cooperativa da cláusula que impede que os cooperados se vinculem a outras entidades congêneres, sob pena de multa diária de R$ 6.384,60 (seis mil, trezentos e oitenta e quatro reais e sessenta centavos). A medida liminar foi deferida apenas parcialmente, para impedir a inscrição do débito decorrente da multa em dívida ativa. Contra esta decisão, a UNIMED interpôs agravo de instrumento, o qual foi desprovido". Nas razões do recurso especial, a cooperativa médica alega violação dos arts. 60 a 67 da Lei 8884. Ela entende que a decisão do CADE "não tem o condão de instruir uma execução forçada (art. 585 do CPC)" (Relatório).
Fundamentos legais utilizados na decisão do CADE (art. 20, 21 ou 54, e respectivos parágrafos e incisos, da Lei 8.884/94):
Arts. 20 e 21
Parte III – Decisão judicial
A decisão foi unânime ou por maioria?
Unânime
Houve decisão de "mérito judicial"?
Sim
Em caso negativo, quais foram as razões pelas quais não houve análise do mérito?
Não aplicável.
Em caso positivo, houve revisão da decisão do CADE?
Não aplicável.
A revisão foi de mérito e/ou forma?
Não aplicável.
Qual o efeito da decisão judicial na decisão do CADE?
Declarou-se a executividade da decisão do CADE.

Fundamentos da decisão: descrição (*ratio decidendi*) – Relator Min. Luiz Fux

1. Não conhecimento da impugnação pertinente aos arts. 60 a 64 e 66 da Lei 8884, por falta de especificação da ilegalidade;
2. Não conhecimento da impugnação relativa aos arts. 67 da Lei 8884 e 128 do CPC, por falta de prequestionamento;
3. Conhecimento, quanto ao art. 65 da Lei 8884, para declarar sua correta aplicação pelo TRF 1, na medida em que este considerou acertadamente que a decisão do CADE constitui título executivo extrajudicial e, portanto, tem eficácia apenas suspensa por meio do depósito integral dos valores devidos
4. O STF negou cautelar na ADI 1094-8/DF, que discutia a constitucionalidade inclusive do art. 65 da Lei 8884, afastando a tese de impedimento da garantia de acesso ao Judiciário.

Obter dictum

Não há.

Referências normativas

1. Súmula 284, STF (arts. 60 a 64 e 66, Lei 8884)
2. Súmulas 282 e 356 do STF (arts. 67, Lei 8884 e 128, CPC)
3. Arts. 585, VII, CPC, e 60, Lei 8884 (art. 65, Lei 8884).

Precedentes judiciais:

4. ADI 1094-8/DF (cautelar negada).

Referências a decisões do CADE

Não há.

Doutrina nacional ou estrangeira:

Não há.

Fundamentos da decisão: descrição (*ratio decidendi*) – Voto do Min. Teori Albino Zavascki

[O ministro assume implicitamente os fundamentos do Relator]

Obter dictum

1. Não há novidade em títulos executivos judiciais decorrerem de processo administrativo: exemplo das decisões do Tribunal de Contas.
2. O Art. 65 da Lei 8884 só repete o que já consta do art. 585, par. 1º do CPC (o que suspende a execução não é a ação, mas a garantia), e do art. 38 da Lei 6830, acerca da necessidade de garantia

Referências normativas

1. Art. 71, par. 3º, CF.
2. Arts. 585, par. 1º, CPC; art. 38, Lei 6830

Precedentes judiciais:

Não há.

Referências a decisões do CADE

Não há.

Doutrina nacional ou estrangeira:

Não há.

Fundamentos da decisão: descrição (*ratio decidendi*) – Voto-vista do Min. José Delgado

1. Conhecimento, quanto ao art. 65 da Lei 8884, para declarar sua correta aplicação pelo TRF 1, na medida em que este considerou acertadamente que a decisão do CADE constitui título executivo extrajudicial e, portanto, tem eficácia apenas suspensa por meio do depósito integral dos valores devidos
2. O valor das multas é razoável.

Obter dictum

Não há.

Referências normativas

1. Arts. 585, VII, CPC, e 60, Lei 8884 (art. 65, Lei 8884).

Precedentes judiciais:
Não há.

Referências a decisões do CADE
Não há.

Doutrina nacional ou estrangeira:
Não há.

Observações: Nenhuma.

CASO 26: CADE x Cosipa – EXIGIBILIDADE DE MULTA

Parte I – Identificação do caso

Apelação Cível 2000.34.00.020484-5/DF

Tribunal, Turma, Relator:

TRF 1, 7ª Turma, Relator Des. Tourinho Neto (para o Acórdão é o Des. Tolentino Amaral)

Assunto: Medida cautelar incidental deferindo liminar de suspensão da exigibilidade da multa sem caução.

Parte II – Resumo do caso

Trata-se de apelação cível em ação cautelar incidental, com pedido de liminar *inaudita altera pars*, proposta pelo agente econômico em face do CADE, requerendo, sem a prestação de caução, a suspensão da decisão do CADE quanto à condenação de pagamento de multa no valor de R$ 13.150.000,00 (treze milhões, cento e cinqüenta mil reais).

Fundamentos legais utilizados na decisão do CADE (art. 20, 21 ou 54, e respectivos parágrafos e incisos, da Lei 8.884/94):

Artigos 20, inciso I, 21 inciso I e 26, da lei nº 8.884/94.

Parte III – Decisão judicial

A decisão foi unânime ou por maioria?

Em preliminar, por maioria, pela competência da 4ª Seção para o julgamento. No mérito, por maioria, pelo provimento da apelação.

Houve decisão de "mérito judicial"?

Sim.

Em caso negativo, quais foram as razões pelas quais não houve análise do mérito?

Não aplicável.

Em caso positivo, houve revisão da decisão do CADE?

Não aplicável.

A revisão foi de mérito e/ou forma?

Não aplicável.

Qual o efeito da decisão judicial na decisão do CADE?

Suspensão da decisão do CADE.

Fundamentos da decisão: descrição (*ratio decidendi*)

1. *Questão de ordem:* competência da 4ª Seção para julgar o caso, de acordo com precedente (não especificado) da Corte Especial.
2. Mérito: "a hipótese dos autos, tem-se como demonstrado o *fumus boni iuris*, sendo relevantes os argumentos expostos pela autora como fundamento para desconstituir o ato impugnado. Igualmente caracterizado o *periculum in mora* em razão da possibilidade de execução imediata de sanção administrativa imposta e decorrente da decisão cuja anulação se pretende" (*).

3. "Há que se ressaltar que a suspensão dos efeitos da decisão condenatória nenhum prejuízo acarreta ao CADE, posto que não inibe ou impede a execução posterior, na hipótese de improvimento da ação principal, alcançando os efeitos pretendidos" (*).

4. A presença dos requisitos genéricos para a cautelar são mais evidentes, considerando que "a multa imposta à apelada, por seu valor vultoso, pode comprometer a continuação das atividades da empresa"

5. "Entendo que a hipótese dos autos não é o caso de aplicação do disposto no art. 65 da Lei 8.884/94" [o argumento não é desdobrado]

6. "Finalmente, não vislumbro a falta de interesse da apelada sustentada pelo recorrente. O objetivo do recurso é a suspensão da decisão do CADE, ora apelante, que lhe aplicou a multa, enquanto pendente de julgamento a ação principal, por tratar-se de multa de valor vultoso".

(*) Citações de argumentos da sentença *a quo*.

Obter dictum
Não há.

Referências normativas
5. Art. 65, Lei 8884 (é afastado).

Precedentes judiciais:
4. STJ, MC 5157/RJ, rel. Min. Humberto Gomes de Barros, DJ 17/02/03, p. 222

Referências a decisões do CADE
Não há.

Doutrina nacional ou estrangeira:
Não há.

Fundamentos da decisão: *descrição (ratio decidendi) – Voto-vista do Des. Luciano Tolentino Amaral (vencido na preliminar, vencedor no mérito)*

1. Preliminar de incompetência – o processo deveria ser encaminhado à 3ª Seção, não permanecendo na 4ª: "Vejo, então, que a discussão nos autos principais não está fundada na possibilidade de aplicação da multa ou não, mas na inexistência da infração, matéria de cunho eminentemente administrativo. Embora, em princípio, o pedido desta MC trate apenas da suspensão da multa, o que poderia levar ao entendimento de que se discute a multa em si, caso em que a competência seria desta 4ª Seção, a matéria discutida nos autos principais diz, em verdade, com a infração administrativa, que, por certo, não é da competência desta 4ª Seção, mas da 3ª seção."

2. A concessão de liminar exige a caução prévia: "A MC, com liminar, foi requerida sem que apresentada contracautela, o que fere expressa disposição legal, visto que, tratando-se de matéria específica, com normatização própria, esta é aplicada em superação à norma geral."

3. O valor da multa é razoável e legal: "Para a fixação do valor da multa foram estritamente observados os parâmetros dos art. 23, inciso I, e art. 27 da Lei 8.884/94, aplicado o percentual mínimo de 1% sobre o faturamento, o que evidencia que a multa é de pequena monta, em termos relativos. O valor parece elevado em termos absolutos, porque o faturamento da empresa, que atua no mercado nacional e internacional do aço, tem faturamento muito elevado" (grifo original).

Obter dictum
Não há.

Referências normativas
2. Art. 65, Lei 8884.

Precedentes judiciais:
Não há.

Referências a decisões do CADE
Não há.

Doutrina nacional ou estrangeira:
Não há.

Voto
Voto do Des. Antonio Ezequiel (vencedor na preliminar e no mérito).

Fundamentos da decisão: descrição (ratio decidendi)

1. *Preliminar de incompetência – a 4ª Seção é competente*: "nenhuma empresa que foi multada em 13 milhões de reais viria a juízo para discutir apenas o auto de infração se não fosse para se livrar desse valor, então, o que ela quer realmente é a suspensão e, no futuro, a anulação da multa que lhe foi imposta. E, tratando-se de multa administrativa, de acordo com o precedente já existente da Corte Especial deste Tribunal, a competência é desta 4ª Seção".
2. *Mérito – descabimento da concessão de liminar e da cautelar sem caução*: "Mas estou convencido no momento é de que não deveria ter sido concedida, nem essa liminar sem caução, nem muito menos ser ela mantida na sentença"
3. *O valor a ser caucionado não é elevado, em termos relativos*: "como diz Sua Excelência, se o valor da multa é alto é porque o faturamento da empresa é de um bilhão e trezentos milhões de reais mensais. Um por cento só corresponde a treze milhões de reais, porque o faturamento é de um bilhão e trezentos milhões de reais. Quem tem um faturamento mensal de um bilhão e trezentos milhões de reais pode pagar os dez mil reais de juros para conseguir a fiança bancária, e, se não o fez, foi porque confiou que obteria a liminar sem caução".
4. *Discussão sobre a eficácia da cautelar*: "Segundo está em Theotonio Negrão, nota 10 ao inciso III, deste art. 808, a redação do texto não é feliz em razão de a medida cautelar conservar a sua eficácia na pendência do processo principal, e não até a sentença, como dá a entender esse inciso III"

Obter dictum

Não há.

Referências normativas

4. Art. 808, III, CPC.

Precedentes judiciais:

Menção a precedente não especificado da Corte Especial.

Referências a decisões do CADE

Não há.

Doutrina nacional ou estrangeira:

3. Theotonio Negrão, nota 10 ao inciso III, deste art. 808.

CASO 27: Unimed Petrópolis / RJ x CADE – CLÁUSULA DE EXCLUSIVIDADE

Parte I – Identificação do caso

Apelação Cível 2000.34.00.025257-6/DF (Com Agravo Retido)

Tribunal, Turma, Relator:

TRF 1, 8ª Turma, Relator Juiz Federal Mark Yshida Brandão.

Assunto: Procedimento – Cerceamento de defesa em 1ª instância (negativa de prova pericial de caracterização de mercado relevante).
Mérito – Legalidade de cláusula de exclusividade para cooperativas; motivação adequada da decisão do CADE.

Parte II – Resumo do caso

Trata-se de apelação interposta pela Unimed Petrópolis (RJ) contra sentença proferida pelo Juízo da 6ª Vara Federal da Seção Judiciária do Distrito Federal, que, nos autos da Ação Ordinária 2000.34.00.025257-6, proposta pela apelante, julgou improcedente o pedido de nulidade da decisão do CADE, por falta de motivação plausível. Defende que a jurisprudência está consolidada no sentido da admissibilidade da cláusula de exclusividade das cooperativas médicas, de modo que não poderia ser condenada por tal prática.

Fundamentos legais utilizados na decisão do CADE (art. 20, 21 ou 54, e respectivos parágrafos e incisos, da Lei 8.884/94):

Artigos 20, incisos I, II e IV e 21, incisos IV, V e VI

Parte III – Decisão judicial

A decisão foi unânime ou por maioria?

Agravo Retido rejeitado por unanimidade.
Apelação improvida por maioria, nos termos do voto do Relator (obs.: não consta o voto divergente).

Houve decisão de "mérito judicial"?

Sim.

Em caso negativo, quais foram as razões pelas quais não houve análise do mérito?

Não aplicável.

Em caso positivo, houve revisão da decisão do CADE?

Não.

A revisão foi de mérito e/ou forma?

Não aplicável.

Qual o efeito da decisão judicial na decisão do CADE?

Mantida.

Fundamentos da decisão: descrição (*ratio decidendi*) – Relator Juiz Federal Mark Yshida Brandão

1. Quanto ao cerceamento de defesa – não houve, à medida que a matéria era eminentemente jurídica, dispensando perícias.

2. "A cláusula de fidelidade existente nos contratos firmados entre os profissionais médicos vinculados a cooperativas de trabalho tem sua legalidade, razoabilidade e proporcionalidade condicionadas aos elementos que compõem o meio em que o serviço é prestado", e, no caso, por se tratar de cidade do interior, conforme dados populacionais do IBGE, em 1997, "a pequena quantidade de médicos de cada especialidade no local inviabiliza a cláusula de exclusividade dos planos de saúde, por tornar-se desproporcional diante da população", o que a torna ilegal.

3. "No caso dos pequenos centros urbanos, tal exigência é ofensiva não somente à ordem econômica, mas também ao direito individual dos cidadãos da região atingida, que se vêem privados de sua liberdade de opção médica (...) A liberdade do cidadão, estritamente relacionada à dignidade da pessoa humana, tem primazia sobre o direito da cooperativa médica de restringir o exercício profissional de seus cooperados".

Obter dictum

1. "Nos grandes centros populacionais, em que convive grande quantidade de profissionais da mesma área, essa exclusividade se coaduna perfeitamente com os princípios gerais que regem a ordem econômica, evitando que o profissional apresente concorrência com a própria organização à qual está filiado. Já na maioria das cidades do interior do País, que apresentam baixa população, normalmente o número de médicos na região é pequeno, acompanhando a baixa expressividade numérica da população. Essa diversidade mostra-se ainda menor quando se trata de médicos especialistas, como, por exemplo, cirurgiões e anestesistas. Nessas localidades, a pequena quantidade de médicos de cada especialidade no local inviabiliza a cláusula de exclusividade dos planos de saúde, por tornar-se desproporcional diante da população".

Referências normativas

3. Art. 5º, II, CF.

Precedentes judiciais:

1. AMS 200034000076569/DF, Relator Desembargador Federal FAGUNDES DE DEUS, Quinta Turma, unânime, DJ 16/10/2003, p. 54.

Referências a decisões do CADE

Não há.

Doutrina nacional ou estrangeira:

Não há.

Observações: Nenhuma.

CASO 28: Sindiposto x CADE – TCC

Parte I – Identificação do caso

Apelação Cível 2002.34.00.039067-2/DF

Tribunal, Turma, Relator:

TRF 1, 5ª Turma, Relator Des. Fagundes de Deus Apelação provida, por maioria, nos termos do voto do Relator, vencida a Des. Selene de Almeida

Assunto: Existência de direito adquirido à celebração de termo de compromisso de cessação de condutas infracionais (TCC), originado do art. 53 da Lei 8884, em redação anterior à Lei 10.149/2000, que tornou ilegal a mencionada benesse para o agente econômico apelante.

Parte II – Resumo do caso

Trata-se de apelação cível interposta pelo Sindicato do Comércio Varejista de Derivados de Petróleo do Estado de Goiás – SINDIPOSTO e seu Presidente José Batista Neto Inconformados, que, inconformados com a sentença *a quo*, sustentam, em síntese, que a celebração do termo de compromisso de cessação de prática investigada (TCCP) consubstancia um direito subjetivo conferido por lei (Lei 8.884/94, art. 53) que lhes fora negado pelo CADE. Por isso, requerem a reforma integral do *decisum* administrativo.

Fundamentos legais utilizados na decisão do CADE (art. 20, 21 ou 54, e respectivos parágrafos e incisos, da Lei 8.884/94):

Art. 20, I c/c art. 21, II, da Lei 8.884/94

Parte III – Decisão judicial

A decisão foi unânime ou por maioria?

Maioria.

Houve decisão de "mérito judicial"?

Sim

Em caso negativo, quais foram as razões pelas quais não houve análise do mérito?

Não aplicável

Em caso positivo, houve revisão da decisão do CADE?

Sim

A revisão foi de mérito e/ou forma?

Mérito/forma

Qual o efeito da decisão judicial na decisão do CADE?

Anulada.

Fundamentos da decisão: descrição (*ratio decidendi*)

1. "o sindicato Autor possuía, à vista do regramento contido no art. 53 da Lei 8.884/94, a prerrogativa de celebrar com o CADE compromisso de cessação de suas práticas infracionais à ordem econômica, quando em curso o processo administrativo. Tal prerrogativa, de acordo com os elementos constantes dos autos, resulta da existência, à época, de situação jurídica definitivamente constituída em seu prol, uma vez que o cometimento da conduta sob investigação ocorreu em data anterior ao advento da Lei 10.149/2000, que introduziu o §5º do citado dispositivo legal;"

2. "a dita lei superveniente (Lei 10.149/2000), ao excluir a possibilidade de se celebrar termo de compromisso nos casos de infrações contra a ordem econômica relacionadas nos incisos I, II, III e VIII do art. 21, não erigiu, simplesmente, normas de direito processual, mas, sim, de direito material, na medida em que subtraiu, como conseqüência, direito já incorporado ao patrimônio jurídico da empresa que houvesse cometido tais atividades infracionais inscritas nos apontados incisos do art. 21. Nesta ótica, atento ao princípio da irretroatividade da lei, afigura-se-me insuscetível de ser atingida a situação jurídica já constituída em face da norma vigente ao tempo da prática da infração, sob pena de violação ao art. 5º, inciso XXXVI, da Constituição da República e ao art. 6º da Lei de Introdução ao Código Civil, que garantem proteção ao direito adquirido".

3. "a aplicação do direito intertemporal pelo Estado-juiz é plenamente possível do ponto de vista jurídico (Lei de Introdução ao Código Civil, art. 6º e CF/88, art. 5º).

Obter dictum

Não há.

Referências normativas

1. Art. 53, Lei 8884; Lei 10.149/2000.
2. Art. 5º, XXXVI, CF; Art. 6º, LICC.
3. Art. 5º, XXXVI, CF; Art. 6º, LICC.

Precedentes judiciais:

2. Desembargador Federal Daniel Paes Ribeiro, Relator do AG 2002.01.00.005899-1/DF; EDcl no RMS 9.833/CE, Sexta Turma, Min. Vicente Leal, DJ de 18.12.2000, p. 239, STJ.

Referências a decisões do CADE

Não há.

Doutrina nacional ou estrangeira:

2. Maria Helena Diniz, "Lei de Introdução ao Código Civil Brasileiro Interpretada".

VOTO

Voto do Des. Batista Moreira (com o Relator)

Fundamentos da decisão: descrição (ratio decidendi)

1. "penso que não se deve aplicar exatamente a regra de retroatividade em face do direito adquirido, ato jurídico perfeito ou coisa julgada, mas, senão a regra, o princípio que resulta do artigo 5º, inciso XL, da Constituição Federal: "A lei penal não retroagirá, salvo para beneficiar o réu".
2. "Trata-se do princípio da segurança jurídica; quem comete uma infração tem o direito de não ser apenado de forma mais gravosa que aquela prevista na ocasião da prática da infração. É uma espécie de direito subjetivo negativo."
3. "Quanto à expressão "poder" em vez de "dever", invoco a lição de Carlos Maximiliano, o qual há décadas já dizia que, para a autoridade, o poder quase sempre se resolve em dever."

Obter dictum

2. "O certo é que alguém que, quando comete uma infração, tem, em tese, a possibilidade – eu não diria o direito – mas, a possibilidade de assinar um termo de ajustamento de conduta ou de ter uma suspensão condicional do processo, sua situação torna-se mais gravosa se, de repente, essa possibilidade é afastada, por lei superveniente."

Referências normativas

1. Art. 5º, XL, CF.

Precedentes judiciais:

Não há.

Referências a decisões do CADE

Não há.

Doutrina nacional ou estrangeira:

3. Carlos Maximiliano, "Hermenêutica e aplicação do Direito", 9ª edição, terceira tiragem, Rio de Janeiro, Forense, 1984, página 270/272

Fundamentos da decisão: descrição (ratio decidendi) – Voto da Des. Selene de Almeida (divergente)

1. A empresa não tem direito potestativo de firmar TCC: "Foge à intenção do legislador que se confira uma interpretação ao art. 53 da Lei 8.884/94, antes ou depois da edição da lex nova (10.149/2000), no sentido de que existiria um direito acima de toda e qualquer consideração de ordem prática e viabilidade econômica que seria imposto ao Conselho de Defesa Econômica."

Obter dictum

- "Direito potestativo é aquele que se exerce com a mera manifestação da vontade e que se aperfeiçoa independentemente da vontade de terceiros que devem se submeter à vontade do titular, garantindo-se ao titular do direito potestativo que a sua pretensão seja acolhida. O direito subjetivo, ao contrário, pode estar sujeito a condições, a requisitos a serem preenchidos pelo seu titular e considerados pela Administração."

- "É de se conferir, ao caso, uma interpretação econômica da vontade do legislador, porque se sabe que os agentes que operam no mercado agem com racionalidade econômica, isto é, operam no sentido de verificar o que é, do ponto de vista econômico e não ético ou jurídico, é mais recomendável na visão estritamente contábil: se é preferível a incidência da infração e na prática ter direito líquido e certo ao TCC, ou se é economicamente recomendável sujeitar-se à penalidade, tendo em vista considerações de lucro e prejuízo na permanência ou abstração da conduta ilícita. A lógica econômica não é a nova lógica jurídica.

- "Assim é que tenho entendido, em casos como o que ora se submete a julgamento perante esta Turma, no sentido de que o legislador agiu bem em conferir à Administração discricionariedade técnica, em cada caso concreto, para considerando as circunstâncias de cada infração, reincidência, prejuízos trazidos ao mercado e aos consumidores, ser ofertada, ou não, aos infratores a possibilidade de termo de cessação de prática."

Referências normativas

1. art. 53 da Lei 8.884/94.

Precedentes judiciais:

Não há.

Referências a decisões do CADE

Na há.

Doutrina nacional ou estrangeira:

Não há.

Identificação do caso

EMBARGOS INFRINGENTES N. 2002.34.00.039067-2/DF

Tribunal, Turma, Relator:

TRF 1, 3ª Seção, Relator Des. Daniel Paes Ribeiro.Embargos infringentes desprovidos por maioria, vencidas as Des. Selene de Almeida, Maria Isabel Gallotti e a Juíza Federal Anamaria Reys Resende.
Voto do Relator (acompanhado por Batista Moreira, Fagundes de Deus e, com adições, Souza Prudente – voto de desempate).

Assunto: Existência de direito adquirido à celebração de termo de compromisso de cessação de condutas infracionais (TCC), originado do art. 53 da Lei 8884, em redação anterior à Lei 10.149/2000, que tornou ilegal a mencionada benesse para o agente econômico apelante.

Parte II – Decisão do CADE

Qual efeito da decisão judicial na decisão do CADE?

Dever do CADE de possibilitar à empresa a firmação de TCC.

Fundamentos legais utilizados na decisão do CADE (art. 20, 21 ou 54, e respectivos parágrafos e incisos, da Lei nº 8.884/94):

Não vem ao caso.

Parte III – Decisão judicial

Houve decisão de "mérito judicial"?

Sim.

Em caso negativo, quais foram as razões pelas quais não houve análise do mérito?

Não aplicável.

Em caso positivo, houve revisão da decisão do CADE?

Sim.

A revisão foi de mérito e/ou forma?

Mérito e forma.

Qual efeito da decisão judicial na decisão do CADE?

Anulada.

Fundamentos da decisão: descrição (ratio decidendi)

"Assim, em consonância com o entendimento esposado no precedente do Superior Tribunal de Justiça, não poderia ser convocada à hipótese a Lei 10.149 que, dando nova redação ao aludido artigo 53 da Lei 8.884/94, restringiu a celebração do compromisso de que se cuida para casos de denúncia de formação de cartel, coarctando direito subjetivo da agravante. Isto porque entrou ela em vigor em 21 de dezembro de 2000."

"Compartilho, pois, do entendimento de que a Lei 8.884/1994, com a redação anterior à vigência da Lei 10.149/2000, assegurava ao investigado o direito à celebração do compromisso em comento, que só poderia ser negado, tendo em vista que a legislação não trazia restrições outras, se o interessado não concordasse com o atendimento das suas cláusulas, quais sejam (art. 53, §1º, alíneas a, b e c)"

"Nesse ponto, aliás, é o caso de invocar um importante critério que deve ser observado no âmbito dos processos administrativos. De acordo com o artigo 2º, parágrafo único, VI, da Lei n. 9.784/99 (regula o processo administrativo no âmbito da Administração Pública Federal), a Administração Pública deve obedecer aos princípios da razoabilidade e proporcionalidade, observando, ainda, o critério da "adequação entre meios e fins, vedada a imposição de obrigações, restrições e sanções em medida superior àquelas estritamente necessárias ao atendimento do interesse público" (Citação do AMS n. 2002.34.00.007525-4/ DF – Relator Juiz Federal David Wilson De Abreu Pardo (conv) – DJ de 24.09.2007).

"O argumento do Apelante de que não se pode considerar somente a conduta em si mesma ou o interesse do particular em cessar as práticas ilícitas já perpetradas, pois também teriam que ser levados em consideração os efeitos que as condutas porventura já haviam produzido no ambiente de consumo e de concorrência, não apresenta grande dificuldade, pois é perfeitamente possível o termo de compromisso de cessação de prática sob investigação também estabelecer cláusulas para a regulação desses possíveis efeitos. Como visto, a obrigação do representado de fazer cessar a prática investigada e a obrigação de apresentar relatórios periódicos sobre a sua atuação no mercado são cláusulas necessárias do termo, mas não todas as suas cláusulas" (Citação do AMS n. 2002.34.00.007525-4/DF – Relator Juiz Federal David Wilson De Abreu Pardo (conv) – DJ de 24.09.2007).

"No caso dos autos, os autores comprovam que pleitearam, sem sucesso, a celebração do termo de compromisso de cessação no curso do processo administrativo, de acordo com o art. 53, da Lei 8.884/1994 (fls. 156-157), o que torna manifesta a intenção de fazer cessar as práticas sob investigação, objetivo maior perseguido pela legislação que rege a matéria, não podendo a Administração criar obstáculos ao direito dos autores, que não aqueles previstos na lei."

Obter dictum

Não há.

Referências normativas

Art. 53, caput, par. 1º e alíneas.

Precedentes judiciais:

AMS 2002.34.00.007525-4/DF – Relator Juiz Federal David Wilson De Abreu Pardo (conv) – DJ de 24.09.2007; TRF 1ª Região, Quinta Turma, AG200201000267906, Rel. Des. Federal Fagundes de Deus, DJ 16.10.2003; Agravo de Instrumento 2002.01.00.005899-1/DF, Des. Daniel Paes Ribeiro.

Referências a decisões do CADE

Não há.

Doutrina nacional ou estrangeira:

João Bosco Leopoldino da Fonseca. "Lei de Proteção da Concorrência", RJ, 1995, às fls. 137; Fábio Ulhoa Coelho, Direito Antitruste Brasileiro, SP, 1995; Sidio Rosa Mesquita, Revista de Direito Econômico do CADE, n. 24, julho/dezembro de 1996, fls. 65/72 – trechos constantes da liminar proferida pelo Relator no Agravo de Instrumento n. 2002.01.00.005899-1/DF.

EMBARGOS INFRINGENTES N. 2002.34.00.039067-2/DF

Fundamentos da decisão: descrição (ratio decidendi) – Voto da Des. Maria Isabel Gallotti (aderindo às razões da Des. Selene Almeida, que repetiu o mesmo voto proferido quando do julgamento da Apelação). Ambos os votos foram assumidos pela Juíza Federal Anamaria Reys Resende.

"No meu entendimento, não se trata de uma questão de direito intertemporal, porque desde a primitiva redação do art. 53, da Lei 8.884/94, a celebração de termo de cessação de prática contrária à concorrência é instrumento colocado à disposição do CADE, que poderá, dentro do juízo de conveniência e oportunidade que lhe compete, tendo em vista todo o quadro de fato, avaliar se deve ou não concordar, propor ou aderir a essa celebração de termo de compromisso de cessação de prática anticoncorrencial".

"Penso, portanto, que a Lei 10.149/2000 apenas representou a criação de um obstáculo à celebração desse termo em determinadas hipóteses, mas não que antes dessa lei houvesse direito dos acusados de conduta anticoncorrencial de que o procedimento fosse cessado por um direito subjetivo à celebração de termo de compromisso".

Finalidade do dispositivo: "Só se descumprido o termo é que haveria a possibilidade realmente de uma punição. Penso que não era essa, com a devida vênia, a regra do art. 53 da Lei 8.884/94 em sua redação primitiva e que, portanto, não havia direito subjetivo à celebração desse termo de compromisso nem sequer antes da alteração da redação da citada lei."

Obter dictum

"Com a devida vênia, penso que o reconhecimento desse direito de, após ser flagrado em um ato anticoncorrencial, ter o agente econômico necessariamente o direito à cessação do processo administrativo (o qual teria como fim a aplicação de uma penalidade, se comprovada essa conduta anticoncorrencial) na prática, isso significaria que teria havido a prática de uma conduta anticoncorrencial, e bastaria ao acusado requerer um termo de compromisso para necessariamente se livrar da punição, já que, no entender dos votos que prevaleceram na Turma, seria direito subjetivo dele, representado, de por fim ao processo e, portanto, de impedir uma punição por ato já praticado, simplesmente propondo e obrigando a Administração a celebrar com ele um termo de compromisso de cessação de prática anticoncorrencial".

Referências normativas

Art. 53, Lei 8884.

Precedentes judiciais:

Não há.

Referências a decisões do CADE

Não há.

Doutrina nacional ou estrangeira:

Não há.

Identificação do caso

EMBARGOS INFRINGENTES N. 2002.34.00.039067-2/DF

Fundamentos da decisão: descrição (ratio decidendi) – Voto do Des. Souza Prudente (voto de desempate)

Adoção de todas as razões do Relator e ainda:
Analogia do TCC com o TAC: "entendo que o termo de compromisso de cessação da prática supostamente abusiva na espécie dos autos equivale tecnicamente a um TAC, vale dizer, a um Termo de Ajuste de Conduta, no sentido de que há de se possibilitar àquele que pretende se adequar a um procedimento legal na espécie, corrigindo sua atitude anterior, e deve ser compreendido na extensão do que dispõe a legislação de regência".

Obter dictum

Não há.

Referências normativas

Idênticas as do voto do Relator

Precedentes judiciais:

Idênticos aos do voto do Relator

Referências a decisões do CADE

Idênticas as do voto do Relator

Doutrina nacional ou estrangeira:

Idêntica a do voto do Relator

Observações:

CASO 29: CVRD, Usinas Siderúrgicas de Minas Gerais S/A, Usiminas Participações S/A e Cia. Paulista de Ferro-Liga S/A x CADE– MULTA POR INTEMPESTIVIDADE

Parte I – Identificação do caso

Apelação Cível – 2000.01.00. 019576-5/DF

Tribunal, Turma, Relator:

TRF 1, 8ª Turma, Relator Juiz Convocado Mark Yshida Brandão.

Assunto: COMUNICAÇÃO INTEMPESTIVA DE ATO DE CONCENTRAÇÃO. Suspensão de multa

Parte II – Resumo do caso

Trata-se de ação ordinária ajuizada objetivando a anulação da multa imposta pelo CADE porquanto a comunicação da operação à autarquia foi intempestiva. Juiz *a quo* julgou improcedente o pedido, ressaltando que a multa não decorre da violação à livre concorrência, mas, sim, da inobservância do dever legal de comunicar o CADE no prazo legal. Apelação interposta pelas empresas foi improvida, confirmando a aplicação da multa por comunicação intempestiva da operação.

Fundamentos legais utilizados na decisão do CADE (art. 20, 21 ou 54, e respectivos parágrafos e incisos, da Lei 8.884/94):

Art. 54, §5º.

Parte III – Decisão judicial

A decisão foi unânime ou por maioria?

Unânime.

Houve decisão de "mérito judicial"?

Sim.

Em caso negativo, quais foram as razões pelas quais não houve análise do mérito?

Não aplicável.

Em caso positivo, houve revisão da decisão do CADE?

Não .

A revisão foi de mérito e/ou forma?

Não aplicável.

Qual efeito da decisão judicial na decisão do CADE?

Manteve a decisão do CADE.

Fundamentos da decisão: descrição da *ratio decidendi*
Voto Vencedor – (Relator)

1. Da análise do disposto no art. 54 da Lei 8.884/94, em especial seu §3º, tem-se que os requisitos para a configuração de atos de concentração são objetivos, ou seja, devem ser apreciados pelo CADE *os atos sob qualquer forma manifestados que possam limitar ou de qualquer forma prejudicar a livre concorrência ou resultar na dominação de mercados relevantes de bens ou serviços*, independentemente de se configurarem como subjetivamente lesivos.

2. O fato de a operação haver sido autorizada sem restrições em nada prejudica o raciocínio, vez que da análise de todo art. 54, é fato certo que a apresentação é obrigatória para a análise quanto à validade ou não do ato de concentração.

3. No tocante ao cumprimento do prazo de comunicação do ato, vê-se que esta ocorreu mais de 6 meses após a celebração do ato, e isso por provocação dos órgãos de proteção à concorrência. Não socorre a apelante a alegação de que o contrato em questão não teria sido o instrumento de celebração do ato de concentração. Natural que operações desse tipo demandem a celebração de inúmeros documentos vin-culativos. De qualquer forma, no caso, todos os detalhes da avença foram estipulados neste instrumento.

4. A existência ou não de falência ou concordata decretada, em nada altera a conclusão pela necessidade de apresentação do ato ao CADE.

5. A solidariedade é induvidosa, certo que todas as empresas participaram do Ato de Concentração objeto de análise pelo CADE e a legislação a prevê.

6. Passo à análise dos vícios formais. Os ofícios encaminhados pelo CADE tinham o objetivo de comunicar acerca da decisão envolvendo o Ato de Concentração 53/95 e facultava às empresas, em querendo, efetivar o pagamento amigável.

7. O fundamento de que o CADE não é titular da multa por ele aplicada, e não pode efetuar sua cobrança, também não prospera, a teor do disposto no art. 10 da Lei 8.884, que estabelece como atribuição da Procuradoria do CADE promover a execução judicial das decisões e julgados da autarquia.

8. Quanto à suposta ofensa à decisão judicial, o julgamento efetivado pelo CADE em nada maculou o que já decidido pelo Judiciário no âmbito do processo falimentar, porquanto uma situação é a análise da falência, outra completamente distinta é a conclusão quanto à existência ou não de ato de concentração, adstrita a critérios objetivos.

Obter dictum

Não há.

Referências normativas:

1, 2 e 8. Lei 8.884/94, Art. 54, §3º
5. Lei 8.884/94, Art. 17
6. Resolução/CADE 9/97
7. Lei 8.884/94, Art. 10

Precedentes judiciais:

Não há.

Referências a decisões do CADE

"Fica claro que o CADE analisou com peculiar detalhamento o grau de participação das empresas envolvidas no mercado nacional, esclarecendo acerca do mercado relevante, inclusive geográfico, e quanto ao grau de concentração da oferta, ficando claro que os requisitos objetivos que norteiam o espírito do art. 54 da Lei 8.884/94 efetivamente existem."

Doutrina nacional ou estrangeira:

Não há.

Observações:

No voto do Relator, a título de observação, ele identifica a atuação do CADE na avaliação de atos de concentração como de índole subjetiva (a configuração do que a lei considera AC, por outro lado, seria objetiva, na dicção do art. 54, §3º). Isso porque seria possível que, mesmo havendo restrição à concorrência, a operação pode ser aprovada, desde que "apresente benefícios, digamos, superiores aos prejuízos, olhos postos no critério adotado pela lei antitruste para análise dos atos que possam ser lesivos à concorrência, qual seja, a regra da razão ou princípio da razoabilidade."

CASO 30:
Chocolates Garoto S/A e Nestlé Brasil Ltda. – Ampla defesa e devido processo legal

Parte I – Identificação do caso

Apelação Cível – 2005.34.00.015042-8/DF

Tribunal, Turma, Relator:

TRF 1ª Região, 5ª Turma, Relator Desembargador João Batista Moreira.

Assunto: ATO DE CONCENTRAÇÃO NÃO APROVADO. Vício de forma (falta de motivação adequada). Anulação do voto do relator e consequente anulação da decisão do CADE no pedido de reapreciação.

Parte II – Resumo do caso

Rejeição da operação em AC. Pedido de reapreciação, com contraproposta das partes. Ajuizada ação ordinária, a sentença do Juiz a quo anula a decisão do CADE por considerar a operação automaticamente aprovada ante o decurso do prazo previsto no art. 54, §6º, da lei nº 8.884/94, apesar do efeito suspensivo das diligências instrutórias, o juiz a quo não as considerou aptas a suspender os referidos prazos, pois não foram fundamentadas. CADE interpôs apelação, a qual foi parcialmente provida, para que o CADE profira novo julgamento. No curso da fase administrativa, houve mudança de voto do novo conselheiro relator, designado para o pedido de reapreciação. Além disso, houve audiência pública e juntada de documentos aos quais as partes não tiveram acesso, e não puderam se manifestar. Nulidade do voto e da decisão, por ofensa ao contraditório e à ampla defesa.

Fundamentos legais utilizados na decisão do CADE (art. 20, 21 ou 54, e respectivos parágrafos e incisos, da Lei 8.884/94):
Art. 54, §9º.

Parte III – Decisão judicial

A decisão foi unânime ou por maioria?
Maioria.
Houve decisão de "mérito judicial"?
Sim.
Em caso negativo, quais foram as razões pelas quais não houve análise do mérito?
Não aplicável.
Em caso positivo, houve revisão da decisão do CADE?
Sim.
A revisão foi de mérito e/ou forma?
Forma.
Qual efeito da decisão judicial na decisão do CADE?
Decisão sobre o pedido de reapreciação foi anulada. CADE deve reapreciar o pedido.

Fundamentos da decisão: descrição da *ratio decidendi*
Voto Vencedor – (Relator)

1. Aprovação automática e fundamentação das diligências: a disposição do art. 54, §7º (segunda parte), da Lei 8.884/94 não pode significar a possibilidade de aprovação automática e, consequentemente, renúncia de competência, exceto na hipótese de absoluta inércia da Administração. A alegação de ausência de fundamentação não é suficiente para retirar o caráter suspensivo das diligências instrutórias. Outra interpretação do referido dispositivo implicaria sua inconstitucionalidade. O argumento da garantia de *razoável duração do processo* (art. 5º, LXXVIII, da Constituição) dá ensejo a que a morosidade injustificada seja corrigida, mas não, suprida por aprovação automática.

2. Fato consumado e reversibilidade: a alegação de fato consumado é incompatível com o 'Termo de Responsabilidade de Preservação da Reversibilidade da Operação', apresentado pelas autoras, e firmado para possibilitar a reversibilidade das condições do mercado. O fato de as empresas terem optado por realizar o negócio para só após requererem aprovação pelo CADE, quando poderiam ter requerido preventivamente essa aprovação, também desautoriza a alegação de fato consumado.

3. "Reengenharia da operação": o Conselheiro Relator Thompson Andrade rejeitou o que chamou de "proposta resultante de uma reengenharia" do ato de concentração (criação de nova empresa do mercado de chocolates, com a transferência de ativos e produtos da Nestlé e da Garoto). Essa rejeição é insustentável: na decisão originária (antes do pedido de reapreciação), foi determinada a venda da Garoto a um competidor que tivesse participação de mercado de até 20%. Logo, foi admitido, em tese, índice de concentração de até 44,47% (20% + 24,47%).

4. Contradição na decisão do CADE: a contraproposta das empresas (proposta de desinvestimento) reduz abaixo desse índice a participação da Nestlé/Garoto no mercado. Sendo, portanto, melhor do que a decisão do CADE, muito embora o relator tenha decidido que a contraproposta é qualitativamente inferior. Necessidade de o CADE reapreciar esta proposta e fixar de maneira mais clara os limites toleráveis de concentração de mercado. Não foi enfrentada a questão desse limite tolerável, em confronto com a solução proposta

5. Nulidade do voto do relator: após sua saída do CADE, não aquele voto não foi confirmado por novo relator designado para o processo. Além disso, houve posterior realização de audiência pública, e juntada de documentos após a conclusão do julgamento, aos quais as partes e os demais conselheiros não tiveram acesso, irregularidade esta que contamina também os demais votos.

Obter dictum

Aprovação automática: a disposição do art. 54, §7º (segunda parte), da Lei 8.884/94 não pode significar renúncia de competência, exceto na hipótese aventada pelo Ministério Público Federal, fls. 4.226-4.227 ("Realizando-se uma interpretação teleológica da norma, depreende-se que o instituto do decurso de prazo se destina aos casos de absoluta inércia da Administração, ou seja, aqueles nos quais, por não vislumbrar qualquer risco à ordem econômica, e até para evitar os custos inerentes a uma sessão de julgamento – *e.g.* despesas das partes com advogados e deslocamento –, o órgão julgador simplesmente se abstém de qualquer providência, deixando escoar *in albis* o prazo legal. Para tal fim se destina o prazo a que alude a Lei 8.884/94, bem como o *waiting period* do direito norte-americano"). A propósito, pode não ser casual que o §7º empregue o verbo *apreciar* (não necessariamente *concluir* a apreciação), diferentemente do que acontece com o §6º, em que o verbo é *deliberar* (decidir).

Renúncia de competência: a Lei 9.784/99, art. 2º, parágrafo único, II, veda "a renúncia total ou parcial de poderes ou competências, *salvo autorização em lei*" (grifei), mas tal lei, sob pena de inconstitucionalidade, não pode ir além de hipóteses como, muito frequente, a dispensa de ajuizamento de execução fiscal se o valor do débito é inferior ao custo do processo, situação semelhante àquela apontada pelo Ministério Público Federal.

Inércia do CADE e controle judicial: se o CADE exercitasse positivamente sua competência dentro do prazo de sessenta dias, os motivos de seu ato estariam sujeitos a controle até a última instância judicial, mas se simplesmente deixasse escoar o prazo sem manifestação, o motivo dessa omissão (que bem poderia constituir *desvio de finalidade*, uma vez que se trata de área extremamente propícia a esse tipo de vício) e da consequente *aprovação* do ato de concentração econômica estariam isentos de controle

Referências normativas:

1. Lei 8.884/94, Art. 54, §6º
1. Lei 9.784/99, Art. 50, I

Precedentes judiciais:

Não há.

Referências a decisões do CADE

Reproduz trecho do voto do Conselheiro Relator Thompson Andrade no pedido de reapreciação formulado pelas empresas.

Doutrina nacional ou estrangeira:

1. MELLO, Celso Antônio Bandeira de. *Discricionariedade e Controle Jurisdicional.* 2 ed. São Paulo: Malheiros, 1993, p. 14-15 e 54.
1. MOREIRA NETO, Diogo de Figueiredo. *Mutações do Direito Administrativo.* Rio de Janeiro: Renovar, 2000, p. 23 e 29.
1. MAXIMILIANO, Carlos. *Hermenêutica e Aplicação do Direito.* 9 ed. Rio de Janeiro: Forense, 1984, p. 272.

Observações:

Não há.

Fundamentos do voto divergente:
Voto Vencido – (Juiz Convocado) Ávio Mozar José Ferraz de Novaes

1. Contra o argumento acerca da possibilidade de interpretação flexível, supostamente conforme a Constituição, do §7º, do art. 54, da Lei 8.884/94, deve-se aduzir a finalidade da norma, a qual, embora de forma sintética, está bem delineada nas razões do veto ao projeto de lei que teve por objetivo revogar tal dispositivo legal (cita as razões da Mensagem de Veto 489, de 20 de agosto de 2004).
2. Discute se a decisão sobre a imprescindibilidade ou não das diligências de instrução requeridas pelo CADE adstringe-se a um juízo de mérito administrativo, portanto, é incabível interferência do poder judiciário. Princípio da inafastabilidade do controle judicial. Porém, mesmo que se entenda que a definição da imprescindibilidade das diligências está circunscrita a uma competência discricionária, ainda assim é possível o controle judicial, por meio da análise dos motivos e fundamentos do ato.
3. A margem de liberdade de escolha da conveniência e oportunidade, conferida à Administração Pública, na prática de atos discricionários, não a dispensa do dever de motivação. A deficiência apontada na sentença diz respeito à ausência de motivação quanto à imprescindibilidade de tais diligências. Deste modo, posto violado o art. 50, I, da Lei 9.784/99, não há que se pretender aplicável o efeito suspensivo previsto no §8º, do art. 54, da Lei 8.884/94. Reputo inafastável, *in casu*, a aplicação do §7º, do art. 54, da Lei 8.884/94, julgando automaticamente aprovado o Ato de Concentração.

Referências normativas:

1 e 3. Lei 8.884/94, Art. 35, 39 e 54, §6º
2. Constituição Federal, Art. 5º, XXXV

Precedentes judiciais:

3. STJ, REsp 991989/PR, Primeira Turma, Relator Ministro Luiz Fux, DJe 03/11/2008.
3. STJ, Terceira Seção, MS 10987, Relatora Ministra Maria Thereza de Assis Moura, DJe 03/06/2008.

Referências a decisões do CADE

1. AC 08012.005846/1999-12: exemplo recente da referida atuação repressiva pode-se contatar na conduta do órgão ante práticas reputadas abusivas, levadas a efeito pela AMBEV, cuja concentração horizontal, saliente-se, foi objeto de aprovação pelo próprio CADE.

1. AC 08012.002482/2002-85: voto proferido pelo Conselheiro Roberto Augusto Castellanos Pfeiffer, proferido, em 12 de maio de 2004.

Doutrina nacional ou estrangeira:

2. GARCÍA DE ENTERRIA, Eduardo; FERNÁNDEZ, Tomás Ramón. *Curso de Direito Administrativo.* Tradução de Arnaldo Setti. São Paulo: Revista dos Tribunais, 1191; p. 394. (Argumento 2).
3. CASTRO, Ramsés Maciel de. *Controle jurisdicional do Conselho Administrativo de Defesa Econômica (CADE).* Jus Navigandi, Teresina, ano 11, 1572, 21 out. 2007. Disponível em: <http://jus2.uol.com.br/doutrina/texto.asp?id=10455>. Acesso em: 31 jul. 2009.

Observações:

Cita o sítio eletrônico do CADE (www.cade.gov.br), a respeito da estrutura do SBDC, e das finalidades atribuídas a cada um dos órgãos que o compõem.

CASO 31:
Elevadores do Brasil Ltda. e Guanatapo Participações S/A – TAXA PROCESSUAL

Parte I – Identificação do caso

Apelação Cível – 2002.34.00.036310-6/DF

Tribunal, Turma, Relator:

TRF 1, 7ª Turma, Relator Desembargador Luciano Tolentino Amaral.

Assunto: ATO DE CONCENTRAÇÃO. TAXA PROCESSUAL. Exame prévio de "ato e contrato".

Parte II – Resumo do caso

Ajuizou ação ordinária objetivando o reconhecimento da ilegalidade da exigência de taxa processual prevista no art., da Lei 9.781/99. Discussão de fase anterior à decisão de mérito do órgão, aprovando (com ou sem restrições) a operação ou rejeitando-a. Juiz *a quo* julgou improcedente. As empresas interpuseram recurso de apelação, o qual foi improvido.

Fundamentos legais utilizados na decisão do CADE (art. 20, 21 ou 54, e respectivos parágrafos e incisos, da Lei 8.884/94):

Lei 9.781/99, art. 5º, inc. I, c/c, Lei 8.884/94, art. 54.

Parte III – Decisão judicial

A decisão foi unânime ou por maioria?

Unânime.

Houve decisão de "mérito judicial"?

Sim.

Em caso negativo, quais foram as razões pelas quais não houve análise do mérito?

Não aplicável.

Em caso positivo, houve revisão da decisão do CADE?

Não.

A revisão foi de mérito e/ou forma?

Não aplicável.

Qual efeito da decisão judicial na decisão do CADE?

Manteve a decisão do CADE.

Fundamentos da decisão: descrição da *ratio decidendi*
Voto Vencedor – (Relator)

1. É legítima a cobrança pelo CADE da taxa processual para exame dos atos de concentração que lhes são submetidos, visto que constitui prestação específica e divisível, decorrente do poder de polícia atribuído à autarquia, preenchendo, assim, os requisitos do CTN (respectivamente, arts. 79 e 78) e da CF.

2. Não há que se falar em "modicidade da taxa", princípio aplicável apenas aos serviços essenciais. Além disso, a própria Lei 9.781/99, contempla, em seu art. 4º, inc. III, as hipóteses de isenção para aqueles comprovadamente destituídos de recursos financeiros.

3. Não há qualquer relação entre o direito de petição, direito individual, garantido pelo art. 5º, inc. XXXIV, da CF, e violação desse direito por exigibilidade de taxa.

Obter dictum

Não há.

Referências normativas:

1. Lei 8.884/94, Art. 54
1. Lei 9.781/99, Art. 5º, inc. I
2. Lei 9.781/99, Art. 4º, inc. III
1. Constituição Federal, Art. 142, §2º
1. Código Tributário Nacional, Art. 78, e ARt. 79
3. Constituição Federal, Art. 5º, inc. XXXIV

Precedentes judiciais:

1. TRF 1: *AC nº 2002.34.00.000472-9/DF, Rel. Juiz Conv. FRANCISCO RENATO CODEVILA PINHEIRO FILHO, T7, julg. 29/04/2008.*

1,3. STF: *ADI nº 453/DF, Rel. Min. GILMAR MENDES, Pleno, DJ 30 AGO 2006* (Súmula 665. *"É constitucional a taxa de fiscalização dos mercados de títulos e valores mobiliários instituída pela Lei nº 7.940/1989").*

Referências a decisões do CADE

Não há.

Doutrina nacional ou estrangeira:

Não há.

Observações:

Voto do Vogal: faz a ressalva de que o valor da taxa pode ser considerado exorbitante, apesar de ser inquestionavelmente possível a cobrança da referida taxa. Isso porque o que compõe o valor da taxa são os custos administrativos do poder público na prestação do serviço (exercício do poder de polícia), e não fatores externos ao órgão, tal como o faturamento da administrada. Cita art. 145, §2º, da CF (base de cálculo de taxas diferente de impostos). Ressalta que faz essa ressalva apenas para que, futuramente, não se vincule a eventual discussão da proporcionalidade ou não da taxa.

CASO 32:
Elevadores do Brasil Ltda. e Elite Comércio, Conservação e Manutenção de Elevadores Ltda. x CADE– TAXA PROCESSUAL

Parte I – Identificação do caso

Apelação Cível – 2002.34.00.024697-1/DF

Tribunal, Turma, Relator:

TRF 1, 7ª Turma, Relator Desembargador Catão Alves (Relator Juiz Convocado Francisco Renato Codevila Pinheiro).

Assunto: ATO DE CONCENTRAÇÃO. TAXA PROCESSUAL. Exame prévio de "ato e contrato". Exercício de Poder de Polícia.

Parte II – Resumo do caso

Trata-se de ação ordinária objetivando o reconhecimento da ilegalidade da exigência de taxa processual prevista no art., da Lei 9.781/99. Discussão de fase anterior à decisão de mérito do órgão, aprovando (com ou sem restrições) a operação ou rejeitando-a. Juiz *a quo* julgou improcedente. As empresas interpuseram recurso de apelação, o qual foi improvido.

Fundamentos legais utilizados na decisão do CADE (art. 20, 21 ou 54, e respectivos parágrafos e incisos, da Lei 8.884/94):

Lei 9.781/99, art. 5º, inc. I, c/c, Lei 8.884/94, art. 54.

Parte III – Decisão judicial

A decisão foi unânime ou por maioria?

Unânime.

Houve decisão de "mérito judicial"?

Sim.

Em caso negativo, quais foram as razões pelas quais não houve análise do mérito?

Não aplicável.

Em caso positivo, houve revisão da decisão do CADE?

Não.

A revisão foi de mérito e/ou forma?

Não aplicável.

Qual o efeito da decisão judicial na decisão do CADE?

Manteve a decisão do CADE.

Fundamentos da decisão: descrição da *ratio decidendi*
Voto Vencedor – (Relator)

1. É legítima a cobrança pelo CADE da taxa processual para exame dos atos de concentração que lhes são submetidos, visto que constitui prestação específica e divisível, decorrente do poder de polícia atribuído à autarquia, preenchendo, assim, os requisitos do CTN (respectivamente, arts. 79 e 78) e da CF.
2. Não há que se falar em "modicidade da taxa", princípio aplicável apenas aos serviços essenciais. Além disso, a própria Lei 9.781/99, contempla, em seu art. 4º, inc. III, as hipóteses de isenção para aqueles comprovadamente destituídos de recursos financeiros.
3. Não há qualquer relação entre o direito de petição, direito individual, garantido pelo art. 5º, inc. XXXIV, da CF, e violação desse direito por exigibilidade de taxa.

Obter dictum

Não há.

Referências normativas:

1. Lei 8.884/94, Art. 54
1. Lei 9.781/99, Art. 5º, inc. I
1. Constituição Federal, Art. 142, §2º
1. Código Tributário Nacional, Art. 78, e ARt. 79
2. Lei 9.781/99, Art. 4º, inc. III
3. Constituição Federal, Art. 5º, inc. XXXIV

Precedentes judiciais:

Não há.

Referências a decisões do CADE

Não há.

Doutrina nacional ou estrangeira:

Não há.

Observações:

Nenhuma.

CASO 33:
Elevadores do Brasil Ltda. e Elevadores Sítio Ltda. x CADE– TAXA PROCESSUAL

Parte I – Identificação do caso

Apelação Cível – 2002.34.000472-9/DF

Tribunal, Turma, Relator:

TRF 1, 7ª Turma, Relator Juiz Convocado Francisco Renato Codevila Pinheiro.

Assunto: ATO DE CONCENTRAÇÃO. TAXA PROCESSUAL. Exame prévio de "ato e contrato". Exercício de Poder de Polícia.

Parte II – Resumo do caso

Trata-se de ação ordinária objetivando o reconhecimento da ilegalidade da exigência de taxa processual prevista no art., da Lei 9.781/99. Discussão de fase anterior à decisão de mérito do órgão, aprovando (com ou sem restrições) a operação ou rejeitando-a. Juiz *a quo* julgou improcedente. As empresas interpuseram recurso de apelação, o qual foi improvido.

Fundamentos legais utilizados na decisão do CADE (art. 20, 21 ou 54, e respectivos parágrafos e incisos, da Lei 8.884/94):

Lei 9.781/99, art. 5º, inc. I, c/c, Lei 8.884/94, art. 54.

Parte III – Decisão judicial

A decisão foi unânime ou por maioria?

Unânime.

Houve decisão de "mérito judicial"?

Sim.

Em caso negativo, quais foram as razões pelas quais não houve análise do mérito?

Não aplicável.

Em caso positivo, houve revisão da decisão do CADE?

Não.

A revisão foi de mérito e/ou forma?

Não aplicável.

Qual o efeito da decisão judicial na decisão do CADE?

Manteve a decisão do CADE.

Fundamentos da decisão: descrição da *ratio decidendi*
Voto Vencedor – (Relator)

1. É legítima a cobrança pelo CADE da taxa processual para exame dos atos de concentração que lhes são submetidos, visto que constitui prestação específica e divisível, decorrente do poder de polícia atribuído à autarquia, preenchendo, assim, os requisitos do CTN (respectivamente, arts. 79 e 78) e da CF.
2. Não há que se falar em "modicidade da taxa", princípio aplicável apenas aos serviços essenciais. Além disso, a própria Lei 9.781/99, contempla, em seu art. 4º, inc. III, as hipóteses de isenção para aqueles comprovadamente destituídos de recursos financeiros.
3. Não há qualquer relação entre o direito de petição, direito individual, garantido pelo art. 5º, inc. XXXIV, da CF, e violação desse direito por exigibilidade de taxa.

Obter dictum

Não há.

Referências normativas:

1. Lei 8.884/94, Art. 54
1. Lei 9.781/99, Art. 5º, inc. I
1. Constituição Federal, Art. 142, §2º
1. Código Tributário Nacional, Art. 78, e Art. 79
2. Lei 9.781/99, Art. 4º, inc. III
3. Constituição Federal, Art. 5º, inc. XXXIV

Precedentes judiciais:
Não há.

Referências a decisões do CADE
Não há.

Doutrina nacional ou estrangeira:
Não há.

Observações:
Esta apelação é o precedente citado nas apelações cíveis 2002.34.00.036310-6/DF e 2002.34.00.007351-4/DF.

CASO 34:
CADE x Associação Médica do Mato Grosso do Sul – TABELA DE HONORÁRIOS MÉDICOS

Parte I – Identificação do caso

Apelação em MS – 2002.34.00.014122-2/DF

Tribunal, Turma, Relator:
TRF 1, 6ª Turma, Relator Desembargador Daniel Paes Ribeiro (Relator Convocado Juiz Carlos Augusto Pires Brandão).
Assunto: CARTEL. PROCESSO ADMINISTRATIVO. Aplicação de tabela de honorários médicos.

Parte II – Resumo do caso

Trata-se de MS impetrado para anular a decisão que condenou em multa (e estipulou multa diária por eventual descumprimento) por prática de cartel, mediante a imposição de utilização da tabela de honorários médicos a seus associados. Segurança concedida em primeira instância. CADE interpôs apelação, que foi improvida, anulando a decisão do CADE.
Fundamentos legais utilizados na decisão do CADE (art. 20, 21 ou 54, e respectivos parágrafos e incisos, da Lei 8.884/94):
Lei 8.884/94, Art. 20, I, II e IV e Art. 21, I, II e V.

Parte III – Decisão judicial

A decisão foi unânime ou por maioria?
Unânime.

Houve decisão de "mérito judicial"?
Sim.

Em caso negativo, quais foram as razões pelas quais não houve análise do mérito?
Não aplicável.

Em caso positivo, houve revisão da decisão do CADE?
Sim.

A revisão foi de mérito e/ou forma?
Mérito.

Qual efeito da decisão judicial na decisão do CADE?
Anulou a decisão do CADE.

Fundamentos da decisão: descrição da *ratio decidendi* Voto Vencedor – (Relator)
1. Não configura infração à ordem econômica a simples recomendação para utilização da Tabela de Honorários Médicos (não compulsória). Apenas sugere aos profissionais os valores mínimos de honorários capazes de remunerar os serviços prestados. Não contém norma de conduta, nem conduz a "conduta comercial uniforme ou concertada entre concorrentes" (cartel, nos termos do Art. 20 e Art. 21, inc. II, da Lei 8.884/94).

2. Os próprios planos de saúde definem os valores dos procedimentos com base em tais estimativas. Até mesmo os órgãos da Administração Pública utilizam-se do mencionado indicativo para pagamento de fornecedores. Muitas vezes refletem o menor preço praticável no mercado.
3. São exigidas pelo próprio Conselho Federal de Medicina.
4. Ausência de demonstração dos riscos concretos à livre concorrência, como requisito para configuração das condutas descritas no art. 20 e art. 21, inc. II, da Lei 8.884/94. Não há cabimento que a regra geral da lei complementar (Código Civil), de que a responsabilidade pressupõe culpa, seja solapada pela Lei 8.884/94, que estipula ilícitos civis (ou comerciais) prescindindo de culpa. Ilícito de perigo abstrato, sem paralelo no direito pátrio.

Obter dictum

Não há.

Referências normativas:

1. Lei 8.884/94, Art. 20 e Art. 21, inc. II
3. Resolução do CRM-DF 089/89, Art. 1º e 2º
3. Constituição Federal, Art. 5º, inc. XXXIV

Precedentes judiciais:

1. AMS 1998.01.00.014517-7/DF
1 e 4. AMS 1999.01.00.059757-6/DF, Rel. Juiz Daniel Paes Ribeiro, Rel.Acor. Juiz Daniel Paes Ribeiro, Terceira Turma Suplementar, DJ de 28/01/2002, p. 132.
1. AMS 1998.01.00.014517-7/DF, Rel. Juiz Wilson Alves de Souza (conv), Terceira Turma Suplementar, DJ de 16/01/2003, p. 100.
1. AMS 95.01.18884-1/DF, Rel. Juiz José Henrique Guaracy Rebêlo (conv), Primeira Turma Suplementar, DJ de 08/04/2002, p. 132.
4. Rcl. 387/DF, Rel. Ministro HÉLIO MOSIMANN, PRIMEIRA SEÇÃO, julgado em 29.05.1998, DJ 21.09.1998 p. 41.

Referências a decisões do CADE

Não há.

Doutrina nacional ou estrangeira:

4. João Luiz Coelho da Rocha, in Alguns Aspectos Heréticos da Lei Antitruste (Lei 8.884/94), Revista de Direito Mercantil, n. 97, Janeiro-Março/1995, p. 109/113.
4. Serpa Lopes, Curso de Direito Civil, 7.ª ed., I/366 e Bevilacqua, Código Civil, Ed. Histórica, I/426.

Observações:

Nenhuma.

CASO 35:
CADE x Banco BCN S/A e Banco Bradesco S/A – COMPETÊNCIA CADE X BACEN

Parte I – Identificação do caso

Apelação em MS – 2002.34.00.033475-0/DF

Tribunal, Turma, Relator:

TRF 1, 5ª Turma, Relatora Desembargadora Selene Maria de Almeida (Rel. para acórdão: Des. Fagundes de Deus).

Assunto: DELIMITAÇÃO DE COMPETÊNCIA (CADE/BACEN). SUBMISSÃO DE DOCUMENTOS DA FUSÃO DE BANCOS AO CADE. Operação já é submetida ao BACEN. Os bancos alegam que a operação de aquisição do controle acionário um do outro é de competência exclusiva do BACEN (art. 10, inc. X, 'c' e 'g', e 18, §2º, todos da Lei 4.595/64).

Parte II – Resumo do caso

Não há decisão de mérito do CADE. O CADE tomou conhecimento da operação de compra de ações entre os dois bancos em AC que envolvia operação de instituições não financeiras. Presidente do CADE determinou a apresentação dos documentos da operação. Bancos impetraram MS, alegando competência exclusiva do BACEN, inclusive consoante parecer emitido pela AGU. O juiz concedeu a segurança em primeira instância, sob o argumento de que a lei que regula do Sistema Financeiro Nacional (SFN) é complementar (a lei 8.884 é ordinária), anulando a decisão que determina a apresentação dos documentos ao CADE, sob pena multa diária. CADE interpôs apelação que foi provida, nos termos do voto do revisor.

Fundamentos legais utilizados na decisão do CADE (art. 20, 21 ou 54, e respectivos parágrafos e incisos, da Lei 8.884/94):

Lei 8.884/94, Art. 54 (AC)

Parte III – Decisão judicial

A decisão foi unânime ou por maioria?

Maioria.

Houve decisão de "mérito judicial"?

Sim.

Em caso negativo, quais foram as razões pelas quais não houve análise do mérito?

Não aplicável.

Em caso positivo, houve revisão da decisão do CADE?

Não.

A revisão foi de mérito e/ou forma?

Não aplicável.

Qual o efeito da decisão judicial na decisão do CADE?

Manteve a decisão do CADE.

Fundamentos da decisão: descrição da *ratio decidendi*
Voto vencedor – (Voto Vista) – Des. Fagundes de Deus

1. Parecer da AGU: o parecer, que pugna pela incompetência do CADE, por força do §1º do art. 40 da LC 73/93, seria vinculante para os demais órgãos do Executivo federal (uma vez ratificado pelo Presidente). Contudo, não são de observância obrigatória pelo CADE. Art. 50, da Lei 8.884/94, posterior à LC 73/93, determina que as decisões do CADE não comportam revisão no âmbito do Poder Executivo. Risco de ingerência indevida do Poder Executivo em órgão técnico.
2. Complementaridade das leis: Atribuição de competência, pela Lei 4.595/64, ao BACEN, não exclui eventual competência do CADE, também conferida por lei, para decidir soberanamente sobre os atos de concentração. A Lei Bancária e a Lei Antitruste devem ser aplicadas tendo presente a regra da complementaridade. Distinção entre *regulação* do sistema financeiro nacional e *defesa da concorrência*. A primeira fica limitada ao exame da questão concorrencial como instrumento necessário à defesa do equilíbrio do sistema financeiro, ao passo que a segunda versa especificamente sobre a tutela da concorrência.
3. Lei Complementar: a Lei 4.595/64, que trata do Sistema Financeiro Nacional, foi recepcionada pela Constituição Federal de 1988 com o *status* de lei complementar (Art. 192 da CF). Mas o status de lei complementar não significa a sobreposição das legislações do SNF e antitruste. A defesa da concorrência não é matéria reservada à lei complementar, mesmo que disciplinada pela lei de 64. Assim, está no mesmo nível da Lei 8.884/94, que lhe é posterior.
4. Desempenho técnico: o BACEN não dispõe de legislação específica, traçando procedimento administrativo próprio, para exercício de fiscalização das infrações contra a ordem econômica (Lei 8.884/94). Total ausência de atuação do BACEN em questões concorrenciais, no decorrer de quase quarenta anos da promulgação da Lei 4.595/64. *Só o CADE tem know-how* analítico adequado à defesa da concorrência no país.
5. Finalidade institucional: o CADE possui grau maior de independência do que o BACEN, cuja tarefa é impor a política monetária do Copom. Imparcialidade nos julgamentos, não subordinação, mandatos fixos.
6. Direito comparado: na quase totalidade dos países-membros da Organização para a Cooperação e o Desenvolvimento Econômico, de legislação semelhante à brasileira, as concentrações bancárias são submetidas ao duplo controle do órgão antitruste e da instituição reguladora do setor bancário.

Obter dictum

Não há.

Referências normativas:

2. Lei 8.884/94, competências do CADE
2 e 3. Lei 4.595/64, SFN e competências do BACEN
1. Lei Complementar 73/93, Art. 40, §1º
2 e 3. Constituição Federal, Art. 173

Precedentes judiciais:

4. *REsp 590960/DF, Rel. Ministro LUIZ FUX, 1ª Turma do STJ, julgado em 26/10/2004, unânime, DJ de 21/03/2005, p. 234*

Referências a decisões do CADE

Não há.

Doutrina nacional ou estrangeira:

4. Odete Medauar, "Conflito de competência entre CADE e BACEN?", *In*: Celso Fernandes Campilongo, Jean Paul C. Veiga da Rocha e Paulo Todescan Lessa Mattos (Coordenadores). *Concorrência e Regulação no Sistema Financeiro*. São Paulo: Ed. Max Limonad, 2002, p. 125 e 126.

4. João Bosco Leopoldino da Fonseca. *Lei de Proteção da Concorrência*. Rio de Janeiro: Forense, 2001, p. 312/313.

4 e 5. Carlos Ari Sundfeld. *In* Concorrência e Regulação no Sistema Financeiro. Coordenadores: Celso Fernandes Campilongo, Jean Paul C. Veiga da Rocha e Paulo Todescan Lessa Mattos. O texto de Carlos Ari Sundfeld possui o mesmo título dado ao livro. São Paulo: Ed. Max Limonad, 2002, p. 35.

5. Cássio Scarpinella Bueno, *In* Concorrência e Regulação no Sistema Financeiro. Coordenadores: Celso Fernandes Campilongo, Jean Paul C. Veiga da Rocha e Paulo Todescan Lessa Mattos. São Paulo: Ed. Max Limonad, 2002, p. 52 a 54.

6. Paulo Correa, *In* Concorrência e Regulação no Sistema Financeiro. Coordenadores: Celso Fernandes Campilongo, Jean Paul C. Veiga da Rocha e Paulo Todescan Lessa Mattos. Texto: "As concentrações bancárias no Brasil devem ser controladas pelos órgãos antitruste?" – de Paulo Correa. São Paulo: Ed. Max Limonad, 2002, p. 277.

Observações:

Não há.

Voto Vencido – (Relatora) Des. Selene Maria de Almeida

1. Parecer AGU: o chamado controle autárquico diz respeito à orientação e fiscalização que se exerce sobre os atos das autarquias e seus agentes. A atividade fim do CADE não comporta revisão sobre o mérito de suas decisões nem sobre a afirmação de sua competência.

2. Modelos de repartição de competência fiscalizatória: a isenção antitruste do sistema financeiro nasceu por ocasião da Grande Depressão da década de 30, mas passou a declinar a partir de 1940 quando a autoridade monetária começou a ter em vista também a defesa da concorrência. O modelo estrutural foi criado pelos Estados Unidos depois da crise de 1929.

3. Internacional: no âmbito da OCDE existe recomendação para que se busque um equilíbrio entre as funções regulatória e adjudicativa da autoridade monetária e a função adjudicativa de defesa da concorrência.

4. Apanhado histórico: CADE e BACEN nas constituições, legislação (*obter dictum* – cita diversos autores e um voto de conselheira do CADE, de 1962). O CADE é um quase tribunal administrativo. Funciona junto ao CADE uma Procuradoria, cujas principais atribuições, segundo o art. 10, são executar judicialmente as decisões do CADE.

5. Finalidade da defesa da concorrência: ao contrário do sustentado pelo CADE, não é a defesa do consumidor seu principal foco. O CADE encara os interesses dos consumidores como um subproduto de mercados competitivos e eficientes.

6. BACEN e SFN: discute finalidades, instrumentos e mecanismos do controle sobre atos de concentração no sistema financeiro nacional.

7. Inaplicabilidade da Lei 8.884/94 ao SNF: O CADE sustenta que o BACEN não teria como punir infrações à ordem econômica em virtude da falta de previsão na Lei 4.595/64. Mas decorre da competência do BACEN pela lei de 1964 a tarefa de fiscalizar (e punir) atos que violem as regras do sistema. A lei bancária foi recepcionada como LC, de hierarquia superior, portanto, à lei ordinária do SBDC. Ainda que de hierarquia igual, há um maior grau de especialidade, diante da defesa da concorrência em geral. Setor particular.

8. Conclusão: BACEN atua como entidade reguladora, ao mesmo tempo em que desempenha função de defesa da concorrência, no nicho específico do SFN. Decisão do CADE de exigir documentos é ilegal, e não inconstitucional.

Doutrina nacional ou estrangeira:

2. Gesner Oliveira, (*vide* Concorrência no Brasil e no Mundo, S. Paulo, Saraiva 2001 e Defesa da Concorrência e Regulação: o caso do Setor Bancário.

2. Paulo Lucena de Menezes, Comentários à Lei 8.884/94 e Estudos Doutrinárias, p. 141.

4. Isabel Vaz, Direito Econômico da Concorrência, Rio de Janeiro. Forense, 1993, p. 101).

4. Lúcia Helena Salgado, A Economia Política da Ação Antitruste Editora Singular, p. 183-184.

4. Aurélio Wander Bastos, Cartéis e Concorrência, julho-dezembro de 1997, p. 108.

4. Maria Cecília Mendes Borges *et alli*, O cartel na legislação antitruste, sua relação com o fenômeno concentracionista e seus reflexos prejudiciais aos direitos do consumidor, Revista de Informação Legislativa, 155, 2002, p. 226-227.

4. José Martins Proença, Direito Concorrencial, Aspectos Jurídicos e Econômicos, p. 373-374.

5. Ana Paula Martinez, A proteção dos consumidores pelas normas concorrências, Revista de Direito do Consumidor 52, RT, p. 11.

5. José Reinaldo de Lima Lopes, Direito da Concorrência e Direito do Consumidor, Revista de Direito do Consumidor, 34, 2000, RT, p. 86-87.

Referências a decisões do CADE

4. Voto da Conselheira Neide Teresinha Malard em voto no Processo Administrativo 61/62, *apud* Paulo Lucena de Menezes, *op. cit.* P.142.

Precedentes judiciais:

7. ADIN 449/DF, o STF, Rel. Min. Carlos Veloso. (Recepcionada como Lei Complementar).

Observações: Nenhuma.

CASO 36:
MPF X CADE E OUTROS – FORÇAR CUMPRIMENTO DO MISTER INSTITUCIONAL DO CADE

Parte I – Identificação do caso

Recurso Especial 650.892

Tribunal, Turma, Relator:

STJ, Segunda Turma, Relator Ministro Mauro Campbell Marques

Assunto: Forçar cumprimento do mister institucional do CADE

Parte II – Resumo do caso

Trata-se de Resp interposto pelo MPF em face de acórdão do TRF 4 em agravo de instrumento (nº 2002.04.01.000051-0) em que se reconheceu a ilegitimidade passiva do CADE e a ausência dos requisitos autorizadores da liminar deferida em primeira instância. Resp. parcialmente conhecido e, nesta parte, improvido.

Fundamentos legais utilizados na decisão do CADE (art. 20, 21 ou 54, e respectivos parágrafos e incisos, da Lei 8.884/94):

Não aplicável.

Parte III – Decisão judicial

A decisão foi unânime ou por maioria?

Unânime

Houve decisão de "mérito judicial"?

Sim.

Em caso negativo, quais foram as razões pelas quais não houve análise do mérito?

Não aplicável.

Em caso positivo, houve revisão da decisão do CADE?

Não aplicável.

A revisão foi de mérito e/ou forma?

Não aplicável.

Qual efeito da decisão judicial na decisão do CADE?

Não aplicável.

Fundamentos da decisão: descrição (*ratio decidendi*)
Voto Vencedor (Relator) – Ministro Mauro Campbell Marques

1. O CADE é parte ilegítima para figurar no polo passivo de ação civil pública proposta pelo MPF visando forçar a atuação do Cade em face de supostas práticas contra a ordem econômica (no caso, em razão da formação de cartel e de prática de dumping).
A leitura dos arts. 7°, incs. II, III e IV, e 14, incs. III, VI e VII, da Lei n. 8.884/94 revela que compete à Secretaria de Direito Econômico – SDE a apuração de infrações contra a ordem econômica, sobrando para o Cade o dever legal de apreciar e julgar os processos administrativos que são remetidos em razão do exercício da competência da SDE.
Daí porque o Ministério Público Federal não pode exigir, em ação civil pública, que o Cade desenvolva seu "mister institucional", preservando a aplicação da Lei n. 8.884/94, quando inexiste espaço legal para a atuação da autarquia.
É verdade que o recorrente pode (e deve), sempre que entender cabível, acionar o Judiciário para combater estas espécies de condutas lesivas à ordem econômica, independentemente da atuação administrativa do Cade. Isto em razão do que dispõe o próprio art. 5°, inc. XXXV, da Constituição da República.
Ao contrário, o Parquet federal não pode impor ao Cade que funcione no presente feito, bem como que tome providências adequadas, quando, a priori, sequer se sabe se efetivamente foram cometidas as infrações alegadas ou quando sequer houve manifestação prévia da SDE provocando a atuação do Conselho.
O fato de o art. 89 da Lei n. 8.884/94 asseverar que "[n]os processos judiciais em que se discuta a aplicação desta lei, o Cade deverá ser intimado para, querendo, intervir no feito na qualidade de assistente" em nada abona a tese recursal.
Inicialmente, quanto a este ponto, a redação do dispositivo é clara ao conferir ao Cade uma faculdade, e não uma obrigação. A norma fala, ainda, da participação como assistente, e não como parte (que é o que pretende o Ministério Público Federal quando arrola o Cade como réu).
No mais, violaria a autonomia técnica do Conselho forçá-lo a atuar administrativamente (lembre-se, o pedido inicial busca forçar o Cade a cumprir seu mister institucional) quando, de início, não vislumbra ele próprio competência nem motivos para tanto, afinal o próprio Cade pode entender, por exemplo, que a conduta narrada pelo MPF é legal.
2. Requisitos ensejadores do deferimento da tutela antecipada:
Súmula 7 do STJ.
A distância desta Corte Superior dos fatos e das provas impede a correta valoração do fumus boni iuris e do periculum in mora

Obter dictum

Inutilidade da exigência da participação do CADE- prevalência da providência judicial:
Não fosse isso bastante, não há necessidade ou utilidade para o MPF a análise do pedido mencionado e a participação do Cade no feito, pois, existindo providência judicial reconhecendo ou não a conduta ilegal (provimento final da presente ação), o entendimento da esfera administrativa passa a ser irrelevante.

Referências normativas

1. CF, art. 5°, inc. XXXV.
1. Lei 8.884/94, art. 7°, incs. II, III e IV, e 14, incs. III, VI e VII.

Precedentes judiciais:

2. Súmula 7 do STJ.

Referências a decisões do CADE

Não há.

Doutrina nacional ou estrangeira

Não há.

Observações: Nenhuma.

CASO 37:
LABORATÓRIO SABIN DE ANÁLISES CLÍNICAS LTDA X CADE – TABELA AMB

Parte I – Identificação do caso

Apelação Cível 1998.34.00.013139-7/DF contra decisão que julgou improcedentes os embargos ao devedor 1998.34.00.013139-7

Tribunal, Turma, Relator:

TRF 1, Quinta Turma, Relator Juiz Federal César Augusto Bearsi (convocado).

Assunto: UTILIZAÇÃO DA TABELA AMB. Tabelamento de preço. Anulação da decisão do CADE. Legalidade da utilização da tabela de honorários médicos da AMB.

Parte II – Resumo do caso

Trata-se de apelação cível interposta em face de sentença que julgou improcedente o pedido em embargos do devedor. Alega a apelante a nulidade da execução, e, no mérito, a inexistência de infração à ordem econômica e que não descumpriu a decisão do CADE, a qual lhe impôs obrigação de não fazer (não utilizar tabela de honorários da AMB).Apelação Provida. Afastamento de multa e possibilidade de utilização da tabela AMB.

Fundamentos legais utilizados na decisão do CADE (art. 20, 21 ou 54, e respectivos parágrafos e incisos, da Lei 8.884/94):

Artigos 20, inciso I, 21 inciso I e 26

Parte III – Decisão judicial

A decisão foi unânime ou por maioria?

Unânime

Houve decisão de "mérito judicial"?

Sim.

Em caso negativo, quais foram as razões pelas quais não houve análise do mérito?

Não aplicável.

Em caso positivo, houve revisão da decisão do CADE?

Sim.

A revisão foi de mérito e/ou forma?

Mérito.

Qual o efeito da decisão judicial na decisão do CADE?

Não anulou P.A. Apenas afastou efeitos da decisão administrativa (multa e obrigação de não fazer).

Fundamentos da decisão: descrição (*ratio decidendi*)
Voto Vencedor (Relator) – Juiz Federal César Augusto Bearsi

Nulidade do título executivo extrajudicial
Quanto às preliminares de Inépcia, nulidade de execução, falta de interesse de agir, inexistência de título:
"A inicial da execução é clara e direta, não havendo dúvida de que se trata de execução de obrigação de fazer imposta pelo plenário do CADE, formando o título executivo indicado no art. 60 da Lei 8.884/94.
Não existe a confusão que a Apelante quer criar entre a obrigação de fazer e os valores que estão sendo cobrados a título de multa pelo descumprimento de tal obrigação.
Também não há necessidade de processo administrativo novo com ampla defesa para dele emergir nova decisão plenária a respeito do descumprimento da obrigação de fazer.
Imposta a obrigação de fazer pelo título executivo validamente formado na decisão plenária do CADE, a multa não passa de conseqüência, sem necessidade de formação de um novo título para ela.
Apesar da confusão que a Apelante quer fingir existir com o propósito puramente protelatório, realmente o que temos é bastante simples:
- há um título executivo que fundamenta uma execução de obrigação de não fazer, consistente em não utilizar a tabela da AMB ;
- a execução é dessa obrigação de fazer e preenche todos os requisitos formais do CPC para este tipo de execução;
- já na inicial da execução, porém, a Apelada noticia o descumprimento da obrigação de não fazer e pede a conseqüente aplicação de multa, a qual deriva naturalmente do mesmo título .
Noutro ponto, não era necessário à Apelada trazer provas de que a obrigação foi descumprida e nem sequer há fase probatória em execução.
Foi no próprio processo administrativo no qual se produziu o título executivo que foi verificado o descumprimento da obrigação, surgindo ai a necessidade de uso do Judiciário para forçar a Apelante ao cumprimento (interesse de agir)."

2. Inexistência de tabelamento de preço – mera recomendação:

O uso de tabela de honorários que apenas tem a função de indicar os honorários médicos mínimos não se enquadra em qualquer ofensa a ordem econômica e nem perturba a livre formação de preços e o mercado. Não se trata de tabelar um preço obrigatório, mas sim de indicar um preço mínimo a partir do qual se aceita negociar, fenômeno que ocorre naturalmente no mercado de produtos e serviços, bastando lembrar que todo produto tem seu preço mínimo indicado pelo custo de sua produção .

Por acaso alguém pensaria em dizer que há ofensa ao mercado se uma fábrica disser que determinado bem só pode ser comercializado pelo preço mínimo de X, considerando o custo de produção?

3. A tabela AMB resguarda a dignidade profissional:

A função deste tipo de tabela é apenas a de resguardar os profissionais da área contra a cobrança de preço vil, o que se insere na ideia maior dada pelo art. 7º, V, da Constituição.

Este dispositivo não traz somente uma regra aplicável apenas ao empregado, mas sim um verdadeiro princípio que ensina a necessidade de existir um valor mínimo considerado como remuneração digna de determinado trabalho, visto pelos parâmetros de sua extensão e complexidade.

Assim precisa ser pelo respeito à dignidade do trabalhador e porque a Ordem Econômica é fundada na valorização do trabalho humano, conforme o art. 170, caput, da Constituição, ideias que não se coadunam com a de remuneração ínfima para trabalhos de alta responsabilidade e complexidade técnica, ainda mais se tratando de profissionais que tem a vida e incolumidade física de outras pessoas em suas mãos.

Obter dictum

4. Utilização reiterada e incorporada no mercado

Quando a OAB, a AMB ou outras entidades editam tabelas deste tipo estão apenas dando efetividade a estes princípios. Elas não fixam o que formalmente poderia se chamar de piso salarial, mas a IDEIA É IDÊNTICA, pois se trata de indicar o valor mínimo devido por um determinado trabalho.

5. Função protetiva da Tabela AMB em relação ao sistema de saúde

Guardas proporções e diferenças a ideia de honorários mínimos é absolutamente a mesma e precisa existir para impedir que a ganância dos planos médicos leve os profissionais e empresas da área de saúde a uma situação de penúria, acabando por atingir própria eficiência do sistema de saúde, com evidente risco para os pacientes.

Aliás, é mais do que visível nas entrelinhas deste caso que o CADE apesar de estar executando de boa-fé e com dedicação sua função foi na verdade levado a proteger interesses espúrios, mais precisamente o interesse de certos convênios médicos em aumentar de toda forma seus lucros, inclusive pelo aviltamento do valor pago aos profissionais da saúde.

O Judiciário ou pelo mesmo este juiz não se prestará a este tipo de jogo econômico que revela elevada má-fé e ganância, e que acabará trazendo prejuízo e risco para os pacientes.

Referências normativas

2. CF, art. 7º, V e 170, caput.

Precedentes judiciais:

2. AMS 1998.01.00.014517-7/DF, Rel. Juiz Wilson Alves de Souza (conv), Terceira Turma Suplementar, DJ de 16/01/2003.

2. AMS 95.01.18884-1/DF, Rel. Juiz José Henrique Guaracy (conv), Primeira Turma Suplementar, DJ de 08/04/2002.

2. AMS 1999.01.00.059757-6/DF, Rel. Juiz Daniel Paes Ribeiro, Rel. Acor. Juiz Daniel Paes Ribeiro, Terceira Turma Suplementar, DJ de 28/01/2002.

Referências a decisões do CADE

1. *"Em favor desses atos do CADE existe presunção de legitimidade e veracidade, própria dos atos administrativos, cabendo à Apelada embargante o ônus de demonstrar que cumpriu a obrigação de não fazer".*

O CADE apesar de estar executando de boa-fé e com dedicação sua função foi na verdade levado a proteger interesses espúrios, mais precisamente o interesse de certos convênios médicos em aumentar de toda forma seus lucros, inclusive pelo aviltamento do valor pago aos profissionais da saúde.

Doutrina nacional ou estrangeira:

Não há.

Observações: Nenhuma.

CASO 38:
Unimed Chapecó – UNIMILITÂNCIA

Parte I – Identificação do caso

Apelação na Ação ordinária 2002.72.02.003941-7

Tribunal, Turma, Relator:

TRF 4, Quarta Turma, Relatora Desembargadora Federal Marga Inge Barth Tessler

Assunto: UNIMILITÂNCIA: anulação da multa. DEVIDO PROCESSO LEGAL: irregularidades no processo administrativo.

Parte II – Resumo do caso

Trata-se de apelação interposta pela UNIMED CHAPECÓ em face de decisão de improcedência de ação ordinária em que se pedia a anulação do processo administrativo no CADE. Apelação provida. Anulou auto de infração e a multa.

Fundamentos legais utilizados na decisão do CADE (art. 20, 21 ou 54, e respectivos parágrafos e incisos, da Lei 8.884/94):

Art. 20, I e II
Art. 21, IV, V e VI

Parte III – Decisão judicial

A decisão foi unânime ou por maioria?

Unânime

Houve decisão de "mérito judicial"?

Sim.

Em caso negativo, quais foram as razões pelas quais não houve análise do mérito?

Não aplicável.

Em caso positivo, houve revisão da decisão do CADE?

Sim.

A revisão foi de mérito e/ou forma?

Mérito.

Qual o efeito da decisão judicial na decisão do CADE?

Anulação da penalidade e do auto de infração.

Fundamentos da decisão: descrição (*ratio decidendi*)

1. Natureza da sociedade cooperativa e o princípio constitucional da liberdade de associação:
A própria Constituição Federal de 1988 distinguiu a sociedade cooperativa das sociedades mercantis de capital. A iniciar pelo artigo 1° da Constituição Federal de 1988, que inclui entre os princípios fundamentais da República o valor social do trabalho e da livre iniciativa, bem como o disposto no artigo 174, §2°: "a lei apoiará e estimulará o cooperativismo e outras formas de associativismo".
Está plenamente em vigor, o disposto pela Lei n° 5.764/1971, favorecendo as sociedades cooperativas que são definidas como sociedades de pessoas constituídas para prestar serviços aos associados, sendo que "celebram contrato de sociedade cooperativa as pessoas constituídas para prestarem serviços aos associados, pessoas que reciprocamente se obrigam a contribuir com bens ou serviços para o exercício de uma atividade econômica de proveito comum, sem objetivo de lucro" (Art. 3°, grifo meu).
Ressalte-se aí o princípio da "dupla qualidade" pela qual o sócio exerce ao mesmo tempo o papel de associado e usuário.
O princípio da liberdade de associação para fins lícitos (art. 5°, inc. XVII, da Constituição Federal de 1988) pode ser limitado por ato do associado que se autolimita em sua liberdade. Pudessem os cooperados livremente participar de entidades concorrentes, estaria instaurando-se um "conflito de interesses", hipótese ainda não bem entendida pela doutrina pátria, e tal poderia prejudicar a boa gestão da cooperativa.
Em prol da legalidade da cláusula temos uma plêiade de leis, v.g., Lei n° 5.539/1968, artigo 18; Lei n° 4.215/1963, Lei n° 8.906/1994, CLT, art. 482 e Lei n° 5.764/1971.
Inexistência de domínio de mercado:

Por outro lado, não merece irrestrito crédito a alegativa de uma empresa mercantil de prestação de serviços à saúde, ligada ao sistema bancário, no sentido de que cooperativa médica interiorana esteja a dominar o mercado. Na verdade, observada a realidade da vida, os aspectos econômicos, é que não foram bem sopesados. O alegado "domínio do mercado" facilmente pode ser dissipado pelos agentes econômicos, especialmente do setor bancário/securitário, é só oferecer aos médicos proveito financeiro maior do que o estipulado nas tabelas da Unimed/AMB e não investindo contra características societárias dos concorrentes. Para atrair médicos aos seus quadros, ofereça honorários mais atraentes e obterá excelente acolhida.

CADE não comprovou domínio de mercado:

Não trouxe o Cade aos autos mínima prova do alegado domínio do mercado, afigurando-se desproporcional e irrazoável o ato. Alude em sua contestação que houve confissão da Unimed e há farta prova carreada, contudo, deixou de juntar qualquer elemento aos autos. Por fim, na mesma contestação, entende que a apelante é uma empresa comercial sem minimamente considerar que se trata uma cooperativa que não aufere lucro, incidindo em enfoque dissociado da realidade.

Anote-se que a parte autora nega a conclusão do Cade de afronta à livre concorrência (fl. 2), cabendo ao órgão em questão juntar elementos probatórios que sopesaram as suas conclusões administrativas. Assim não procedeu, embora refira-se a elementos carreados aos autos.

Obter dictum

Não há.

Referências normativas

1. CF, art. 1º, art. 5º, inc. XVII, art. 174, §2º, .
1. Lei 5.764/1971, art. 3º
1. Lei 5.539/1968, artigo 18
1. Lei 4.215/1963
1. Lei 8.906/1994
1. Lei 5.764/1971
1. Lei 9.656/1998
1. CLT, art. 482

Precedentes judiciais:

1. Resp 367627/SP, Rel. Ministra NANCY ANDRIGHI, TERCEIRA TURMA, julgado em 04/06/2002, DJ 24/06/2002
1. Resp 83713/RS, Rel. Ministro EDUARDO RIBEIRO, TERCEIRA TURMA, julgado em 03/02/1998, DJ 16/03/1998
1. Resp 261.155/SP, Rel. Ministro RUY ROSADO DE AGUIAR, Rel. p/ Acórdão Ministro CARLOS ALBERTO MENEZES DIREITO, SEGUNDA SEÇÃO, julgado em 10/03/2004, DJ 03/05/2004

Referências a decisões do CADE

Não há.

Doutrina nacional ou estrangeira:

Não há.

Observações: Nenhuma.

CASO 39:
Elevadores Otis x CADE – TAXA PROCESSUAL DO CADE

Parte I – Identificação do caso

Apelação no procedimento ordinário 2002.34.00.007351-4

Tribunal, Turma, Relator:

TRF 1, 7ª Turma, Relator Desembargador Luciano Tolentino Amaral

Assunto: TAXA PROCESSUAL DO CADE. Eximir-se do pagamento da taxa para apreciação de ato de concentração.

Parte II – Resumo do caso

Trata-se de apelação interposta pela Otis Elevadores em face da decisão de improcedência em ação ordinária em que se pedia o não pagamento da taxa para apreciação de ato de concentração. Apelação Improvida. Obrigatoriedade de pagamento da taxa. Exercício de poder de polícia pelo CADE.

Fundamentos legais utilizados na decisão do CADE (art. 20, 21 ou 54, e respectivos parágrafos e incisos, da Lei 8.884/94):

Lei 9.781/99, art. 5°, inc. I, c/c, Lei 8.884/94, art. 54.

Parte III – Decisão judicial

A decisão foi unânime ou por maioria?

Unânime

Houve decisão de "mérito judicial"?

Sim.

Em caso negativo, quais foram as razões pelas quais não houve análise do mérito?

Não aplicável.

Em caso positivo, houve revisão da decisão do CADE?

Não.

A revisão foi de mérito e/ou forma?

Não aplicável.

Qual efeito da decisão judicial na decisão do CADE?

Não aplicável.

Fundamentos da decisão: descrição (*ratio decidendi*)

1. Taxa processual decorre do poder de polícia do CADE:
O CTN conceitua poder de polícia, taxa e destila seus parâmetros de validade:
Também assim a CF/88 (art. 145, II): os entes estatais poderão instituir taxas "em razão do exercício do poder de polícia ou pela utilização, efetiva ou potencial, de serviços públicos específicos e divisíveis, prestados ao contribuinte ou postos a sua disposição;".
A controversa taxa encontra previsão no art. 2°, I, da Lei n° 9.781/99: constitui fato gerador da taxa o serviço decorrente da necessidade legal de apresentação de atos e contratos prevista no art. 54 da Lei n° 8.884/94 para exame preventivo de possíveis prejuízos à livre concorrência ou à dominação de mercados.
A Lei n° 8.884/94 objetiva (art. 1°) a "prevenção e a repressão às infrações contra a ordem econômica, orientada pelos ditames constitucionais da liberdade de iniciativa, livre concorrência, função social da propriedade, defesa dos consumidores e repressão ao abuso do poder econômico"
Compete ao CADE (art. 7° da Lei n° 8.884/94), dentre outras atribuições: zelar pela observância da lei; decidir sobre a existência de infração e aplicar as penalidades; ordenar providências que conduzam à cessação de infração; aprovar os termos do compromisso de cessação de prática; apreciar os atos ou condutas citados no art. 54; responder a consultas; e instruir o público.
Dentro da sua esfera (poder de polícia na ordem econômica), o CADE poder exercer controle prévio sobre "atos e contratos":
A taxa processual (Lei n° 9.781/99) para prestação do serviço público efetivo, específico e divisível (art. 79 do CTN) de exame do eventual potencial lesivo econômico de "ato ou contrato" (art. 54 da Lei n° 8.884/94), decorrente do exercício do poder de polícia (art. 78 do CTN c/c Lei n° 8.884/94) pelo CADE é legítima, fixada, ademais, em quantia fixa (art. 5°, I e II, da Lei n° 9.781/99) e sem consubstanciar empecilho à obtenção do serviço, tanto mais quando a mesma lei assegura, provada tal condição (art. 4°, III, da Lei n° 9.781/99), isenção em prol daqueles destituídos de recursos financeiros.
2. Inexistência de relação entre direito de petição e inexigibilidade da taxa:
Salvo o mero exercício de retórica (vazia), não há qualquer correlação lógica nem jurídica entre a pretensão e o instituto do "direito de petição", instrumento democrático de proteção a direitos e garantias fundamentais (art. 5°, XXXIV, da CF/88): "são a todos assegurados, independentemente do pagamento de taxas (...), o direito de petição aos Poderes Públicos em defesa de direitos ou contra ilegalidade ou abuso de poder".

Obter dictum

3. Invasão da competência do STF:
Se a pretensão é eximir-se da taxa, exigida para fins de exame do "ato de concentração econômica", a inconstitucionalidade máxima potencial declarável atinaria, portanto, com a exigência do montante apenas para os fins específicos do art. 54 da Lei nº 8.884/94 (ir além seria invadir a seara de competência do STF, em sede de controle abstrato/concentrado).

Referências normativas

1. Lei 9.781/99, art. 2º, I, art. 4º, III, art. 5º, I e II
1. CTN, art. 77, 78 e 79
1. Lei 8.884/94, 1º, 7º e 54
2. CF, art. 5º, XXXIV e 145, II

Precedentes judiciais:

1. SÚMULA 665 do STF
1. ADI 453/DF
1. TRF1, AC 2002.34.00.000472-9/DF, Rel. Juiz Conv. FRANCISCO RENATO CODEVILA PINHEIRO FILHO, T7, julg. 29/04/2008

Referências a decisões do CADE

Não há.

Doutrina nacional ou estrangeira:

Não há.

Observações: Nenhuma.

CASO 40: Usinas Siderúrgicas de Minas Gerais e outros X CADE – MULTA POR INTEMPESTIVIDADE

Parte I – Identificação do caso

Apelação Cível 2000.01.000.195765

Tribunal, Turma, Relator:

TRF 1ª Região, 8ª Turma, Desembargadora Maria do Carmo Cardoso

Assunto: MULTA POR INTEMPESTIVIDADE. Direito de defesa da parte

Parte II – Resumo do caso

Trata-se de apelação interposta por USINAS SIDERÚRGICAS DE MINAS GERAIS E OUTROS, nos autos da Ação Ordinária 1998.34.00.001835-3, proposta em face do CADE, que julgou improcedente o pedido. O Juízo *a quo* acolheu, em parte, a preliminar suscitada pelo CADE, limitando a apreciação judicial ao pedido de nulidade da decisão atacada e, no mérito, fundamentando que as autoras se equivocaram na interpretação dada ao ofício de notificação, por não se tratar de ato de cobrança, mas de mera ciência da faculdade de efetivar o pagamento espontâneo, tendo por descabida a alegação de que o CADE deixou de apreciar as impugnações apresentadas, tendo em vista que o procedimento adotado foi regular. Considerou inexistente a parcialidade alegada, pela objetividade da causa geradora da multa, e que a impugnação teve a exata solução, uma vez que, embora o pedido das empresas tenha se limitado ao arquivamento do processo de cobrança, até então inexistente, o CADE avaliaram todas as questões. Em continuidade, ressaltou que a alegação de ausência de titularidade da multa não condiz com o objeto do processo, relativo à nulidade da decisão que fixou a multa, e que o fato de o procedimento de cobrança ainda não ter se iniciado demonstra a impertinência de tal alegação. Considerou a alegação de que o ato apreciado pelo CADE já havia sido chancelado pelo Judiciário afronta evidentes princípios jurídicos, e que a multa não resultou da classificação do ato como atentatório à ordem econômica, mas da inobservância do dever legal de comunicar ao CADE a transação realizada no prazo legal, nos termos do cap. I, título VII, da Lei 8.884/94, tendo em vista a inexistência de causa interruptiva ou suspensiva incidente, e que o art. 54, *caput*, da Lei Antitruste, de abrangência bem aquém do art. 20, não foi observado pelas autoras. Por último, teve por incontroversa a solidariedade entre as autoras, asseverando que, como o ato de concentração envolveu todas as pessoas jurídicas enumeradas na decisão do CADE, a responsabilidade conjunta é inerente.

Fundamentos legais utilizados na decisão do CADE (art. 20, 21 ou 54, e respectivos parágrafos e incisos, da Lei 8.884/94):
Art. 54, §3º.
Parte III – Decisão judicial
A decisão foi unânime ou por maioria?
Unânime
Houve decisão de "mérito judicial"?
Sim.
Em caso negativo, quais foram as razões pelas quais não houve análise do mérito?
Não aplicável.
Em caso positivo, houve revisão da decisão do CADE?
Não.
A revisão foi de mérito e/ou forma?
Não.
Qual efeito da decisão judicial na decisão do CADE?
Manteve decisão do CADE.
Fundamentos da decisão: descrição (*ratio decidendi*)

1) A parte argumentou que a aquisição do controle acionário da CPFL pela VUPSA não se enquadraria no art. 54, §3º, da Lei 8.884/94, não havendo qualquer ato de concentração econômica em razão da condição de falida da CPFL e da inexistência de possível lesão à livre concorrência. A Desembargadora entendeu, todavia, que os requisitos para a configuração de atos de concentração são objetivos, ou seja, devem ser apreciados pelo CADE *os atos sob qualquer forma manifestados que possam limitar ou de qualquer forma prejudicar a livre concorrência ou resultar na dominação de mercados relevantes de bens ou serviços,* independentemente de se configurarem como subjetivamente lesivos.

2) Quanto ao cumprimento do prazo de comunicação ao CADE a Desembargadora entendeu que não deveria ser acolhido o argumento de que o contrato em questão não teria sido o instrumento de celebração do ato de concentração, pois neste teriam sido estipulados todos os detalhes da avença, tais como, forma de aquisição, divisão do controle acionário, plano de recuperação das empresas, aporte de recursos, caução estipulada para garantia do negócio, dentre outras. A suspensão da eficácia de algumas cláusuias, em razão de existência de condição suspensiva, não teria o condão de desnaturar a intenção de efetivar a transação de modo irrevogável e irretratável. Irrevogabilidade e irretratabilidade que também constaram do contrato.

3) Quanto a inexistência de solidariedade entre a CPFL e a USIMINAS, a Desembargadora afastou tal argumento em razão de terem todas as empresas participado do Ato de Concentração objeto de análise pelo CADE e a legislação a prevê no art. 17 da Lei 8.884/1994

4) Com relação aos argumentos da parte de que: a) o CADE havia deixado de apreciar as impugnações à cobrança, em ofensa à sua própria Resolução; b) que as impugnações oferecidas foram erroneamente recebidas e apreciadas como pedido de reapreciação de ato de concentração e relatadas por autoridade incompetente; c) e que o procedimento de cobrança da multa não teve início com o necessário Auto de Infração, a Desembargadora Relatora concluiu que os ofícios emitidos pelo CADE tinham por objetivo comunicar acerca da decisão envolvendo o Ato de Concentração 53/95 e facultava às empresas, em querendo, efetivar o pagamento amigável, sem a necessidade de utilização do disposto na Resolução 9/97, acima citada, rejeitando, dessa forma os argumentos levantados. Ademais, sustentou a relatora que com o início do procedimento de cobrança, seria facultada a impugnação nos termos da Resolução 9/97.

5) Com relação ao argumento de que o CADE não seria titular da multa por ele aplicada, não podendo cobrá-la a Desembargadora entendeu que é atribuição da *Procuradoria do CADE promover a execução judicial das decisões e julgados da autarquia, a teor do disposto no art. 10 da Lei 8.884, e que inexistindo procedimento de cobrança, não há relevância na presente discussão.*

6) Quanto ao argumento de que o ato apreciado pelo CADE já fora chancelado pelo Poder Judiciário, sendo indevida sua reapreciação por aquele órgão a Desembargadora entendeu que a situação analisada pelo Judiciário seria a da falência *da empresa, e outra completamente distinta seria a conclusão quanto à existência ou não de ato de concentração, mesmo porque, conforme já dito, a aplicação do art. 54 está adstrita a critérios objetivos, não subjetivos, como no caso, em que a repercussão da falência ou concordata tem efeito para a validade ou não do ato de concentração, não para a formação dos critérios objetivos do art. 54.*

Referências normativas
Resolução do CADE 9 de 1997 Art. 10, 17 e 54 da lei 8884

Precedentes judiciais:
Não há. Apenas nos Embargos, mas restrito à matéria processual – AGRESP – 118835/MA.

Referências a decisões do CADE
1) No caso em tela, da leitura da cópia do julgamento, acostada às fls. 75/93, verifico que o relator analisou com peculiar detalhamento o grau de participação das empresas envolvidas no mercado nacional, esclarecendo acerca do mercado relevante, inclusive geográfico, e quanto ao grau de concentração da oferta, ficando claro que os requisitos objetivos que norteiam o espírito do art. 54 da Lei 8.884/94 efetivamente existem (trechos do voto da Relatora).

Doutrina nacional ou estrangeira:
Não há.

VOTO VOGAL – JUIZ FEDERAL OSMANE ANTÔNIO DOS SANTOS Fundamentos da decisão: descrição (*ratio decidendi*)
Entendeu o Juiz que estariam presentes os requisitos objetivos do §3º do artigo 54 da Lei 8.884/94, porque, não obstante a Companhia Paulista de Ferros e Ligas, na época, se caracterizasse como uma massa falida, se a Vale do Rio Doce e a Usiminas se uniram para formar a Vale Usiminas Participações S/A para adquirir essa massa falida, isso é uma prova incontestável de que o conteúdo da transação tinha viabilidade econômica. Portanto, preenchido, no meu entender, o primeiro aspecto exigido no §3º do artigo 54. Ademais, argumentou que o faturamento bruto das empresas ultrapassa em muito o requisito objetivo traçado nesta disposição legal. Assim, também vejo como caracterizado um ato de concentração passível de interferir no mercado dos bens produzidos por essas empresas.

Obter dictum
Não há.

Referências normativas
Art. 54, §3º da lei 8884.

Precedentes judiciais:
Não há.

Referências a decisões do CADE
Não há.

Doutrina nacional ou estrangeira:
Não há.

Observações: Nenhuma.

CASO 41: CADE X Unimed Santa Maria Sociedade Cocperativa de Serviços Médicos Ltda – UNIMILITÂNCIA

Parte I – Identificação do caso
REsp 1172603

Tribunal, Turma, Relator:
STJ, Segunda Turma, Relator Ministro Humberto Martins.

Assunto: Unimilitância. Legalidade da cláusula de exclusividade de cooperativa médica.

Parte II – Resumo do caso

Cuida-se de recurso especial interposto pelo CADE, com base nas alíneas "a" e "c" do inciso III do art. 105 da Constituição Federal/88, contra acórdão do Tribunal Regional Federal da 4ª Região que havia decidido pela validade da c *cláusula do estatuto social que impõe aos médicos cooperados o dever de exclusividade, já que de acordo com a natureza do cooperativismo, na medida em que o cooperado é sócio e não vai concorrer com ele mesmo.*

Fundamentos legais utilizados na decisão do CADE (art. 20, 21 ou 54, e respectivos parágrafos e incisos, da Lei 8.884/94):

Art. 20, I, II e IV, ao art. 21, IV e V e art. 18, III, da Lei 9.656/98.

Parte III – Decisão judicial

A decisão foi unânime ou por maioria?

Unânime

Houve decisão de "mérito judicial"?

Sim.

Em caso negativo, quais foram as razões pelas quais não houve análise do mérito?

Não aplicável.

Em caso positivo, houve revisão da decisão do CADE?

Não.

A revisão foi de mérito e/ou forma?

Não aplicável.

Qual efeito da decisão judicial na decisão do CADE?

Manteve a decisão do CADE.

Fundamentos da decisão: descrição (*ratio decidendi*)

1. Quanto a alegação da parte de que teria havido violação ao disposto no art. 535 do CPC, o relator determinou que: *Inexistente a alegada violação do art. 535 do CPC, pois a prestação jurisdicional foi dada na medida da pretensão deduzida, conforme se depreende da análise do acórdão recorrido.*
2. Invalidade da cláusula de exclusividade em razão da violação ao interesse público primário, decorrente do impedimento a atuação de outros agentes econômicos, com fundamento no direito difuso e transindividual da livre concorrência.
3. Aplicabilidade do direito concorrencial às cooperativas médicas em razão da inexistência de qualquer óbice legal ou constitucional, uma vez que não se trata de monopólio garantido por lei.
4. Inaplicabilidade do §4º do art. 29 da lei 5764/71 aos cooperados em razão de serem eles profissionais liberais, e a vedação legal dizer respeito aos agentes do comércio e empresários.
5. A violação das normas jurídicas relativas à livre concorrência pela inclusão das cláusulas de exclusividade médica. Na hipótese do caso o relator considerou que a exigência de exclusividade por parte da UNIMED configuraria um mecanismo artificial de dominação de mercado. Arguiu assim dois argumentos principais.
a)*Antes mesmo da análise das normas jurídicas concorrenciais gerais há vedação à imposição de exclusividade ou de restrição à atividade profissional, portanto esta primeira violação de lei já garante o provimento deste recurso especial.*
b)*Não há dúvida que a sua utilização fática como meio de impedir a livre concorrência viola também os seguintes preceitos da Lei n. 8.884/94: art. 20, I, II e IV, §3º, ao art. 21, IV e V.*

Obter dictum

Não há.

Referências normativas

1. art. 131 e art. 535 do Código de Processo Civil
2. art. 18, III, da Lei 9.656/98, art. 81, incisos I e III, parágrafo único do CDC e art. 170, inciso IV, da Constituição, art. 9, §1o, inciso XI do Regimento Interno do STJ.
3. Art. 5, XVIII, art. 77, art. 146, III, c, art. 170, IV, art. 174, §3º e 4º, art. 187, VI da Constituição.
4. §4º do art. 29 da lei 5764/71
5. Art. 18, III, lei 9656/98, e artigos 20, I, II e IV, §3º, e 21, IV e V, da Lei 8884/94

Precedentes judiciais:

1. REsp 684.311/RS, (EDcl no AgRg no REsp 456.674/RS, (REsp 853.102/SC.
1. REsp 768118/SC, AgRg no REsp 179.711/SP,
   5. REsp 768118/SC

Referências a decisões do CADE

5. O impacto concorrencial dessa cláusula foi descrito com clareza no voto do Relator-Conselheiro do CADE no processo administrativo respectivo (fl. 591e dos presentes autos): *"Para reforçar a restrição à concorrência da cláusula de exclusividade da UNIMED Santa Maria, depreende-se da análise dos autos que na região geográfica de atuação (Santa Maria, Agudo, Alegrete, Caçapava do Sul, Cacequi, Dom Pedrito, Dona Francisca, Faxinal do Soturno, Formigueiro, Jaguari, Júlio de Castilhos, Mata Nova, Palma, Restinga Seca, Rosário do Sul, Santana do livramento, Santiago, São Francisco de Assis, São Gabriel, São Pedro do Sul, São Sepé, São Vicente do Sul e Tupaciretã) da Representada, essa exerce posição dominante, uma vez que congrega 74% dos médicos da região. Isto é, do total dos médicos legalmente habilitados da região 74% se encontram sujeitos à obrigação de exclusividade, ou mais especificamente: 90% dos oftalmologistas, 58% dos oncologistas, 67 dos ortopedistas, 100% dos cirurgiões plásticos e dos fisiatras; 78% dos anestesiologistas; e 60% dos ginecologistas são cooperados da UNIMED de Santa Maria."*

Doutrina nacional ou estrangeira:

2. Pontes de Miranda, no seu livro Comentários ao Código de Processo Civil, tomo II, 2ª ed., Rio de Janeiro: Revista Forense, 1958, afirma que: *"A causa pretendi supõe o fato ou a série de fatos dentro de categoria ou figura jurídica com que se compõe o direito subjetivo ou se compõem os direitos subjetivos do autor e o seu direito público subjetivo a demandar."*

2. Carlos Alberto Dabus Maluf, *in* Inexistência na Teoria das Nulidades, tese apresentada com aprovação para concurso de Professor Titular de Direito Civil da USP, 2001, p. 6:*"A invalidade é, assim, a sanção que o direito estabelece para a prática do ato jurídico a que falte qualquer dos seus requisitos."*

3. Ejan Mackaay e Stéphane Rousseau, no livro Analyse Économique du Droit, 2º ed., Paris: Dalloz, 2008, eis as suas palavras: *"Dans la conception de la concurrence exposée ici, les seuls monopoles durables sont ceux dont l'existence est garantie par la loi."*

5. Luciano Sotero Santiago, no seu livro Direito da Concorrência: Doutrina e Jurisprudência, Salvador: Juspodium, 2008, da seguinte forma: *"A livre concorrência se caracteriza pela livre ação dos agentes econômicos, de forma que estes tenham liberdade para empregar os meios que julgarem próprios e adequados para conquistarem a preferência do consumidor. A livre concorrência se caracteriza, também, na liberdade em que os agentes econômicos, atuais ou potenciais, têm para entrar, permanecer e sair do mercado. A livre concorrência se caracteriza, ainda, pela liberdade de escolha para o consumidor."* (grifo meu.)

5. Richard A. Posner, no seu livro Economic Analysis of Law, 5ª ed., New York: Aspen Law & Business, 1998, eis os seus dizeres: *"Sometimes monopoly will persist without any legal barriers to entry. Maybe the monopolist´s costs are so much lower than those of any new entrant that the monopoly price is lower than the price that a new entrant would have to charge in order to cover his costs. Or maybe the monopoly price, although higher than the entrent´s costs would be, holds no allure because the prospective entrent knows that if he enters the market the monopolist can easily charge a remunerative price that is below the entrant´s costs, the monopolist being the more efficient producer. Monopoly may also be a durable condition of the market because there is room for only one seller (see §12.1 infra). But even if the costs of the new entrant are the same as those of the monopolist, it does not follow that the threat of entry will always deter charging a monopoly price. Since cost is negatively related to time (it would cost more to build a steel plant in three months than in three year), immediate entry into a monopolized market at costs comparable to the monopolist´s will often be impossible. So there will be an interval in which monopoly profits can be obtained, even though there are no barriers to entry in the sense of a cost disadvantage for a new entrant."*

CASO 42:
Unimed – João Pessoa cooperativa de trabalho médico X CADE –UNIMILITÂNCIA

Parte I – Identificação do caso

Resp 947984 e Agravo Regimental no Resp 947984

Tribunal, Turma, Relator:

STJ, Relator Ministro Humberto Martins (decisão monocrática)

Assunto: Unimilitância. Regularidade da atuação do MP. Não lucratividade da cooperativa médica.

Parte II – Resumo do caso

Cuida-se de recurso especial interposto por UNIMED – JOÃO PESSOA, COOPERATIVA DE TRABALHO MÉDICO, contra acórdão proferido pelo Tribunal Regional Federal da 5ª Região, em que se decidiu pela aplicação das normas concorrenciais às sociedades cooperativa e pela afronta aos princípios da livre concorrência e da defesa do consumidor, além da violação ao art. 18, III, da Lei 9.656/98, segundo o qual é vedada a imposição a profissionais de saúde de contratos de exclusividade ou de restrição à atividade profissional.

Decidiu também pela regularidade da representação do Ministério Público que celebrou de Termo de Ajustamento de Conduta com a parte, não retirando do CADE sua competência de atuar na tutela da ordem econômica.

Por fim, o acórdão também afirma que ao Judiciário caberia observar apenas a legalidade e regularidade formal do procedimento, âmbito em que não se vislumbraram quaisquer vícios no caso em análise.

Fundamentos legais utilizados na decisão do CADE (art. 20, 21 ou 54, e respectivos parágrafos e incisos, da Lei 8.884/94):

Artigo 20, inciso III e IV e 21. Incisos IV, V e VI

Parte III – Decisão judicial

A decisão foi unânime ou por maioria?

Unânime

Houve decisão de "mérito judicial"?

Não.

Em caso negativo, quais foram as razões pelas quais não houve análise do mérito?

Ausência de requisito extrínseco de admissibilidade recursal – preparo do recurso com a referência exata do número do processo.

Em caso positivo, houve revisão da decisão do CADE?

Não aplicável.

A revisão foi de mérito e/ou forma?

Não aplicável.

Qual efeito da decisão judicial na decisão do CADE?

Não aplicável.

Fundamentos da decisão: descrição (*ratio decidendi*)

REsp: O relator verificou a irregularidade do preparo, que era omisso quanto à referência ao número do processo, e com fundamento no Art. 557 do CPC não admitiu o recurso.

Isonomia processual na lide, dado que exige em igualdade de condições o zelo, o cuidado, a seriedade e a diligência no ato essencial de preparar o recurso, conferir segurança ao relator do processo, que terá certeza de que o preparo é realmente vinculado ao feito por ele analisado naquele instante.

AgRg: O não conhecimento do recurso especial pela falta de indicação do número do processo na GRU não visa impedir o acesso à instância superior, mas orienta-se para: a) garantir a isonomia processual na lide, dado que exige, em igualdade de condições, o zelo, o cuidado, a seriedade e a diligência no ato essencial de preparar o recurso; b) conferir segurança ao relator do processo, que terá certeza de que o preparo é realmente vinculado ao feito por ele analisado naquele instante.

Obter dictum

Por infeliz ocorrência, vem-se observando o uso do expediente fraudatório da reprodução de guias de processos diversos. Não prospera a singela argumentação de que se anexou o original aos autos, pois outras vias iguais podem ser impressas. Ainda, essa tese é desconectada de um dado mais relevante: o cumprimento do dever processual relativo a este processo e não a outro. Ademais, a própria autoridade das normas administrativas do STJ estaria comprometida se não houvesse a observância de suas resoluções por seus órgãos julgadores.

Referências normativas

Resp: Art. 557 do CPC, art. 41-B da lei 8038 e art. 2º da Resolução do STJ 12 de 2005
AgRg: Art. 543-C do CPC e Resoluções 20/04 e 12/05.

Precedentes judiciais:
Resp: RESP 961.205/GO, RMS 23.477/MA, AgRg no Resp 786.120, AgRg no RESP 980.164 AgRg: Resp 924.942/SP de fevereiro de 2010, AgRg no AG. 1186012 de SP, AgRg no Ag 1133055, AgRg no EREsp 914.871/SP.
Referências a decisões do CADE
Não há.
Doutrina nacional ou estrangeira:
Não há.
Observações: Nenhuma.

CASO 43: **Sindicato dos Trabalhadores em Alimentação e afins, Chocolates Garoto S/A e CADE** **BUSCA DO PLENO EMPREGO**
Parte I – Identificação do caso
Apelação Cível em sede de Ação Civil Pública 2004.50.01.011423-4
Tribunal, Turma, Relator:
TRF da 2ª Região, Sexta Turma Especializada, Relator Ministro Rogério Carvalho.
Assunto: Determinação do CADE de que a empresa Nestlé pudesse vender os ativos da empresa Garoto, separando-se a produção intelectual da empresa do parque operacional físico da empresa. Possibilidade de perda de emprego por inúmeras famílias que trabalhavam na Garoto. Aplicação do princípio que rege a ordem econômica da busca do pleno emprego – art. 170, VII, Constituição.
Parte II – Resumo do caso
Trata-se de apelações cíveis interpostas por SINDIALIMENTAÇÃO-ES, Chocolates Garoto S/A e, ainda, pelo Conselho Administrativo de Defesa Econômica – CADE, inconformados com a r. sentença de fls. 1078/1098, que nos autos de ação civil pública interposta pelo Primeiro Apelante em face do CADE, julgou "EXTINTO O PROCESSO, SEM JULGAMENTO DO MÉRITO, em relação ao réu NESTLÉ BRASIL LTDA., por ilegitimidade passiva, na forma do art. 267, VI do CPC" e, ainda, "PARCIALMENTE PROCEDENTE o pedido inicial, para ratificar os efeitos da tutela concedida e, declarar, de forma definitiva, a nulidade do item "C" contido na parte 9 da decisão proferida pelo CADE no Ato de Concentração 08012.001697/2002-89, que trazia a seguinte redação: 'C) a alienação poderá, a critério do comprador, não incluir todos os ativos correspondentes à capacidade produtiva da empresa alienada à época da aquisição, mas deverá, necessariamente, envolver os ativos relacionados no item B. Caso o comprador opte por esta alternativa, a Nestlé deverá alienar tais instrumentos (equipamentos e maquinarias) a outro interessado."
Fundamentos legais utilizados na decisão do CADE (art. 20, 21 ou 54, e respectivos parágrafos e incisos, da Lei 8.884/94):
Art. 54, §9º.
Parte III – Decisão judicial – Voto do Desembargadores Rogério Carvalho (Relator), Valeria Albuquerque, que o acompanhou em todos os seus argumentos.
A decisão foi unânime ou por maioria?
Unânime
Houve decisão de "mérito judicial"?
Sim.
Em caso negativo, quais foram as razões pelas quais não houve análise do mérito?
Não aplicável.
Em caso positivo, houve revisão da decisão do CADE?
Não.

A revisão foi de mérito e/ou forma?

Não aplicável.

Qual efeito da decisão judicial na decisão do CADE?

Manteve a decisão do CADE.

Fundamentos da decisão: descrição (ratio decidendi) – Relator Ministro Rogério Carvalho

1. O relator, acompanhado pelos demais desembargadores, não conheceram do agravo retido do CADE para suspensão da tutela antecipada, sob o fundamento da unirrecorribilidade. Isto porque a questão da antecipação de tutela no bojo da sentença foi devolvida ao Tribunal na própria Apelação.

2. relator, acompanhado pelos demais desembargadores, não acolheram a preliminar de prejudicialidade, pois a ação em trâmite no TRF da 1ª Região teria causa de pedir diversa, pretendendo esta a anulação completa da decisão proferida pelo CADE.

3. Os desembargadores não acolheram a preliminar de nulidade do processo por ausência de citação do Estado do Espírito Santo, que seria no entendimento do MPF litisconsorte passivo necessário. O argumento utilizado foi o de que Inexistiria relação jurídica que devesse ser decidida de maneira uniforme entre o autor e o Estado do Espírito Santo.

4. Os desembargadores conheceram a legitimidade ativa do Sindicato para propositura da Ação civil pública sob o argumento de que nos termos da Lei 7.347/85, as entidades associativas que incluam dentre as suas finalidades institucionais a proteção à ordem econômica detêm legitimidade para propositura de ações civis públicas. E nos termos do voto do relator: (...) não há dúvida de que um sindicato, quando atua em juízo na defesa do emprego da categoria que representa, age perseguindo finalidade institucional de proteção à ordem econômica, nos termos em que esta foi delineada pelo constituinte.

5. Com relação à legitimidade ativa da Garoto, os desembargadores entenderam que seria um terceiro interessado, conhecendo do recurso. Todavia, não acolheram a preliminar de nulidade por ser a Garoto litisconsorte necessário que não teria sido citada. Isso porque fez a sua defesa, mesmo sem ter sido citado, tem exercido a sua garantia ao contraditório e a ampla defesa.

6. Com relação ao mérito dos recursos do CADE e da Garoto, o Desembargador Relator e os que seguiram o seu posicionamento entenderam que o item "c" da resolução do CADE não possuía qualquer conteúdo decisório, não ofendendo, portanto, o disposto na Lei 8.884/94. Concluíram que não decorreu da decisão do CADE a possibilidade de venda dos ativos imateriais da Garoto desvinculada da alienação dos ativos materiais. Na verdade, esta faculdade preexistia a tal decisão, já que deriva da autonomia da vontade e da livre iniciativa da Nestlé e da Garoto, que são reconhecidas pela ordem jurídica brasileira. Com efeito, se a decisão do CADE fosse absolutamente silente a este propósito, e se limitasse a determinar a alienação da Garoto pela Nestlé, remanesceria íntegra a possibilidade de venda descasada do patrimônio material e imaterial daquela empresa

Não haveria, portanto, como se atender ao pleito do Sindicato de que fosse tutelado o direito ao pleno emprego, em razão da possibilidade de que milhares de postos de trabalho fossem extintos com a alienação em separado dos ativos da empresa.

Referências normativas

1. Art. 513 do CPC.
2. Não há.
3. Não há.
4. Art. 8º, III da Lei 7.347/85 e art. 170, VII da Constituição.
5. Não há.
6. Art. 170, VII e lei 8.884.

Precedentes judiciais:

1. RESp 645921/MG, REsp 663921/CE, REsp 326.117.
2. STJ, REsp 228.507, 2ª Turma, Rel. Min. Francisco Peçanha Martins, j. 16/10/2001.
3. Não há.
4. REsp 228.507
5. Não há.
6. Não há.

Referências a decisões do CADE

Não há.

Doutrina nacional ou estrangeira:

6. a. Foi citado pelo relator a seguinte passagem de Celso Antonio Bandeira de Mello:*"Assim, o princípio da finalidade impõe que o administrador, ao manejar as competências postas ao seu encargo, atue com rigorosa obediência à finalidade de cada qual. Isto é, cumpre-lhe cingir-se não apenas à finalidade própria de todas as leis, que é o interesse público, mas também à finalidade específica abrigada na lei a que esteja dando execução. Assim, há desvio de poder, e, em conseqüência, nulidade do ato, por violação de finalidade legal, tanto nos casos em que a atuação administrativa é estranha a qualquer finalidade pública, quanto naqueles em que o fim perseguido, se bem que de interesse público, não é o fim preciso que a lei assinalava para tal ato. É que a lei, ao habilitar uma dada conduta, o faz em vista de um certo escopo. Não lhe é indiferente que se use, para perseguir dado objetivo, uma ou outra competência, que se estribe em uma ou outra atribuição conferida pela lei, pois, na imagem feliz do precitado Caio Tácito, 'a regra de competência não é um cheque em branco'".* (Curso de Direito Administrativo, 10a ed., São Paulo: Malheiros, 1998, p. 65) Citou também Luís Roberto Barroso com objetivo de defender a inexistência de um dever positivo do Estado, judicialmente sindicável, no sentido de proteção dos empregos: "Delas (as normas programáticas) não resulta para o indivíduo o direito subjetivo, em sua versão positiva, de exigir uma determinada prestação. Todavia, fazem nascer um direito subjetivo 'negativo' de exigir do Poder Público que se abstenha de praticar atos que contra venham os seus ditames. Em verdade, as normas programáticas não se confundem, por sua estrutura e projeção no ordenamento, com as normas definidoras de direitos. Elas não prescrevem, detalhadamente, uma conduta exigível, vale dizer: não existe, tecnicamente, um dever jurídico que corresponda a um direito subjetivo. Mas, indiretamente, como efeito, por assim dizer, atípico, elas invalidam determinados comportamentos que lhes sejam antagônicos." (Luís Roberto Barroso. O Direito Constitucional e a Efetividade de suas Normas. 4a ed., Rio de Janeiro: Renovar, 2000, p. 119).

Parte !II – Decisão judicial (Voto Vista)

Fundamentos da decisão: descrição (*ratio decidendi*) – Voto-vista Frederico Gueiros

O voto vista acompanha o relator, com o argumento de que o houve consagração do sistema de livre iniciativa em nossa Constituição, e não haveria como pelo princípio da proporcionalidade, ou da razoabilidade, impedir que empresas privadas negociassem livremente as suas ações.
Todavia, argumenta que havia a possibilidade de que poderia haver, por parte da Nestlé, um fatiamento da empresa, cujo controle ela havia comprado e, com isso, obter o mesmo objetivo que ela almejava – deixar de ter concorrente, mas a que nada poderia ser feito pelo judiciário.

Referências normativas

Não há.

Precedentes judiciais:

Não há.

Referências a decisões do CADE

Não há.

Doutrina nacional ou estrangeira:

O voto vista cita o artigo de Kátia Valverde Junqueira: "Caso Nestlé-Garoto – quem não perdeu com a decisão?":
"Considerações gerais sobre exegese do art. 54 e seguintes, da Lei nº 8884/94. A Lei nº 8884/94 condiciona à aprovação do CADE a eficácia das operações que possam limitar ou, de qualquer forma, prejudicar a livre concorrência, ou resultar na dominação de mercados relevantes de bens e serviços, dentre os quais os atos de concentração econômica que impliquem a participação de empresa, ou grupo de empresas, resultante em vinte por cento de um mercado relevante, ou em que qualquer dos participantes tenha registrado faturamento bruto anual de quatrocentos milhões no último balanço – art. 454, caput, §3º e 7º. (...) não podem ser aprovados, afastando-se, inclusive, a possibilidade de aceleração de um compromisso de desempenho."
O voto vista acompanha o relator, com o argumento de que o houve consagração do sistema de livre iniciativa em nossa Constituição, e não haveria como pelo princípio da proporcionalidade, ou da razoabilidade, impedir que empresas privadas negociassem livremente as suas ações. Cita também José Del Chiaro Ferreira da Rosa e Priscila Brólio Gonçalves, no artigo "O CADE, a concorrência e a operação Nestlé-Garoto": "O legislador brasileiro fez *a opção muita clara pela concorrência, erigindo-se, inclusive, o princípio constitucional e o fundamento da ordem jurídica, cujo objetivo é assegurar a todos a existência digna, conforme os ditames da justiça social."*

CASO 44:
ANS e CADE (assistente) x Unimed Rio Claro Cooperativa de Trabalho Médico – UNIMILITÂNCIA

Parte I – Identificação do caso

Embargos de Divergência em Resp 191080/SP

Tribunal, Turma, Relator:

STJ, Corte Especial, Relator Ministro Hamilton Carvalhido.

Assunto: Unimilitância. Legalidade da cláusula de exclusividade no Estatuto da Cooperativa.

Parte II – Resumo do caso

Trata-se de Embargos de Divergência no Resp, apontando divergência de entendimento entre a Quarta Turma e a Primeira Turma do STJ. O CADE foi admitido como assistente em sede recursal. Os embargos foram acolhidos e providos, decidindo-se que é inválida a cláusula de estatuto de cooperativa de trabalho médico que, mesmo tendo sido inserida no estatuto antes da lei 9.656/98, que impõe exclusividade aos médicos cooperados.

Fundamentos legais utilizados na decisão do CADE (art. 20, 21 ou 54, e respectivos parágrafos e incisos, da Lei 8.884/94):

Não aplicável.

Parte III – Decisão judicial

A decisão foi unânime ou por maioria?

Unânime

Houve decisão de "mérito judicial"?

Sim.

Em caso negativo, quais foram as razões pelas quais não houve análise do mérito?

Não aplicável

Em caso positivo, houve revisão da decisão do CADE?

Não aplicável.

A revisão foi de mérito e/ou forma?

Não aplicável

Qual o efeito da decisão judicial na decisão do CADE?

Não aplicável.

Fundamentos da decisão: descrição (*ratio decidendi*) – Voto do Relator

1. Necessidade de interpretação sistemática do artigo 29, parágrafo 4°, da Lei 5.764/71:
O artigo 29, parágrafo 4°, da Lei 5.764/71, deve ser interpretado sistematicamente, considerando os princípios insculpidos nos artigos 1°, incisos III e IV, 8°, 170, inciso IV e 196, da Constituição da República, que excluem a prestação dos serviços de saúde em caráter exclusivo, princípios que inspiraram a Lei 9.656/98 e a Medida Provisória 2.177-44, de 2001. *"(...) é inválida a cláusula inserta em estatuto de cooperativa de trabalho médico que impõe exclusividade aos médicos cooperados, seja por força da dignidade da pessoa humana e seu direito à saúde, seja por força da garantia à livre concorrência, à defesa do consumidor, aos valores sociais do trabalho e à livre iniciativa".*

Obiter dictum

Não há.

Referências normativas

1. Artigo 29, parágrafo 4°, da Lei 5.764/71;
1. Artigos 1°, incisos III e IV, 8°, 170, inciso IV e 196, da Constituição Federal;
1. Lei 9.656/98;
1. Medida Provisória 2.177-44, de 2001;

Precedentes judiciais:
1. REsp 768.118/SC
Referências a decisões do CADE
Não há.
Doutrina nacional ou estrangeira:
Não há.
Observações: nenhuma.
Fundamentos da decisão: descrição (*ratio decidendi*) – Voto da Ministra Nancy Andrighi

Transcreveu o inteiro teor de seu voto no Resp 883.639/RS

1. Violação ao art. 18, III, Lei 9.656/98:

"(...) a restrição da concorrência é da essência de inúmeros contratos empresariais. O art. 1.147, CC/2002, impõe, por exemplo, o pacto de não-concorrência por 5 anos ao adquirente do estabelecimento comercial, salvo estipulação em contrário. As patentes, por outro lado, premiam com o direito ao uso exclusivo aqueles que tenham contribuído para o aprimoramento dos padrões tecnológicos existentes. Isto não significa, entretanto, que todas as convenções nesse sentido sejam lícitas, podendo haver abusos evidentes. Há ajustes que, em última análise, visam à dominação de um certo mercado e tal fato não pode ser ignorado. Para separar os pactos lícitos e ilícitos de não-competição, a jurisprudência deve se valer da 'regra da razão'. A regra da razão constitui o marco divisor da licitude ou ilicitude das cláusulas restritivas da concorrência. O seu fundamento está na percepção de que algumas restrições à concorrência fomentam a rivalidade econômica no mercado pertinente (as restrições ditas boas, ou razoáveis), enquanto que outras impedem o desenvolvimento econômico e o estabelecimento de concorrentes (essas, as chamadas más restrições, ou não razoáveis)."

Com a edição da Medida Provisória 1.908-20, o art. 18, III, Lei 9.656/98, reduziu o espaço para a análise judicial das restrições à concorrência no que diz respeito aos planos de saúde fornecidos por cooperativas, sendo claro ao permitir o relacionamento não exclusivo entre cooperados e operadoras de planos de saúde, tendo sido desrespeitado no presente caso.

"Ao incluir a cooperativa médica na regra sob análise, o legislador fez sua própria leitura da "regra da razão", considerando ilícitas as cláusulas de exclusividade nos contratos que estas celebrem com seus cooperados. O Poder Judiciário não pode ignorar esta norma, revogá-la e tampouco a substituir por outra.

É verdade que esta norma não está sozinha no sistema jurídico. Como bem lembram os recorridos, o art. 29, §4º, Lei 5.764/71, assegura o livre ingresso nas cooperativas a todos 'que preencham as condições estabelecidas no estatuto", vedando, ainda, a admissão, no quadro das cooperativas, de "agentes de comércio e empresários que operem no mesmo campo econômico da sociedade'. Ocorre que o art. 18, III, Lei 9.656/98, é regra evidentemente posterior e mais específica, prevalecendo sobre aquelas regras gerais da Lei 5.764/71, que se destinam a regular a atividade de todas as cooperativas, e não apenas daquelas voltadas a serviços de plano de saúde. Anoto que a alteração no texto do art. 18, III, Lei 9.656/98, põe fim a uma anomalia até então existente, que permitia às cooperativas valer-se de um instrumento legal (a cláusula de exclusividade) que não estava à disposição de suas concorrentes (as demais operadoras de planos de saúde). Nivelou-se o campo para a atuação dos competidores naquele mercado, favorecendo a concorrência. Assim, a primeira conclusão a se extrair do novo panorama legal é que as cooperativas não podem impor cláusula de exclusividade a seus cooperados".

"com as modificações introduzidas pela Medida Provisória 1.908-20, de 25.11.1999, no texto do art. 18, III, Lei 9.656/98, está-se diante de lei nova e, por isso, o Poder Judiciário deve investigar seus efeitos sobre o negócio jurídico anteriormente entabulado entre as partes. O problema é, dessa forma, saber se o pacto de exclusividade inserido no estatuto social da requerida pode perdurar indefinidamente, estando imune aos ditames do art. 18, III, Lei 9.656/98.

Na Lei 9.656/98 vê-se apenas uma regra de direito intertemporal. Seu art. 35 dispõe que as disposições desta lei aplicam-se 'a todos os contratos celebrados a partir de sua vigência, assegurada aos consumidores com contratos anteriores, bem como àqueles com contratos celebrados entre 2 de setembro de 1998 e 1º de janeiro de 1999, a possibilidade de optar pela adaptação ao sistema previsto nesta Lei'. Esta regra pouco diz sobre o presente litígio, pois está claramente voltada para a relação entre as operadoras e seus clientes, e não à relação entre cooperativas e cooperados. A solução da controvérsia requer, dessa forma, a aplicação das regras gerais de direito intertemporal. Como se sabe, a lei nova não retroage em prejuízo do ato jurídico perfeito, do direito adquirido e da coisa julgada. A hipótese dos autos não diz, entretanto, respeito a nenhuma desses três institutos. Ao proibir as cláusulas de exclusividade, o art. 18, III, Lei 9.656/98, estabelece regras para a ampla concorrência no segmento específico dos planos de saúde. Tal norma integra o estatuto jurídico da concorrência. Não se pode, assim, reconhecer que a recorrida tenha direito adquirido a uma concorrência limitada. Em outras palavras, o art. 18, III, Lei 9.656/98, tem aplicação imediata para regular os efeitos presentes e futuros do negócio jurídico pretérito, celebrado entre as partes.

Com essas ponderações, pode-se chegar à segunda conclusão relevante para a solução do litígio, qual seja, a recorrida não pode impor cláusula de exclusividade aos recorrentes e não lhes pode expulsar de seus quadros pelo simples fato de terem contratado com sua concorrente".

Obiter dictum

Não há.

Referências normativas

1. Art. 18, III, Lei 9.656/98;
1. Art. 1.147, Código Civil de 2002;
1. Medida Provisória 1.908-20;
1. Art. 29, §4º, Lei 5.764/71;

Precedentes judiciais:

1. REsp 261.155/SP

Referências a decisões do CADE

Não há.

Doutrina nacional ou estrangeira:

Bottesini, Maury Ângelo; Machado, Mauro Conti. *Lei dos Planos e Seguros de Saúde.* São Paulo: RT, 2005, p. 169

Observações: nenhuma.

Fundamentos da decisão: descrição (*ratio decidendi*) – Voto do Ministro Aldir Passarinho Junior

1. A cláusula de exclusividade configura reserva de mercado:
"essa cláusula só existe em cooperativas que atuam em pequenas cidades. Como essas cidades são alimentadas por duas ou três indústrias, resulta que, se uma indústria, no seu plano de saúde, tiver uma filiação a um outro plano de saúde, simplesmente todos os empregados daquela empresa ficam sem poder se tratar naquela cidade por causa da cláusula de exclusividade do médico com a sua cooperativa. É realmente uma reserva de mercado mesmo, ninguém tem dúvida disso".

Obiter dictum

Não há.

Referências normativas

Não há.

Precedentes judiciais:

1. REsp 261.155

Referências a decisões do CADE

Não há.

Doutrina nacional ou estrangeira:

Não há.

Observações: nenhuma.

Resumo

O presente trabalho foi dedicado à produção de dados, até o momento indisponíveis em pesquisas acadêmicas do gênero, sobre a revisão judicial das decisões administrativas proferidas pelo Conselho Administrativo de Defesa Econômica (CADE), autarquia vinculada ao Ministério da Justiça. O material de análise, constituído por acórdãos dos Tribunais Regionais Federais (TRFs), Superior Tribunal de Justiça (STJ) e Supremo Tribunal Federal (STF), foi obtido por meio das ferramentas de busca nas bases de dados públicas, disponíveis nas páginas eletrônicas de cada tribunal.

De maneira geral, a ideia central do trabalho foi verificar o desempenho do Judiciário na tarefa de examinar as decisões proferidas pelo CADE, bem como os impactos dessa atuação do ponto de vista da busca por efetividade das decisões do órgão técnico.

Esse trabalho de coleta de casos se deu lastreado em uma metodologia específica, tomando como recorte inicial apenas os casos cujas decisões houvessem transitado em julgado, ou seja, casos cuja resposta oferecida pelo Poder Judiciário pudesse ser chamada de definitiva. Esse recorte foi posteriormente ampliado, passando a abranger inclusive alguns recursos julgados pelos Tribunais Regionais Federais, muito embora uma resposta final do Judiciário dependesse exclusivamente do julgamento de um recurso pendente perante o STJ ou STF. Tendo em vista essa distinção na coleta dos dados e no peso e relevância de cada caso, buscou-se deixar claro, ao longo de todo o trabalho, se o acórdão em discussão havia ou não transitado em julgado.

Após a seleção e tratamento dos casos pertinentes, optou-se por submeter o material a um exame dissociado: (i) uma primeira análise de cunho quantitativo; e (ii) uma segunda, de natureza qualitativa. A análise quantitativa destinou-se a extrair dados relativos ao que se chamou de (a) "fatores de entrada", tais como espécie de procedimento administrativo que originou a decisão impugnada judicialmente, bem como o setor econômico dos demandantes (dados esses que, em razão da metodologia de coleta e seleção dos casos, têm natureza meramente exemplificativa); bem como informações agrupadas em torno do que se denominou (b) "fatores de saída" (dados exaustivos), tais como tempo de tramitação dos processos, e o resultado da medida judicial obtida (se pró ou contra o CADE).

Em um segundo momento, procurou-se desenvolver uma análise qualitativa do material disponível, mapeando a forma de trabalho dos tribunais, a construção dos argumentos (quer a título de *ratio decidendi*, quer em caráter de mero *obiter dictum*), no diálogo entre precedentes, e no processo de formação de certas linhas jurisprudenciais que puderam ser identificadas. Essa última análise foi levada a cabo por meio do emprego de uma classificação para agrupamento de casos de acordo com o tema — análise temática.

Abstract

The present study is dedicated to the production of data, not avaiable in general academic research yet, about judicial review of the administrative decisions of the antitrust authority in Brazil, the Administrative Council for Economic Defense

(CADE), vinculated to the Ministry of Justice. The material selected, basically decisions of the Federal Regional Courts, the Superior Court of Justice (STJ) e Supreme Federal Court (STF), was obtained in public database available in the electronic pages of each court and achievable with their research tools.

In general terms, the central idea of this study was to exam, in practice, by the critical analysis of jurisprudence, the judicial-review of the antitrust administrative decisions and its impacts in the effectiveness of the antitrust decisions.

The collection of cases was supported by a specific methodology: firstly, only finished cases in the Judiciary were selected – as in these ones we had a definitive response. Later, the initial criteria for the collection of data was extended to include decisions of the Federal courts still susceptible of revision by STJ or STF. Regarding this distinction in the selection of data and the weight and relevance of each case, each decision was clearly identified as definitive or not in its analysis.

After the collection and treatment of the relevant cases, we develop a dissociated analysis of the material: (i) a quantitative analysis and (ii) a qualitative analysis. In the qualitative analysis we sought to extract data that we called (a) "input factors", such as the species of administrative procedure that originated the decision questioned in the Judiciary and the economic field of the agents (data that, regarding the methodology of collection of cases, had only significance as examples); and (b) "output factors" (exhaustive data), such as the length of the judicial procedure compared to the administrative procedure and the results obtained in the judicial review (quantifying the decisions in favor and against CADE).

In the last part of this work, we sought to develop another qualitative analysis of the material, mapping the construction of arguments by the tribunals, examining the dialogue with precedents, and the construction process of judicial guidelines. This last analysis was made by grouping cases in accordance with their subject – thematic analysis.

PARTE IV

FECHAMENTO

O Direito da Concorrência nos Tribunais – Uma Primeira Análise da Jurisprudência Antitruste no Judiciário Brasileiro

A presente publicação constituiu mais uma ação estratégica com vistas a promover o aumento do diálogo entre governo e sociedade civil. A importância desse projeto não é somente para a divulgação de políticas públicas formuladas e adotadas por um órgão governamental, mas também para identificar as manifestações do Judiciário e, nessa medida, receber uma avaliação da própria sociedade civil que por este âmbito se manifesta.

Em última instância, serviu também como uma prestação de contas do governo, bem como meio para intensificar a transparência e permitir o controle dos atos governamentais. O ideal de *accountability* — com todas as suas dificuldades de tradução — permeou este trabalho.

Com este intuito, o Conselho Administrativo de Defesa Econômica (CADE) tem estreitado laços com o meio acadêmico, de modo a estabelecer um rico e profícuo debate sobre as políticas públicas de defesa da concorrência.

Para o desenvolvimento desse projeto, o CADE contou com a viva parceria da Sociedade Brasileira de Direito Público (SBDP) e da Federação das Indústrias do Estado de São Paulo (FIESP). Nessa oportunidade, agradeço a gentileza e o entusiasmo do Presidente da FIESP, Dr. Paulo Antonio Skaf, pelo fornecimento de bolsas de pesquisas para a equipe da SBDP.

Agradeço também ao Professor Carlos Ari Sundfeld e a Roberta Sundfeld, respectivamente, Presidente e Diretora Executiva da SBDP, por terem acreditado e envidado vigorosos esforços para a consecução desse projeto, bem como terem selecionado os componentes da pesquisa.

Agradeço, por fim, o intenso trabalho de Fabrício Cardim e dos pesquisadores selecionados pela SBDP Fernanda Elias Zaccarelli Salgueiro, Flávio Beicker Barbosa de Oliveira, Ligia Lamana Batochio, Mariana Ferreira Cardoso da Silva. Foi, certamente, uma grande satisfação e um privilégio os momentos de debates ao longo da realização dessa pesquisa.

Imprescindível, ainda, agradecer aos participantes e debatedores dos eventos realizados em abril e maio de 2010, em especial, aos Professores Celso Fernandes Campilongo, Floriano de Azevedo Marques Neto e Caio Mário da Silva Pereira Neto.

Esse projeto teve como mérito avaliar aspectos relacionados à revisão judicial das decisões tomadas pelo CADE. Como o leitor pôde observar ao longo da obra, para os fins que se destinou a presente pesquisa, foram analisadas as decisões proferidas, inclusive em sede recursal, pelos Tribunais Regionais Federais da 1ª, 2ª e 4ª Regiões, Superior Tribunal de Justiça (STJ) e Supremo Tribunal Federal (STF).

Esta agenda de pesquisa insere-se perfeitamente no cenário de judicialização da defesa da concorrência no Brasil e permitiu compreender de maneira mais precisa os elementos que compõem esse complexo panorama.

Para comportar uma melhor análise das variadas informações judiciais, esse projeto teve o mérito de adotar escolhas metodológicas individualizadas e diferenciadas para a análise quantitativa e qualitativa das decisões judiciais. A opção de personalizar a metodologia para as diferentes análises teve resultados louváveis na medida em que facilitou a compreensão do leitor e permitiu que este verifique e confronte cada um dos dados e conclusões que foram apresentadas.

Pelo seu objeto e pela própria metodologia customizada, o presente trabalho aportou significativa contribuição na identificação da forma que o Poder Judiciário observa o direito concorrencial.

A partir disso, o estudo forneceu novas perspectivas para o aperfeiçoamento das políticas públicas desenvolvidas pelo SBDC. Portanto, o presente trabalho que ora chega ao fim constitui ferramenta imprescindível da qual dispõem o SBDC e a sociedade civil para a formulação e aplicação de políticas públicas que consigam endereçar os problemas aqui diagnosticados.

Importante assinalar desde já que, como visto em toda obra, parte significativa dos casos analisados nos últimos anos pelo Poder Judiciário no Brasil consiste em decisões do CADE de meados da década de 1990, o que, portanto, sugere um contexto de políticas públicas diverso do presente. Nesse sentido, determinadas conclusões constituem marcos de uma determinada época, como a propositura de ações judiciais por prestadores de serviços médicos.

Na medida em que surgem novas políticas públicas e a dinâmica do mercado se altera, também se modificam as decisões do CADE, de modo a responder às novas circunstâncias. Dessa forma, as atuais demandas judiciais que desafiam o SBDC podem não coincidir com determinados pleitos que foram analisados nesse projeto, uma vez que determinados problemas refletiam cenários pretéritos. Isso não diminui, contudo, o valor dessa obra, que inseriu vários elementos de notável relevância, tanto para o aprimoramento de medidas tomadas para solucionar problemas de outrora que persistem, quanto para o enfrentamento de novos desafios.

A leitura desse trabalho lembra-nos aquelas palavras de Joaquim Maria Machado de Assis. Ensina, com sua habitual propriedade, o autor de *Brás Cubas*: "O que se deve exigir do escritor, antes de tudo, é certo sentimento íntimo, que o torne homem do seu tempo e do seu país, ainda quando trate de assuntos remotos no tempo e no espaço".

No recente *Peer Review* da Lei e Política da Concorrência no Brasil — relatório publicado em 2010 pela Organização para Cooperação e Desenvolvimento Econômico (OCDE) — alguns desses desafios podem ser vislumbrados.

No referido relatório, a OCDE reconheceu que os tribunais brasileiros constituem parte central do processo de aplicação do direito da concorrência. Ainda assim, o *Peer Review* considerou que os processos judiciais morosos e abundantes na concessão de liminares suspendendo decisões do CADE causam sérios danos à defesa da concorrência no país.

Nesse documento, a OCDE ressalta que, a partir de 2006, o SBDC adotou novas medidas para mitigar esses problemas, elogiando as novas práticas do CADE focadas na melhoria do *enforcement* das condenações antitruste. Da mesma forma, esse estudo que ora chega ao fim coaduna ao relatório estrangeiro e aprofunda a análise dos desafios da defesa da concorrência frente ao Judiciário.

Não obstante, o presente estudo somou-se também a outra miríade de iniciativas. A título ilustrativo, cabe mencionar a edição da "Cartilha de Defesa da Concorrência no Judiciário", publicada pelo CADE e pela SDE. Esta publicação institucional expõe o papel do Poder Judiciário e dos demais órgãos essenciais à administração da Justiça na promoção da concorrência no Brasil.

O Projeto CADE-SBDP-FIESP, por seu turno, acrescentou mais um valioso instrumento para a compreensão pelos magistrados e demais responsáveis pela administração da Justiça do funcionamento dos órgãos do Sistema Brasileiro de Defesa da Concorrência, das peculiaridades das dinâmicas concorrenciais e dos benefícios advindos da concorrência para a sociedade.

Aqui, neste fechamento, é preciso trazer algumas constatações necessárias sobre o papel de um pesquisador na dinâmica do direito no Brasil. Vivemos um tempo de intensas mudanças e alterações de paradigmas. Se voltarmos no tempo até onde me é permitido, em termos operacionais, um pesquisador da atividade judicante era obrigado a consultar os arquivos dos tribunais para a identificação dos precedentes que lhe fossem interessantes.

Com isso, naturalmente, esbarrava nas limitações inerentes aos trabalhos de indexação manual. Nesses moldes, uma pesquisa de âmbito nacional exigiria verdadeira peregrinação e vultosos investimentos para uma cognição capilarizada.

Compêndios de jurisprudência eram então publicados, com seleções de julgados de determinados tribunais, o que inegavelmente limitava o pesquisador pela menor amplitude das informações e exigia dele parcela significativa de tempo no exercício de revisão e busca em extensos tomos de coletâneas.

As últimas duas décadas foram agraciadas com o rápido desenvolvimento da tecnologia e suas ferramentas. O acesso de pesquisadores à informação foi facilitado, com uma intensa atividade dos tribunais no trabalho de publicização, amparado na preocupação republicana e democrática de disseminação de conhecimento e acessibilidade a todos os cidadãos.

A partir de informações gentilmente oferecidas pela Procuradoria do CADE, os pesquisadores da SBDP puderam então acessar o teor integral de julgados disponíveis na rede mundial de computadores, de modo a criar dados quantitativos e qualitativos a respeito do tema proposto, de forma eficiente, menos dispendiosa e com um resultado cuja valia foi retratada nas páginas deste livro.

Neste cenário de evolução tecnológica, os pesquisadores da SBDP puderam realizar um estudo abrangente e vanguardista, de compilação e análise pormenorizada de precedentes a respeito de um tema ainda jovem no Brasil: a atividade dos órgãos antitruste e sua correlação com o Poder Judiciário.

O CADE, a despeito de suas quase cinco décadas de existência, passou a exercer papel de relevo no desenho das políticas econômicas do país e no cenário institucional da administração pública somente a partir de 1994.

Considere-se ainda o sedimentado entendimento que permite ampla revisão das decisões do CADE pelo Poder Judiciário à luz da cláusula constitucional de inafastabilidade do controle jurisdicional, a pesquisa conseguiu dar primeiros contornos à promoção científica de um "raio X" da correlação entre o CADE e o Poder Judiciário.

Como visto, o estudo apresentou inicialmente um exame quantitativo e qualitativo de decisões transitadas em julgado sobre processos do CADE — um exame do volume de decisões e da profundidade da cognição externadas em decisões definitivas do Poder Judiciário.

Num segundo momento, um exame pontual de decisões ainda não transitadas em julgado, que se apresenta como embrião para futuros estudos sobre a matéria, convidando outros pesquisadores a se aventurar nesse fértil campo da relação entre o jovem e dinâmico direito econômico com os institucionalmente sólidos órgãos judicantes brasileiros.

O presente projeto, baseado em pesquisa empírica consistente, contribui para uma nova perspectiva na academia jurídica brasileira, calcada muitas vezes em pesquisas derivadas de modelos analíticos descritivos.

É preciso, como já apontaram os Professores Caio Mário da Silva Pereira Neto e Paulo Todescan Lessa Mattos, transformar o atual quadro de pesquisa, de sorte a permitir a construção de um ambiente teórico e institucional fértil para a inovação e experimentação e que transcenda à mera reprodução de uma visão formalista do direito.[78]

Qualquer que fosse a expressão do resultado, a proposição seria merecedora de sinceros cumprimentos. O administrado clama para que o julgador seja permeável aos avanços de um direito jovem no país e aos seus influxos estrangeiros, bem como ofereça um "farol" de segurança e a previsibilidade à compreensão jurídica das relações econômicas — um suposto paradoxo, mas que revela apenas a cautela inerente à atividade de órgãos judicantes que convivem com dinâmica e com o escopo social do processo diuturnamente.

Nesse panorama, qualquer trabalho que apresente o atual estado da arte dessa relação oferecerá (i) ao administrado instrumentos para que ele ou seus advogados atuantes em esferas do direito econômico/antitruste sejam os primeiros juízes da causa; (ii) um instrumento de autocrítica aos órgãos do SBDC e do Poder Judiciário; e (iii) um poderoso instrumento informativo a qualquer cidadão interessado na conformação institucional e nas políticas econômicas do Estado no que diz respeito à esfera antitruste.

A pesquisa revelou, então, válidas conclusões a respeito (i) da variedade de setores que se valem dessa relação SBDC-Judiciário, (ii) do tempo de duração de processos em ambas as esferas, (iii) da efetiva revisibilidade de decisões do CADE pelo Judiciário a respeito de matérias de mérito ou de forma e outros tantos dados ancilares.

O leitor pôde ver o embrião dessa correlação. A pesquisa agora merece continuidade, para que se compreendam eventuais alterações de setores que recorrem ao Judiciário. Ademais, o estudo serve a uma possível redução do tempo de análise de processos administrativos ou judiciais, com possíveis alterações institucionais ou técnicas com tal escopo, ou então para fundamentar o considerável aumento da taxa de manutenção de decisões do CADE perante o Poder Judiciário que, hoje, segundo Procuradoria do CADE, alcança patamares superiores a 80%.

---

[78] PEREIRA NETO, Caio Mário da Silva; MATTOS, Paulo Todescan Lessa. A crise da pesquisa em direito no Brasil: armadilhas e alternativas ao formalismo jurídico. SEMINÁRIO SELA, Yale Law School, Puerto Rico, 2007.

Desta vez, coube à SBDP, ao CADE, à FIESP e a todos aqueles envolvidos no projeto a coragem (e a satisfação) de propor e executar esta atividade acadêmica e científica, retrospectiva e prospectiva, realizada graças à bem-sucedida conjugação de avanços tecnológicos e esforços humanos.

Espera-se, agora, ansiosamente, o porvir de outros ânimos, para que o bastão seja entregue, para que o conhecimento se perpetue e para que o Estado brasileiro e seus cidadãos alcancem patamares de excelência científica e acadêmica, em homenagem aos mais sólidos e elevados ideais republicanos.

José Antonio Batista de Moura Ziebarth
Coordenador-Geral do CADE (2009/2010).

Esta obra foi composta em fonte Palatino Linitype, corpo 10
e impressa em papel Offset 75g (miolo) e Supremo 250g (capa)
pela Gráfica e Editora O Lutador.
Belo Horizonte/MG, abril de 2011.